融合型·新形态教材
复旦社云平台　fudanyun.cn

U0730954

普通高等学校学前教育专业系列教材

幼儿园教育环境创设

（第二版）

主　编　沈建洲　张克顺

副主编　王丽娟　胡郁珮　张海燕

编　者（按姓氏笔画排序）

王　秋　王　麒　王丽娟　成采霞　任大成

刘晓棠　沈建洲　张云亮　张克顺　张海燕

张颖群　陈菲菲　胡郁珮　俞　芳

复旦大学出版社

内容提要

本书根据教育部《高等学校课程思政建设指导纲要》《教师教育课程标准（试行）》《学前教育专业认证标准》《幼儿园教育指导纲要（试行）》精神编写。结合幼儿园教育环境理论与实践所蕴含的思政元素，将思想政治教育贯穿整个教材体系，引导师范生萌发教育情怀，实现师魂铸就，发挥课程育人作用；以问题为中心、案例为载体，通过合作与探究，夯实教师教育基本功，全方位支持师范生在实践经历与体验中求真学问、练真本领；坚持产出导向，对照毕业生核心能力素质要求，关注实践与理论的有机结合、相互融合、相互促进，支撑毕业要求达成，助力师范生师德践行能力、保育和教育实践能力、综合育人能力和自主发展能力的有效形成。

全书共8个教学单元，分别是课程及其学习导引、认识幼儿园环境、奠定环境创设基础、尽心竭力点亮童心、创建安全友好童院、潜心经营智慧小屋、携手共创育人环境和评估改进提升质量。涵盖环境与幼儿园环境、教育环境创设原则与方法、国内外学习环境理论与实践、心理环境的构成及营造、物质环境构成与创设、社区和家庭的资源利用、幼儿园教育环境评价等内容。每个教学单元均由案例导入，紧密围绕具体学习内容或相关教育环境展开论述，匹配环境创设实景图片，从图文两个方面讨论幼儿园教育环境及其创设，展现教育环境创设新成果。单元作业从理论和实践（思考练习、实训项目）两个维度来设计，彰显教师教育规律、师范生成长和课程学习特点。本书配套PPT教学课件，可扫描书中二维码或登录复旦社云平台（www.fudanyun.cn）查看、获取。

本书适合高等学校学前教育专业教学使用，可作为幼儿园或其他学前教育机构教师、管理人员继续教育、自修和工作的重要参考资料。

复旦社云平台
数字化教学支持说明

为提高教学服务水平，促进课程立体化建设，复旦大学出版社建设了"复旦社云平台"，为师生提供丰富的课程配套资源，可通过"电脑端"和"手机端"查看、获取。

【电脑端】

电脑端资源包括 PPT 课件、电子教案、习题答案、课程大纲、音频、视频等内容。可登录"复旦社云平台"（www.fudanyun.cn）浏览、下载。

Step 1 登录网站"复旦社云平台"（www.fudanyun.cn），点击右上角"登录／注册"，使用手机号注册。

Step 2 在"搜索"栏输入相关书名，找到该书，点击进入。

Step 3 点击【配套资源】中的"下载"（首次使用需输入教师信息），即可下载。音频、视频内容可通过搜索该书【视听包】在线浏览。

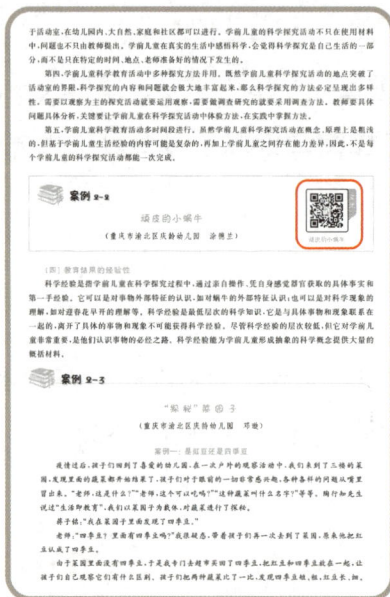

第二版前言

2011年10月,《教育部关于大力推进教师教育课程改革的意见》(教师〔2011〕6号),从创新教师教育课程理念、优化教师教育课程结构、开发优质课程资源、加强教师养成教育等10个方面,推进教师教育课程改革。其中《教师教育课程标准(试行)》在幼儿园职前教师教育课程设置建议模块中明确提出,须开设"幼儿园教育环境创设""家庭与社区教育""教育资源的开发与利用"等课程。教材编写组通过学习、研讨并结合学前教育专业教学实践,基于所达成的共识(见第一版前言),在复旦大学出版社支持下,本书历经两年构建了7个教学单元的内容,第一版于2014年4月与广大师生见面。

2019年7月,《幼儿园教育环境创设》第二版修订研讨会议在上海召开。在广泛听取学前教育专业师生意见的基础上,结合近年来教材使用情况,再次听取有关专家和幼儿园一线教师的意见和建议。经充分研讨与论证,按照教育部《高等学校课程思政建设指导纲要》"把思想政治教育贯穿人才培养体系,全面推进高校课程思政建设,发挥好每门课程的育人作用,提高高校人才培养质量"的要求,本着保持特点、发扬优点、救过补阙、完善和优化教材内容结构的初衷,进行了以下修订:一方面,基于课程内容所蕴含的思政元素,将思想政治教育贯穿教材内容和教学全程,并在每个教学单元创设"思政论坛",加强师德师风教育,突出课堂育德,在润物细无声中增强师范生学为人师、行为世范的职业理想,培育爱国守法、规范从教的职业操守,以及传道情怀和授业底蕴,逐步形成职业自觉;另一方面,修订工作紧扣卓越教师培养计划2.0、教师教育课程改革、加强教师教育实践、幼儿园教师专业标准等精神,结合幼儿园教师资格考试(环境创设模块)大纲要求,增补有关幼儿学习环境及其创设理论,强化专业人才培养的实践取向与实践操作,突显厚基础、强能力,以及在实践的经历与体验中求真学问、练真本领的教师教育规律、学生成长和学习特点,帮助师范生有效形成师德践行能力、保育和教育实践能力、综合育人能力和自主发展能力。

第二版沿用了第一版教材引导性和行动性语言来命名教学单元的编写方式。意从师范生的视角及其学习心理和成长规律出发,在理解幼儿认知特点和学习方式的基础上,逐步认同幼儿园教师的专业性和独特性。通过课程学习能够创设适宜的教育环境,潜移默化地进入职业角色、萌发教育情怀,帮助其成为幼儿发展的引导者、合作者与支持者,并在不断完善自身素质的实践经历与体验中实现专业发展。

鉴于第二版教材内容的扩充丰富和重大调整,建议各院校根据专业先修课程开设情况,结合本课程课时、学情分析、实训条件等具体情况,分别在具体教学单元的课时和学习重点上做必要调整(第三单元第一讲和第八单元,可作为自选内容或延伸阅读内容),使教与学活动更加契合学情和毕业要求。

编者曾在第一版前言中说过,"教材或多或少地存在瑕疵、疏漏,甚至错误之处","恳请广大师生在使用过程中提出宝贵意见,以便编者及时修正"。尽管编者作出了巨大努力,本版教材仍存在诸多不足,尚需不断完善与修订,有效提高教材质量,更好地服务广大师生。

参加第一版教材提纲讨论和编写的学校(幼儿园)有:兰州城市学院幼儿师范学院、兰州城市学院实验幼儿园、赤峰学院学前教育与特殊教育学院、广州市天河区岭南(香港)幼儿园、聊城幼儿师范学校、苏州幼儿师范高等专科学校、石家庄幼儿师范高等专科学校、天津师范大学学前教育学院;参加第二版教材修订工作的学校(幼儿园)和教师分别是:广州市黄埔区香雪幼儿园王秋、兰州市实验幼儿园成采霞、山东外国语职业技术大学国际教育学院胡郁珮、聊城幼儿师范学校张克顺、赤峰学院学前教育与特殊教育学院张海燕和张颖群、甘肃沁园教育培训监测评估中心任大成、兰州城市学院幼儿师范学院王丽娟和沈建洲等。全书由沈建洲、王丽娟统稿。编者中既有长期从事专业教学的高校教授、副教授,也有实践经验十分丰富的幼儿园教师和园长,他们贡献和分享了各自有益的教学与实践经验,为教材质量提供了保障。

编者始终以幼儿园及其教师、保教和环创实践为师,不断在实践中"补课"并力求反哺实践,采用了广东省广州市黄埔区香雪幼儿园、广州市黄埔区香雪山幼儿园、广州市番禺区爱问幼儿园、广州市天河区岭南(香港)幼儿园、暨南大学附属幼儿园、佛山市卡尔加里幼儿园、潮州市绵德幼儿园、珠海市容闳国际幼儿园,云南省红河哈尼族彝族自治州蒙自海华伊顿森林幼儿园、蒙自棒棒糖理想园,浙江省安吉县机关幼儿园、安吉县三官镇幼儿园、安吉嗳咪儿幼儿园、内蒙古自治区赤峰实验幼儿园、赤峰市红山区第三幼儿园、赤峰市红山区第五幼儿园、鄂尔多斯市康巴什第三幼儿园,福建省福州市福建儿童发展实验幼儿园、福州市小金星幼儿园、福州幼儿师范高等专科学校附属幼儿园、厦门市莲花幼儿园、厦门市海沧新阳幼儿园,甘肃省酒泉市瓜州县第三幼儿园、兰州市铁路东村幼儿园、兰州市实验幼儿园、兰州城市学院实验幼儿园,江苏省苏州幼儿师范高等专科学校附属花朵幼儿园,上海市浦东新区东方幼儿园,山东省聊城市实验幼儿园、聊城幼儿师范学校附属幼儿园、利津县第二实验幼儿园、茌平县实验幼儿园、茌平县翰林幼儿园、临清市尚店镇中心幼儿园、青岛幼儿师范高等专科学校附属幼儿园,天津市和平区第二幼儿园、和平区第四幼儿园、河西区第一幼儿园,台湾省信谊基金会附设幼儿园新竹工研分园、台中市私立善美真幼儿园东海园、台中市私立善美真小学、台中市私立善美真璞石幼儿园、台中市乌日区童话幼儿园、彰化县私立种籽蒙特梭利幼儿园,美国加利福尼亚州旧金山湾区 KIDANGO 幼儿园,以及广州市黄埔区香雪幼儿园王秋老师、聊城市教育考试与教学研究院白林金教研员等幼儿园、个人提供或编者拍摄的环境创设实景图片(案例),在此一并表示感谢。个别图片选自有关网站,限于编者能力,无法联系原作者,敬请谅解并联系我们,我们将在教材后续印刷中注明单位和个人,或按相关规定给付一定稿酬。感谢教材编写过程中帮助我们的单位和个人!衷心感谢!

编者

2022 年 3 月

目 录

课程及其学习导引

1. 明确课程学习内容、学习目标和学习要求；
2. 结合专业先修课程，深刻理解幼儿园的概念与任务，为课程学习与实践奠定认知基础；
3. 在厘清基本概念的基础上，学习领会有别于学校的幼儿园教育环境，认同幼儿园教师的专业性和独特性，并在幼儿园真实环境和实践体验中，树立从教意愿和职业理想。

案例导入

我理想中的幼儿园①

作为一名学前教育专业的学生，我有幸去过许多幼儿园，发现这些幼儿园都有自己的特点和优势，但也有一些不尽如人意的地方。于是，我在想，我理想中的幼儿园会是什么样的呢？

历史上比较有名的幼儿园是由一些教育家创建的，比如福禄培尔创办的"幼儿园"，蒙台梭利创建的"儿童之家"，马拉古齐在瑞吉欧建立的"学前学校"，陈鹤琴创立的"鼓楼幼儿园"等等。这些教育家正是在自己所创建的幼儿园里实践着自己的教育理想。当我描绘一所我理想中的幼儿园时，无疑也是我认为值得为之努力的目标。

幼儿园具有一定的时代特征，同一个时代不同国家的幼儿园有不同的特点。我们要在吸取前人创办幼儿园的模式、经验和前人留下的幼儿教育思想的基础上，创建适合我们这个时代要求并具特色的幼儿园。

我心中的幼儿园应该是能够促进幼儿身心健康发展的家园。心理学家阿德勒曾说过："精神生活结构中最重要的决定因素产生于童年早期，""几乎没有人能改变他们童年的行为方式，虽然在成年后他们发现自己已置身完全不同的境遇当中。"可见，人的精神生活的基础是在人的童年早期就已成形的，以后也很难改变。幼儿园作为人幼年时期重要的生活场所，无疑对幼儿的心理有着巨大的影响。所以，理想的幼儿园应该以促进幼儿的精神生活并朝着健康、正确的方向发展为最终目标。

随着时代的发展，建立一所物质条件好的幼儿园并不困难，但是要把幼儿园建成幼儿的精神家园却不是一件容易的事。要营造良好的精神环境，幼儿园自身应处于一个良性循环的生态系统之中。幼儿园周围应有优美、宁静的自然环境，空气新鲜，阳光充足，有水有树，有花有草；有良好的社会文化环境，幼儿园周围的居民待人友好，家庭和睦，重视幼儿教育并乐意为幼儿园提供支持和帮助。然而，

---

① 冯芳. 你心中理想的幼儿园是什么样的呢[DB/OL]. http://preschool. baike. com/article-22757. html. 2013-12-14. 文章有删节.

幼儿园并非世外桃源,它必须处于社会环境之中,并与当今社会保持密切联系,因为幼儿园培养的是将来要融入社会的人。因此,理想的幼儿园应与家庭、社会文化环境和自然环境交流互动、相互影响,构成一个幼儿生存与发展的共同体。具体来说,理想的幼儿园应成立一个由家长、教师以及社区民众选出的代表组成咨询委员会。一方面,幼儿园的各种决策须经咨询委员会讨论决定;另一方面,委员会应协助家长与幼儿、教师与家长、教育工作团体与不同家庭之间的沟通,使整个社区都投入到幼儿教育事业当中。

除了幼儿园与外部环境之间的关系外,幼儿园自身环境对幼儿的影响更直接。怎样建立内部良好的精神环境呢?我认为,幼儿园环境应该满足幼儿各种发展需要。幼儿发展有哪些需要呢?普林格尔在《儿童的需要》一书中提到,幼儿有对爱和安全感的需要、对新体验的需要、对赞扬和认可的需要以及对责任感的需要,而我的导师还提到幼儿还有对适当协助与支持的需要、对真实性的需要、对幽默的需要等等。幼儿园如果能够重视幼儿的需要并能得到适度的满足,那么幼儿的精神就会处于一种愉快的状态。

理想的幼儿园首先要在硬件环境的创设上考虑幼儿的各种需要,从幼儿的角度来考虑幼儿园内部环境的设置。其中理想的户外活动区应是一个供幼儿游戏、运动的宽敞、开放的露天环境。应考虑幼儿对安全、认知、运动的需要,对体验大自然的需要等,营造出充满大自然气息的户外活动区。具体的需求可以有:

第一,户外活动区应种植有各种不同树叶、花朵的灌木和低矮的树,树的高度要低于幼儿的视线。灌木、矮树丛不仅用来把空间分成更小、更个性化的区域,还要用来激发幼儿的想象和营造游戏环境。为最大限度的利用空间来绿化户外活动区,还可种植葡萄、紫藤、爬山虎等植物。

第二,在户外活动区的周围设置花坛,让幼儿的视野充满鲜花。还可灵活摆放一些如吊兰、菊花、太阳花、月季和文竹等盆花,这些盆花还可根据需要摆放到走廊和室内,使室内活动区也生机盎然。

第三,户外活动区应有各种小山或土坡,使幼儿能够体验到在山野攀爬、跳跃、奔跑的乐趣。

第四,户外活动区应有草、沙子、木屑、树叶等各种天然材质构成的地面。游戏场地适宜种植大片草地,幼儿可以在绿茵上尽情奔跑、翻滚、游戏,沙子、木屑能让幼儿随时随地做游戏,或光着脚在其上自由玩耍,感受自然气息。

第五,幼儿喜欢玩水,从戏水中能获得许多乐趣。应为幼儿营造一个有水景的环境,比如小型的喷水池、游泳池、水车和戏水池等。这些水景设施在建造时应考虑幼儿的安全,如水要浅,要常换,保持水的清洁卫生。

第六,户外活动区还应点缀一些与幼儿身高差不多的小型雕塑。雕塑应以简洁、夸张和富于童趣的造型来吸引幼儿。

第七,户外活动区应提供各种幼儿玩耍的设施设备,除滑梯、旋转木马等大型固定设施外,还应有中小型可操作的设备、器械,如小推车、脚踏车、铲子、花锄、粗绳、木梯、垫子等。这些设施设备均应使用安全材料或经过安全处理,并方便幼儿取放。此外,活动区还应有供幼儿清洁的工具设施。

第八,设置种植园和养殖场。在教师指导下,让幼儿种植一些蔬菜、植物,饲养小动物等,增加幼儿亲近自然的机会,体验、感受劳动的乐趣。

对于幼儿园建筑而言,外观设计应考虑幼儿的审美需要。富于美感、色彩鲜艳和充满童趣的保教楼会受到幼儿的喜爱,如果外观上像童话里的城堡,则更会激发起幼儿的想象力。楼内有幼儿活动室、寝室、卫生间、衣帽间、多功能室、专用活动室、图书资料室、教师办公室、保健观察室、家长接待室、教具制作与储藏室等。室内装饰应该自然、简洁,风格一致。幼儿的大部分时间都是在活动室度过的,活动室环境对幼儿具有重要的影响。那么理想的室内活动空间应该是怎样的呢?

首先,应按照幼儿年龄段和身心发展特点、需要来设置。活动室的桌子、椅子、门、壁橱、卫生间、盥洗设施,都应符合幼儿的需要和使用。为帮助新入园的幼儿缩短适应期,较快地稳定情绪,小班的活动室可设置一些组合式沙发、靠垫和地毯等,在角落摆放幼儿从家里带来的玩具,营造家庭式的温馨环境,帮助幼儿消除对幼儿园的陌生感;中班活动室布置应更贴近幼儿的现实生活,应考虑增加一些认知、艺术和社会生活方面的主题环境;大班的环境应该是支持性、互动性的教育环境,而且在大班下学期座椅摆放、活动时间等应作适当调整,为幼儿顺利进入小学做准备。

其次,为满足幼儿不同活动的需要,活动室的桌子、椅子、操作材料等提供应便于自由组合、移动或建构,甚至年龄班之间的隔断也是活动的,以便扩大幼儿活动空间,为幼儿混龄活动、自由组合、结伴玩耍提供便利。

再次,为满足幼儿多种活动和发展的需要,活动室应设有活动区,我想主要设置美术区、阅读区、建构区、表演区、科学区等。除活动区外,还要留有足够的开放空间和幼儿独处的空间。活动室里还应在适当的地方配置一些镜子,比如在进门的地方有与幼儿身高适宜的镜子,有放在桌子上的镜子,洗手间也要有镜子。因为镜子是幼儿自我定位的一种工具,借助镜子,幼儿可以认识自己,以及生成对自己的看法。

最后,活动室还应根据不同的活动内容而不断变化,这样才能满足幼儿对新体验、新知识的需要。教师应发动幼儿一起布置活动室环境,让幼儿主动参与到环境创设之中。陈鹤琴先生曾说过:"带领儿童一同布置,使儿童从布置环境之中认识四周环境中的事物,了解事物与事物之间的关联,使儿童从改造环境之中创设环境,并培养儿童坚毅、积极、合作互助等优良品质。"我想幼儿自己布置的环境自己肯定会喜欢并珍惜的,能让幼儿感觉到这里就像自己的家一样,自己就是其中的一员。

总之,理想的幼儿园环境特别是教育环境应多样统一,有整体感,内容丰富,形式多样,符合幼儿年龄特点,富于美感和童趣,弥漫着艺术气息和智力的启发,更透露出对幼儿兴趣、权利、需求和能力的尊重,以满足幼儿多种需要,支持幼儿健康成长。

每个学科都有自身的研究领域和对象,每一门课程都有各自的教学目标、教学内容和方法。由于研究领域、课程性质和所要达致的目的不同,课程既定的、先验的知识体系和经验有别,在知识经验掌握、技能与实践能力形成及学业评价等方面有所不同,对学习过程、学习方法、实践策略的要求也不一样。

教师教育有其自身的特点和规律,幼儿园教师教育既要遵循教师教育的一般规律和特点,还要体现其个性特点。作为幼儿园职前教师——学前教育专业学生(以下统称师范生),仅通过听讲、观察、思考、实践等途径获得知识和技能是远远不够的,还要在学习和实践中逐步理解教师职业特点,认同幼儿园教师职业的专业性和独特性,形成愿从教、会从教、会育人、会发展的职业情怀与执业能力,立志成为有理想信念、有道德情操、有扎实学识、有仁爱之心的好老师。

第一讲　幼儿园教育环境创设概述

为深化教师教育改革,规范和引导教师教育课程与教学,培养造就高素质专业化的教师队伍,教育部于2011年10月发布并实施《教师教育课程标准(试行)》(教师[2011]6号,以下简称《课程标准》),明确国家对教师教育课程的基本要求。在幼儿园职前教师教育课程模块中,《课程标准》设置了"幼儿园教育环境创设"课程,并提出在理解幼儿的认知特点和学习方式,学会把教育寓于幼儿生活和游戏的基础上,"创设适宜的教育环境,保护与发展幼儿探究、创造的兴趣,让幼儿在愉快的幼儿园生活中健康地成长"的课程目标,从专业人才培养和课程设置上凸显"幼儿园教师的专业性和独特性"。《课程标准》和《幼儿园教师专业标准》(以下简称《专业标准》)进一步明确,教师要充分认识幼儿阶段的特性和价值,理解"保教结合"的重要性,学会按幼儿的成长特点、规律进行科学的保育和教育,且能够付诸保教实践,学会建立班级秩序与规则,营造良好的班级氛围,让幼儿感受到安全、舒适;能够创设有助于促进幼儿游戏、学习和成长的教育环境,引发并支持幼儿的主动活动。这不仅是对幼儿园教师(以下简称教师)的执业要求,也是对师范生及其培养的基本要求。

一、课程性质与教学任务

本课程以《幼儿园工作规程》(以下简称《规程》)《幼儿园教育指导纲要(试行)》(以下简称《纲要》)和《专业标准》为指导,以学前教育理论、幼儿认知特点和学习方式为依据,以造型表现、操作材料和环境氛围调控为手段,强调理论联系实际并以专业知识和环创能力的综合性、实践性形成为表征,具有教育性与文化性、游戏性与工具性、给定性与生活性、物质与精神相统一的特点。既是学前教育专业师范生学习掌握环境创设与利用,营造尊重、接纳、关爱氛围等基本执业能力的必修课程,也是彰显学前教育专业和幼儿园教师教育特色的课程,在专业课程体系中具有不可替代的作用。

课程实施过程中,在分析总结我国幼儿园环创经验、借鉴国外环创理论与实践、展开环创理论的学习与讨论、分析环创的一般规律和手段的基础上,教学工作的重点和任务是,关注师范生物质环境的创设与利用,注重心理环境的有效营造途径、策略的学习和掌握,进而达到毕业要求,为师范生入职后有效支持幼儿发展奠定专业基础。

二、课程内容与学习要点

课程内容主要包括幼儿园环境的特点、性质与功能,环创的原则、方法、理论依据和专业规范,心理环境的构成及营造,物质环境构成与创设,社区和家庭的资源利用,以及幼儿园教育环境评价。

根据教育部《关于大力推进教师教育课程改革的意见》(教师〔2011〕6号)、《普通高等学校师范类专业认证实施办法(暂行)》(教师〔2017〕13号)、《关于实施卓越教师培养计划2.0的意见》(教师〔2018〕13号)、《中小学和幼儿园教师资格考试标准(试行)》和《专业标准》等有关精神与要求,结合课程性质与任务,师范生应达成以下最基本的学习目标:

要点1:理解环创的基础理论和相关专业规范。通过对幼儿园教育环境创设及其理论、专业规范等学习,深刻理解环创的内涵、特点与价值,掌握环创和心理环境营造的方法与途径,在亲历环创实践中逐步理解并认同幼儿园教师的专业性和独特性,学会把教育寓于幼儿的一日生活和游戏之中。

要点2:初步掌握幼儿园文化氛围和良好心理环境营造策略。通过对幼儿园心理环境及其构成要素、心理环境营造等相关理论的研习,理解教师在幼儿园心理环境营造中的重要作用。初步掌握幼儿园良好心理环境创设的策略,营造以幼儿为本的精神环境氛围,丰富完善幼儿园保教文化。

要点3:掌握班级环创的空间规划、基本方法与策略。基于幼儿园室内外特别是班级活动单元①环创的学习,主题墙、活动区创设与生活空间规划等实践体验,掌握主题墙、活动区和班级氛围营造等基本方法与策略,正确处理主题教育(领域)活动、主题墙与活动区之间,以及物质环境创设与心理环境营造的内在关系,创设适宜的教育环境;形成团队合作能力,在团队合作的实训项目中,体验教育环境创设,理解幼儿园保教文化和环境育人的内涵及价值,并能根据幼儿发展需要做持续改进,将亲近自然、直接感知、实际操作、亲身体验等交往互动和实践活动作为幼儿最重要的学习探索方式。

要点4:理解并掌握家园合作共育的重要意义和途径。通过对幼儿园与家庭、社区及其关系和资源的分析讨论,理解与家庭、社区开展合作共育的重要意义,掌握家庭、社区教育资源利用的原则和方法,形成共育合力,共同促进幼儿发展。

---

① 班级活动单元,指供幼儿班级开展生活、游戏和学习活动的独立空间。包括活动室、寝室、卫生间、衣帽储藏间等基本空间。

要点 5：具有一定的环创评价和改进能力。基于对环创评价内涵、原则、功能和评价工具的学习及案例分享，初步掌握评价工具的编制与运用，形成初步的环创评价与反思改进能力，有效支持幼儿探究、创造的愿望与兴趣，让幼儿在科学而适宜的教育环境中健康成长。

创设支持幼儿生活、学习和游戏的教育环境，既是教师必备的专业能力，也是《专业标准》对合格幼儿园教师的基本要求。通过课程学习，使师范生能够根据幼儿年龄特点，针对具体环境和活动，以恰当的时间、适宜的方式，有目的、有计划地呈现幼儿活动所需的教育环境和操作材料，有效控制和消除不良环境刺激，发挥环境育人的功能与作用，实现"熟悉幼儿园环境创设的原则与基本方法，理解教师的态度、言行在幼儿健康心理形成中的重要作用，根据幼儿的需要创设相应的活动区（和教育环境），理解协调家庭、社区等各种教育力量的重要性"[1]，以及"创设适宜的教育环境，保护与发展幼儿探究、创造的兴趣，让幼儿在愉快的幼儿园生活中健康地成长"的课程学习目标。

第二讲　幼儿园教育环境创设学习导引

对于学前教育专业师范生而言，幼儿园是一个既熟悉又陌生的机构。熟悉，是因为部分师范生的幼儿期就是在这里度过的，而且在专业学习过程中每天都会无数次地听到、提到幼儿园，或是通过实地参观、见习、观摩等活动，对幼儿园有一定的感性了解与认识；陌生，是因为整体性、系统性和专业实践上的理性认知，特别是基于幼儿园本质特征的专业性认知尚未形成。

图 1-1　幼儿园全景示例图

一、重新认识幼儿园

进入幼儿园，首先看到的是户外环境与设施，这里有小花园、运动场、游乐区、沙水区、种植区和养殖区等，各种体育活动器械、游戏材料、游乐设施和设备琳琅满目，且摆放有序。每当户外活动，这里就会成为幼儿游戏的乐园、欢笑的海洋、探究的天地……由于地域条件或办园理念有别，园与园之间

---

① 教育部师范教育司，教育部考试中心. 中小学和幼儿园教师资格考试标准（试行）[S]. 2011.

会在户外结构、场地的材料、设施的种类、环境统筹规划等方面有所不同,以体现其办园思想,彰显各自的环境特色。但通常会有甬道绿篱长青,或小桥流水诗情,或山池画意相映,或草木花卉争奇,或鸟语花香斗艳,或凉亭飞瀑点睛,尽显地域风情,雅致而充满生机,呈现出园所文化与环境创设相互交融的特点,或富有挑战和野趣,或淡雅秀丽和朴实,或廊亭水系和别致等,充满童趣与幼儿园特有的生活意蕴。幼儿园总是会被其管理者和老师们精心化作如大自然万物一样生长的园圃,成为幼儿与环境相互交融、和谐共生的花园和健康成长的乐园。

驻足户外环顾四周,映入眼帘的首先是园舍建筑。伴随"学前教育三年行动计划"的实施,无论是乡村还是城市,在祖国的大江南北,最令人瞩目和关注的就是园舍建筑,它通常是周边环境或某一区域中最别致、最靓丽的建筑。

图1-2　组合游乐设施

图1-3　户外小景

图1-4　主题雕塑

图1-5　小桥流水

图1-6　园舍建筑(1)

图1-7　园舍建筑(2)

门厅是进入园舍首先要经过的室内环境,宽敞而明亮,这里会有幼儿园简介、办园理念、张贴栏、荣誉陈列墙等。穿过门厅是通向班级活动单元的走廊或楼梯,这里有老师们根据幼儿不同年龄段发展目标、教育内容或满足幼儿探究需要等所布置的环境,或是幼儿作品陈列,绿植、吊挂和幼儿活动场景等。班级活动单元是根据幼儿年龄段而设置的,每个班级门口都创设有家园联系或家园桥等小栏目。进入班级活动单元,其中的活动室既是幼儿在园主要的生活、游戏和学习场所,也是教育环境创设的重中之重。其创设不仅尊重幼儿身心发展规律、认知与学习特点,贴近幼儿生活,便于开展教育和游戏活动,还与班级当前的教育目标和活动主题相关,既反映幼儿的成长与发展,也折射出教师的儿童观和保教观,展示教师的专业水准。概言之,这里的环创既重视教育目标及其达成,又体现幼儿发展的整体性、活动的适宜性、幼儿与环境的互动性,以及环境的潜移默化性,同时关注幼儿交往与师幼互动等心理环境营造。

图 1-8　园舍门厅

图 1-9　楼梯间

图 1-10　活动室

图 1-11　活动区(娃娃家)

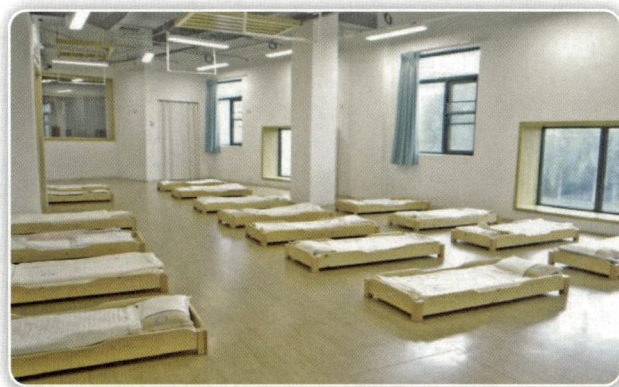

图 1-12　寝室

图 1-13　盥洗室

图1-14 科学探究室

图1-15 绘画活动室

与活动室相连互通的分别是寝室和卫生间、盥洗室。在充分考虑安全性、适宜性、舒适性的同时，教师总会精心创设一个整洁、温馨、井井有条的习惯养成性生活环境，以帮助幼儿形成良好生活、卫生和行为习惯。这些往往是环创的关注点，只是与活动室各有侧重，当然不同班级的具体内容是有所区别的。

离开班级拾阶而上，楼梯间的墙面也会有一些环创或美化，但通常都比较简约，以确保幼儿上下楼梯安全。

一些幼儿园还设有图书室、游戏室、美工室、创客空间、美食坊、科学观察室、音乐厅、小礼堂等专用活动室或多功能厅。这里的环创或温馨安静，或激发创造和探究欲，或引发幼儿动手操作，或尽展幼儿才能与才艺；配备有教师办公室、会议室、医务室、（隔离）观察室、门卫室，以及厨房、餐厅、网络监控室、活动器械储藏室、消毒间、洗衣房和其他生活设备用房等。

二、幼儿园的概念与任务

《专业标准》是国家对合格幼儿园教师专业素质的基本要求，是教师开展保教活动的基本规范，是引领教师专业发展的基本准则，是教师培养、准入、培训、考核等工作的重要依据。同时明确，幼儿园教师是履行幼儿园教育工作职责的专业人员，需要经过严格的培养与培训，具有良好的职业道德，掌握系统的专业知识和专业技能。作为学习者的师范生，不仅要充分了解幼儿园教师及其要求，还要明晰幼儿园的概念与任务，这是职业认知和本课程学习的前提。只有知道幼儿园及其任务是什么，才能真正理解并重视教育环境对幼儿发展的独特作用；才能有效学习并掌握环创的基本知识与方法，充分利用并合理设计游戏活动空间，提供丰富、适宜的游戏材料；才能更好地履行教师职责与专业要求，创设富有教育意义的环境和氛围，最大程度地支持和满足幼儿通过直接感知、实际操作和亲身体验习得知识经验的需要。

（一）幼儿园由来及其称谓演变

1816年，英国空想社会主义者欧文，在新拉纳克创办了人类历史上第一所学前教育机构——"性格形成新学园"，一个事实上的慈善和社会福利性质的幼儿园。恩格斯在其《反杜林论》一书中给予这样的评价："他发明了并且第一次在这里创办了幼儿园。孩子们从两岁起就进幼儿园，他们在那里生活得非常愉快，父母简直很难把他们领回去"[1]。德国著名教育家、幼儿园运动创始人福禄培尔，于1837年在德国勃兰登堡创建了收托1—7岁儿童的教育机构，以实验并实践他的教育思想。他认为这

---

[1] 黄人颂.学前教育学[M].北京：人民教育出版社，1989：22.

样的学园或机构应该叫"幼儿园"(Kindergarten),意指儿童如大自然万物在花园中自由、茁壮地成长①。从此"幼儿园"这一名称被广泛传播开来,并在国际上沿用至今。由此可见,幼儿园从诞生那天起,就充满对人生开端的美好期待,充满对幼儿"成长环境"理想、优美意味的追求。

中国的幼儿园源于 1903 年,主要历经三个不同的历史发展阶段,"幼儿园"也曾几度易名。

1. 清末时期的幼儿园(1903 年—1911 年)。1903 年 9 月(光绪 29 年),"湖北幼稚园"首立武昌阅马场模范小学堂内,为我国幼稚教育机构之始②,也是我国第一所官办学前教育机构。《湖北幼稚园开办章程》讲:"幼稚园因家庭教育之不完全而设,专辅小儿自然智能,开导事理,涵养德性,以备小学堂之基础为宗旨。""幼稚园重养不重学,儿童未及学龄之年,皆其当期(3 岁以上 6 岁以下)。""幼稚园的旨趣有三:一,保全身体之健旺,体育发达基此;二,培养天赋之美材,智育发达基此;三,习惯善良之言行,德育发达基此。"不仅明确了"幼稚园重养不重学"的独特性,还重视室内外环境创设,"本园所设场室凡十有一:曰开诱室、训话室、游戏室,陈列图书玩具室;室外有场:曰游嬉场;场有山:曰游戏山;山有亭:曰游戏亭。凡以资要教育者皆备"。③

1904 年 1 月,湖广总督张之洞等人修订《奏定学堂章程》(癸卯学制),自此我国在学制上有了保教幼儿的专门机构——蒙养院④。"蒙养院专为保育教导三岁以上至七岁之儿童。""按各国皆有幼稚园,其义即此章所设之蒙养院,为保育三岁以上至七岁幼儿之所"。⑤ 此后,全国各地相继创办蒙养院。

2. 民国时期的幼儿园(1912 年—1948 年)。民国政府《师范学校令》《国民学校令》要求:女子师范学校、国民学校"得附设蒙养院"。1916 年《国民学校令实施细则》明确:"蒙养院以保育三周岁至入国民学校年龄之幼儿为目的。""蒙养院应设备游戏园,保育室,游戏室,"以及恩物、绘画、乐器、桌椅、游戏用具等及其他必要器具且必须具备。⑥ 1922 年"壬戌学制"确立幼稚园教育制度,一是改蒙养院为幼稚园,使名称与世界各国相接近;二是把幼稚园纳入学制,并强调"幼稚园收授六岁以下之儿童"。⑦ 1932、1939 和 1943 年分别颁布的《幼稚园课程标准》《幼稚园规程》和《幼稚园设置办法》等,均使用"幼稚园"这一称谓。

3. 老解放区时期的幼儿园(1927 年—1949 年)。党中央和人民政府历来重视幼儿保教工作和学前教育事业。从建党初期到解放战争的各个时期,均制定相应的幼儿工作方针和政策,具体指导并实施保教工作。早在 1927 年 11 月,江西省革命委员会制定的《江西省革命委员会行动纲领》就提出:"建立一般未达入学年龄的机关(如儿童养育院、幼稚园等)。"1928 年 7 月,《中国共产党第六次全国代表大会妇女运动决议案》提出:"组织儿童院和幼稚院"。1932 年 5 月,湘鄂赣省苏维埃政府颁布《学制与实施目前最低限度的普通教育》规定:普通学制分为幼稚园、列宁小学校和特别学校(为残废等特别儿童的教育而设)三类,其中对幼稚园的设置和托收对象要求是"自三岁至七岁的儿童入幼稚园……应适合实际情形设立保育院"。1934 年 2 月,中央人民内务委员部颁布《托儿所组织条例》,对开设目的、托收对象、房屋用具、卫生健康、作息时间和工作人员等作出具体指示。⑧

在老解放区,幼儿园任务重点是保育儿童,使其父母能够参加抗战和生产劳动,保育好革命烈士后代,培养革命接班人。1941 年 1 月,陕甘宁边区政府工作报告将实行儿童保育列为中心工作,同年颁发《陕甘宁边区政府关于保育儿童的决定》,1942 年颁布《关于二届边区参议会有关保育儿童问题之各项规定》,以及 1949 年《陕甘宁边区妇女第二届代表大会关于保育工作的提案》等,对婴幼儿养育、

① 黄人颂. 学前教育学[M]. 北京:人民教育出版社,1989:23.
② 中国学前教育史编写组. 中国学前教育史资料选(全一册)[M]. 北京:人民教育出版社,1989:454.
③ 同上书,103.
④ 同上书,454.
⑤ 同上书,93.
⑥ 李定开. 中国学前教育[M]. 重庆:西南师范大学出版社,1990:289—291.
⑦ 同上书,296—297.
⑧ 同上书,362.

工作人员待遇、托儿所之建立、保育费等作出明确规定。老解放区各级政府非常关心儿童的保育与教育,不仅提出并建立"儿童院""保育院""托儿所"等机构,还对儿童保育与教育工作的管理体制、保育人员的训练、保育院的条件以及工作人员的待遇等作出具体规定。[①]

图 1-16 陕甘宁边区第一保育院

图 1-17 洛杉矶托儿所

当时江西瑞金下州村托儿所、陕甘宁边区儿童保育院、(延安)洛杉矶托儿所等就是其中的代表。现在,一些与延安保育院(包括陕甘宁边区第一、第二保育院,洛杉矶托儿所等)有渊源的幼儿园仍然沿用"保育院"名称,如"西安市第一保育院""甘肃省保育院"等;一些机构或个人举办的幼儿园也有称"保育院",但都具幼儿园性质。

(二)幼儿园的定义与任务

1951 年 10 月,中央人民政府政务院发布《关于改革学制的决定》,其中规定:"实施幼儿教育的组织为幼儿园。幼儿园收三足岁到七足岁的幼儿,使他们的身心在入小学前获得健全的发育。"该决定明确了幼儿园是我国学制的重要组成部分,并改"幼稚园"为幼儿园。1952 年 3 月,教育部《幼儿园暂行规程(草案)》正式使用幼儿园名称并明确:"幼儿园以收三足岁至七足岁的幼儿为标准""幼儿园的任务是:根据新民主主义教育方针教养幼儿,使他们的身心在入小学前获得健全的发育;同时减轻母亲对幼儿的负担,以便母亲有时间参加政治生活、生产劳动、文化教育活动等。"

1989 年 6 月、1996 年 3 月,国家教育委员会分别以部令第 2 号和第 25 号发布《幼儿园工作规程(试行)》《幼儿园工作规程》(以下简称《规程》),对幼儿园及其任务作出具体表述。2016 年 1 月,《规程》(教育部令第 39 号)对幼儿园的表述是:幼儿园是对 3 周岁以上学龄前幼儿实施保育和教育的机构。幼儿园教育是基础教育的重要组成部分,是学校教育制度的基础阶段。幼儿园的任务是:贯彻国家的教育方针,按照保育与教育相结合的原则,遵循幼儿身心发展特点和规律,实施德、智、体、美等方面全面发展的教育,促进幼儿身心和谐发展。幼儿园同时面向幼儿家长提供科学育儿指导。

表 1-1 不同时期《规程》对幼儿园及其任务的表述

年份	规程	幼儿园	幼儿园的任务
1952	《幼儿园暂行规程(草案)》	幼儿园以收三足岁至七足岁的幼儿为标准	根据新民主主义教育方针教养幼儿,使他们的身心在入小学前获得健全的发育;同时减轻母亲对幼儿的负担,以便母亲有时间参加政治生活、生产劳动、文化教育活动等

---

① 彭海蕾,王楠,姚国辉. 不同历史时期的中国学前教育政策初探[J]. 长沙师范专科学校学报,2010(1).

年份	规程	幼儿园	幼儿园的任务
1989	《幼儿园工作规程(试行)》	幼儿园是对3周岁以上学龄前幼儿实施保育和教育的机构,属学校教育的预备阶段	实行保育与教育相结合的原则,对幼儿实施体、智、德、美诸方面全面发展的教育,促进其身心和谐发展。幼儿园同时为幼儿家长安心参加社会主义建设提供便利条件
1996	《幼儿园工作规程》	幼儿园是对3周岁以上学龄前幼儿实施保育和教育的机构,是基础教育的有机组成部分(是学校教育制度的基础阶段)	实行保育与教育相结合的原则,对幼儿实施体、智、德、美诸方面全面发展的教育,促进其身心和谐发展。幼儿园同时为家长参加工作、学习提供便利条件
2016	《幼儿园工作规程》	幼儿园是对3周岁以上学龄前幼儿实施保育和教育的机构(幼儿园教育是基础教育的重要组成部分,是学校教育制度的基础阶段)	贯彻国家的教育方针,按照保育与教育相结合的原则,遵循幼儿身心发展特点和规律,实施德、智、体、美等方面全面发展的教育,促进幼儿身心和谐发展。幼儿园同时面向幼儿家长提供科学育儿指导

《规程》是依据《中华人民共和国教育法》等法律制定的,是幼儿园建园、科学管理、办园行为规范,提高保教质量和促进幼儿身心健康发展的基本准则,其着力点是完善幼儿园制度建设,包括幼儿园的性质与任务、保教目标、幼儿园环境、园舍设施、卫生保健、幼儿园教职工及其管理等内容。表1-1表明,在不同时期和经济社会发展阶段,幼儿园的表述虽有变化,但其本质特征和内涵始终未改变,即"幼儿园是对3周岁以上学龄前幼儿实施保育和教育的机构";幼儿园的任务有显著变化,一是贯彻国家的教育方针,二是向幼儿家长提供科学育儿指导,其核心是把幼儿园摆在了更加重要的位置。

定义"幼儿园"通常会从两个角度:一个是从幼儿园的社会功能角度,另一个是从幼儿发展的角度。角度不同则侧重点不同,表述也有较大差别。"幼儿园是对3周岁以上学龄前幼儿实施保育和教育的机构",就是从社会功能角度来定义的,《规程》的表述就属于这一类,其要义有三:一是以3~6周岁幼儿为对象,这是幼儿园不同于其他教育机构之处;二是针对幼儿实施保育与教育,既区别于其他教育机构,又有别于以幼儿为对象的福利机构;三是学龄前阶段的公育专门社会组织,既是国民教育体系的重要组成部分,也是重要的社会公益事业。从幼儿发展的角度则可将幼儿园定义为:是幼儿通过与同伴、教师及其他保教人员的共同生活和游戏,从而获得有益的生活、学习经验,奠定一生社会生活所必需的情感、态度和能力的场所。这一定义侧重于幼儿园教育对个体发展的功能,突出了幼儿园教育目标和教育方式的特殊性。[①]

需进一步明确的是,在环创领域讨论幼儿园的定义,旨在对幼儿园的本质特征有更加清晰的认识和理解,以区别学校教育或其他教育机构,并从本课程和专业人才培养的立场深入讨论,厘清幼儿园环境与学校环境的不同,进而支持师范生能够精准谋划和创设环境,更好地发挥环创的教育价值和作用,进而支持幼儿健康和谐地发展。

三、有别于小学的幼儿园环境

《中华人民共和国教育法》第十七条规定:国家实行学前教育、初等教育、中等教育、高等教育的学校教育制度。从国家教育制度看幼儿园和小学分别属于两个不同的教育阶段,幼儿园的保教对象是"3周岁以上学龄前幼儿""以游戏为基本活动,寓教育于各项活动之中",遵循"保育与教育相结合"的原则,并向家长提供科学育儿指导;小学的教育对象则是"适龄儿童",以"教育为要",将"五育"有机统

---

① 李季湄,肖湘宁.幼儿园教育[M].北京:北京师范大学出版社,1997:1—2.

一在教育教学活动之中。同时小学教育属义务教育范畴，具有公益性、统一性、免费性和强制性特点。幼儿园虽具公益性，但不具有强制性和免费性。归纳起来，幼儿园与小学在基本性质、教育对象、课程设置、教育目的和任务、教育内容与活动形式、教师配备和生活制度，以及教育环境和教育资源准备等方面都不同。

《规程》要求："幼儿园应当将环境作为重要的教育资源，合理利用室内外环境，创设开放的、多样的区域活动空间，提供适合幼儿年龄特点的丰富的玩具、操作材料和幼儿读物，支持幼儿自主选择和主动学习，激发幼儿学习的兴趣与探究的愿望。"《纲要》指出："环境是重要的教育资源，应通过环境的创设和利用，有效地促进幼儿的发展。"《专业标准》进一步明确：教师应认同自身的专业性和独特性；重视环境和游戏对幼儿发展的独特作用，创设富有教育意义的环境氛围，将游戏作为幼儿的主要活动。重视丰富幼儿多方面的直接经验，将探索、交往等实践活动作为幼儿最重要的学习方式。同时针对班级环境的创设与利用、幼儿游戏活动的支持与引导，要求教师建立良好的师幼关系，帮助幼儿建立良好的同伴关系，让幼儿感到温暖和愉悦；建立班级秩序与规则，营造良好的班级氛围，让幼儿感受到安全、舒适；合理利用资源，创设有助于促进幼儿成长、学习、游戏的教育环境，为幼儿提供和制作适合的玩教具和学习材料，引发和支持幼儿的主动活动；提供符合幼儿兴趣需要、年龄特点和发展目标的游戏条件；充分利用并合理设计游戏活动空间，提供丰富、适宜的游戏材料，支持、引发和促进幼儿的发展。

基于上述教育法规与专业规范、幼儿发展支持策略和专业要求，幼儿园与小学在园校环境、教育资源与准备、师幼关系等方面有本质区别，具体如下：

首先，从室内环境看，小学生的主要学习场所称之为"教室"，主要由顺序排列的桌椅、必备的黑板（白板）、多媒体设备以及其他教学设施构成；幼儿园中幼儿的主要活动场所称之为班级活动单元，其中面积最大的空间、也是幼儿在园活动的重要场所称"活动室"而非"教室"，表明它不仅是学习的场所，也是幼儿游戏和生活的重要空间。活动室配备有桌椅、钢琴、多媒体设备等教学设备，还配备有游戏材料和材料柜，以及水杯架、消毒柜等生活、游戏设备和资源，同时与之相匹配的寝室、盥洗室、卫生间等生活卫生设施与之相连通。其中桌椅的摆放也会按照活动内容和形式、幼儿活动需求而不断变换其空间位置。不同班级创设有别的活动区，墙面上会根据阶段性教育目标和主题创设有主题墙，并伴随活动的开展不断更新或变换，而且幼儿知识经验的习得、成长与发展过程也会在环境中得到充分体现。班级中的寝室、卫生间、盥洗室等，不仅为幼儿提供基本生活保障，同样也是重要的保育和教育场所，会有与之相匹配的提示性、规则性、养成性环创，是班级保教工作的重要组成部分。

其次，从室外环境看，小学有体育运动场以及体育设施和器械、绿化地与绿篱、校园景观，以及校训、报刊栏、年级评比栏等校园文化等环境创设；幼儿园则由户外活动区、大型游乐设备区、攀爬区、户外游戏小屋、沙水区、种植区、养殖区，以及道路绿篱、绿地树林、廊亭小景等构成。其重要区别在于，幼儿园为幼儿提供的是"户外体育活动或游戏活动"场所，小学则强调室外是满足实施体育课程基本要求与条件的"体育运动"场所。

第三，从教育资源与准备来看，小学除教室及其教学设施设备外，所配备或准备的是图书馆（室）、实验室及其教具、仪器，以及体育运动场地，如篮球、足球、单双杠等体育器械，且要符合教学和学生学习、体育运动等相关要求；幼儿园不仅要提供教育教学资源，还要提供幼儿生活、游戏等资源。即便是教育资源，二者在内容和形式上也有所不同。比如：幼儿园及其教师不仅要准备教学挂图、具体的实物或图片、角色头饰、游戏材料等教具和学习材料，还要创设与教育、游戏活动相关的活动区或活动情境，提供适合幼儿年龄特点的玩具、操作材料和幼儿读物，符合幼儿兴趣需要、年龄特点和发展目标的游戏材料和条件，以及温暖和愉悦、秩序与规则并存的活动氛围营造等，以此激发幼儿学习的兴趣和探究愿望。可以说，有针对性地准备和投放各种直观的教育资源、丰富的操作材料，是教师一日保教工作的常态。

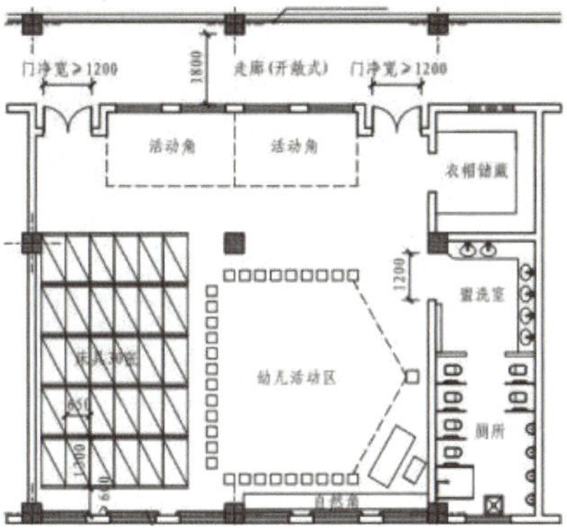

图1-18　幼儿园室内结构、环境与小学不同

图1-19　幼儿园户外场地规划、布置与小学不同

图1-20　幼儿园资源准备、学习方式与小学不同

图1-21　幼儿园师生关系与小学不同

最后，从师幼关系看，《规程》要求，教师不仅要根据国家规定，结合班级幼儿的发展水平和兴趣需要，制订和执行保教工作计划，合理安排幼儿一日生活，创设良好的教育环境，提供丰富的玩具和游戏材料，还要执行幼儿安全、卫生保健制度，指导并配合保育员照料幼儿一日生活、班级设备用具的管理和卫生清洁工作，了解并指导幼儿家庭教育，商讨实施家园共育。可见，幼儿园教师保教工作事无巨细。正是由于幼儿园教师要负责班级管理、保育与教育、环境创设、幼儿安全、卫生保健、家园共育等一切班级事务，所以幼儿从入园到离园，教师时刻相伴在幼儿身边。在朝夕相处、如影相随的一日生活中，师幼之间结成了信任依赖、亲密融洽、和谐关爱的类似于母子的亲子关系。小学教师与学生的交往互动主要体现在教育教学活动，形成的主要关系是教学或授受关系。因为小学教师的重要任务之一是依标教学，保持教学进度及时批改作业，保质保量完成教学任务，其他有关学生生活或教学以外等事物，则需要学生及其家长去解决或由学校其他部门负责。

综上所述，幼儿园环境有别于小学，而且幼儿园环境必须在"园"字上下功夫！这是环创的出发点和落脚点。新华字典、汉语词典、说文解字等对"园"的基本解释是：种蔬菜、花果、树木的地方，多指园子、园儿或者公园；园，所以树果也，原指别墅游息之所，现指供人游玩、娱乐的公共场所。由"园"组成的词汇有花园、果园、公园、家园、菜园、田园、乐园、动物园、园艺、园圃、园地、园丁等，都与美好、快乐、嬉戏、呵护、照料、劳作、希望等意涵相关。幼儿园之所以称"园"，寓意园丁养护园圃的幼苗、花蕾一样，需精心营造良好生长环境和条件。就此意义而言，幼儿园及其教师就是要基于幼儿的幼稚性、成长性和家国美好寄托、愿望，遵循幼儿成长规律，精心规划和创设放飞幼儿心灵的乐园，彰显幼儿是在与环境的互动中，特别是在科学而适宜的环境中健康成长与和谐发展的特点，凸显教师的专业性和独特性。因此，作为学前教育专业的师范生，须练就基本的专业的环创能力，支持幼儿的互动与发展，精心呵护、关照每朵含苞待放的"花蕾"，鼓励其按照各自的生长规律、速度和时间绽放！

此外，幼儿园与小学在班级管理、同伴关系、家园关系、作息时间、生活制度等方面也不尽相同，在此不一一赘述。

四、学习方法与要求

幼儿园教育环境创设是一门理论联系实际、且实践性很强的课程，并与其他专业课程的关系十分密切、相互支撑，充分体现教师教育的特点与规律，学习过程中应重点关注以下几个方面。

（一）融会贯通，重视统整学习并形成综合素养

教育学、学前教育原理等课程，为环创的学习提供教育基础知识、基本理论、基本经验和基本方法，为师范生进一步的专业学习和专业实践奠定职业基础；心理学、学前儿童认知与发展等课程，研究心理发展的客观规律和幼儿的心理过程及特点，保育学、卫生学等课程，讨论幼儿的生长发育与呵护，有效支持幼儿健康发展，这些课程从幼儿身体发育和心理发展、教育与保育等多维度为环创的学习与实践提供重要理论依据；绘画、手工、艺术鉴赏等课程，提供相应的审美、艺术欣赏和造型知识技能，为师范生的专业实践奠定表现基础。此外，环创还与环境学、社会学、生态学等学科密切相关。如果说学前教育原理、学前儿童认知与发展、保育学等课程内容，为环创提供了重要的理论依据、奠定了保教实践基础，那么绘画、手工、艺术鉴赏等课程内容，则为环创提供了呈现方式，以及支持、保障幼儿发展的实践条件和手段。因此，学习过程中不仅要重视环创知识与技能的学习，还要关注与先修课程、专业课程的内在联系并举一反三，逐步形成师范生应具备的保教实践能力和基于幼儿园环创实践的综合表达能力。

（二）学做结合，珍视实践经历并形成职业情怀

要实现学以致用的目的，其关键是理论联系实践，不仅要切实了解幼儿园教育环境的具体情况和教育环境创设的现状，在真实环境中获得真情实感，还要在幼儿园一线教师指导下尝试设计环创方案并付诸实践，参与各种环创活动，获得与幼儿园一线教师直接对话和交流的机会，积累促进幼儿发展的环创实践经历和体验，并在此基础上逐步认同幼儿园教师职业的专业性与独特性，做幼儿健康成长的启蒙者和引路人。对此，环创学习不囿于课堂，应基于实践并在实践中深刻理解幼儿园文化和环境育人的内涵与价值，服务于环创实践；在实践中实现自我发展，逐步提高环创实践能力，有效形成幼儿园教师职业情怀。

（三）学会发展，注重基于实践体验的反思与改进

一方面，在课程学习和实践体验过程中形成问题意识。运用所学知识和批判性思维方法，检视分析环创实践中的不足和问题，并加以解决，逐步形成反思与改进实际问题的能力；另一方面，基于团队合作与实践体验，形成专业发展能力。幼儿园教师工作的特点之一是团队合作，环创及其实施需要同事、幼儿及其家长的共同协作才能完成，不仅要具有团队精神和协作能力，还要建立良好的师幼、同事和家长关系。师范生应在小组实训项目和团队合作的实践中，理解体验学习共同体的价值，有效形成合作学习、终身学习与共同发展的意识和路径。

总之，本课程学习要体现统整性、实践性和能力的迁移性，在实践中形成幼儿园教师应具备的环境创设与利用专业能力，认同幼儿园教师的专业性和独特性，有效促进教育情怀和职业理想的达成。

思政论坛

主题：争做"四有好老师"，为当好"四个引路人"创设良好教育环境

内容：习近平总书记关于"四有好老师""四个引路人"的重要论述；教育部《关于大力推进教师教育课程改革的意见》（教师〔2011〕6号）《关于实施卓越教师培养计划2.0的意见》（教师〔2018〕13号）。学前教育专业师范生教育情怀及其涵养，理解幼儿园教育环境创设的意义，树立职业理想和敬业精神。

形式：课堂讨论、主题发言、"课前五分钟"、优秀毕业生宣讲，主题党、团活动等。

思考与实践

1. 根据幼儿园教师资格考试（环境创设）内容与要求，结合课程学习目标，以思维导图方式梳理课程要点。

2. 以小组或团队形式，分析讨论你所理解的幼儿园及其教育环境。

3. 幼儿园的定义和任务分别是什么？从物质、精神和家园共育三个维度分析有别于学校的幼儿园教育环境。

4. 基于对幼儿园教育环境的真实体验，写一篇赞美幼儿园教育环境的诗歌或散文。

资源文献

1. 教育部《关于大力推进教师教育课程改革的意见》

2. 教育部《关于实施卓越教师培养计划2.0的意见》

3. 幼儿园工作规程

4. 幼儿园教师专业标准（试行）

5. 幼儿园教师资格考试标准（试行）

6. 学前教育专业师范生教师职业能力标准（试行）

认识幼儿园环境

1. 了解幼儿园环境的概念及其分类；
2. 深刻领会影响幼儿园环境的主要因素；
3. 识记幼儿园教育环境的内涵、特点，并能够运用于环创实践；
4. 理解内化幼儿园教育环境的功能、价值与意义。

案例导入

一位新入职幼儿园教师的建议

在一次毕业生回访中，一位入职两年的师范生说，她参加幼儿园教师招考面试时，抽到的题目是"请你谈谈幼儿园教育环境的特点，对幼儿发展的价值与作用，并用实例做简要说明"。她说，看到题目我顿时就懵了。作为本科生我并不是不知道，但是要让我有理有据、一二三条理清晰地道来，我可真不知道该从何说起。当时吧，我嘴里呜呜啦啦地说了一大堆，面试的老师都皱起了眉头。嘿嘿，现在想想，都不知道这一关是怎么过的，反正挺难看。只记得面试结束老师点评时对我们说，今天参加面试的人，无论是本科生还是专科生，对幼儿园环境和影响因素，尤其是对教育环境的特点、对幼儿发展的功能价值都理解不到位。这不是实践经验不足的问题，而是专业理论和基本功不够扎实的表现……基本理论和环创能力对幼儿园教师非常重要，不熟悉这些基础知识，你就不知道该为谁创设、怎样创设。

老师！如果您一定要我给母校提意见或建议的话，我想说：请转告师弟师妹们，一定要为保教实践打好专业理论基本功！希望他们在面试时不要再像我这样尴尬，并祝愿他们有一个美好的未来！

人的生存与发展离不开环境，特别是适宜的环境，幼儿的健康成长不仅如此，而且对环境的要求更高。作为促进幼儿身心健康发展重要场所之一的幼儿园，其环境具有特殊意义。首先，3～6 岁幼儿不完全具备对环境的选择和改造能力，创设适宜的教育环境就显得特别重要。其次，幼儿园及其教师要贯彻落实党的教育方针，遵循保育与教育相结合的原则、幼儿身心发展特点和规律，实施德、智、体、美全面发展教育，就必须"创设与教育相适应的良好环境，为幼儿提供活动和表现能力的机会与条件""营造尊重、接纳和关爱的氛围，建立良好的同伴和师生关系"①。可见，为幼儿创设并提供丰富而健

---

① 教育部.幼儿园工作规程[Z].部令第 39 号.2016.

康、高质量的教育环境，既是幼儿健康成长的需求，也是国家对幼儿园及其教师的要求。

第一讲　环境与幼儿园环境

了解环境及分类，幼儿园环境和构成、影响因素，掌握幼儿园教育环境的特点与功能、价值，对正确把握环创的针对性、适宜性和价值取向，及其作用发挥具有指导意义。

一、环境及其分类

（一）环境的一般概念

环境是影响人类生存与发展的各种天然的和经过人工改造的自然因素的总体，包括大气、水、海洋、土地、矿藏、森林、草原、湿地、野生生物、自然遗迹、人文遗迹、自然保护区、风景名胜区、城市和乡村等。[①] 环境是一个巨大的、复杂多变的，多层次、多组元相互交融的动态开放系统，囊括了对人类产生巨大影响的一切过去、现在与未来等全部的自然和社会相互联系、相互作用的系统及其存在。[②] 也正是如此，不同的学科领域总是相对于某一事物或主体对环境展开讨论和研究。生物学所研究的环境是生物生活周围的气候、生态系统，及其周围群体和其他种群关系；对于建筑学来说，环境是建筑物室内空间条件和周围的景观及条件；从社会科学视角来看，环境则是人类生活周围的具体情况、影响和条件。

迄今，关于环境基本形成人类中心观、生物中心观和实用环境观等基本观点。人类中心观认为，环境的中心项是人，所研究的环境是人类生存的环境，包括自然和社会两个方面；生物中心观认为，环境的中心项是包括人类在内的生物界，环境及其中心项之间没有明确的分界线，所研究的是生物生存的环境，包括非生物环境、生物群落和人类社会环境。即，环境是影响生物生长、繁衍和发展的各种因子组成的整体；实用环境观则把环境理解为物理-化学-生物、社会经济、文化和美学等诸要素的复合体。[③]《中华人民共和国环境保护法》就是从实际工作需要来解释"环境"的。基于此，我们可理解为，环境是以某一中心事物（主体）周围的空间和其中可以直接或间接产生影响的各种因素与条件（客体）的总和。

（二）环境的分类

从整个环境系统来看，其中有以空气、水、土地、植物、动物，以及自然资源等为内容的物质因素，也有以观念、法律、制度、行为、准则等为内容的非物质因素，即自然和社会两大基本部分，包括生命体存在方式和非生命体的存在形式。

环境，通常按照空间范围的大小、环境要素和性质进行分类。根据基本属性，环境分为自然环境和社会环境两大类。

自然环境指未经人类加工或改造而天然存在的，如空气、水、植物、动物、土壤、岩石矿物、太阳辐射等。依自然环境要素可进一步区分为大气环境、水环境、土壤环境、地质环境和生物环境，即地球表层环境系统中的大气圈、水圈、土圈、生物圈和岩石圈。若以人类生活为中心（主体），自然环境又可划

---

① 中华人民共和国. 中华人民共和国环境保护法［Z］. 1989 年 12 月 26 日第七届全国人民代表大会常务委员会第十一次会议通过，2014 年 4 月 24 日第十二届全国人民代表大会常务委员会第八次会议修订.

② 陆雍森. 环境评价（第二版）［M］. 上海：同济大学出版社，1999：1.

③ 同上.

分为生态环境、生物环境和地下资源环境。自然环境是人类赖以生存的物质基础。

社会环境是由人与人之间的各种社会关系所形成的政治制度、经济体制、文化传统、社会治安、邻里关系等，包括人类对自然环境实施的有目的、有计划的加工和改造，满足人们物质和精神生活需要而逐步建立的人工环境，如城市、人文景观、工矿区等。按其所包含的要素和性质，可进一步区分为物理社会环境（建筑物、街道、公园、工厂、矿区及其相关设施等）、生物社会环境（各种动物、植物及其驯化、驯养，种群间的关系等）、心理社会环境（人际关系、行为习惯、风俗习惯、法律规章等）；按照其功能，也可分为聚落环境（居室环境、院落环境、村落环境、城市环境等）、工业环境（工业用地、用水、大气、废物排放等）、农业环境（农田土壤、农业用水、空气、日光和温度等）、文化环境（社会结构、风俗习惯、宗教信仰、价值观念、行为规范、生活方式、文化传统等）、教育环境（文化环境、教学环境、师生关系、硬件环境、软件环境、地理环境等）和医疗休养环境（医疗条件、设施设备、规章制度、医疗护理、医患关系等）。

此外，按照地域或范围，环境可分为自然区域环境（森林、草原、冰川、海洋）、社会区域环境（各级行政区、城市、工业区）、农业区域环境（农作物区、牧区、农牧交错区）、旅游区域环境（西湖、桂林、庐山、黄山）等；按照环境主体性质，还可分为物理环境、化学环境和生物环境等；按照人类生存环境的空间范围，又可分为聚落环境、地理环境、地质环境和星际环境等。

自然环境既是社会环境的基础并对社会环境产生影响，同时人类活动影响并作用于自然环境。通过长期而有意识的社会劳动，人类对自然环境进行加工、改造，并创造出多元物质生产体系，积累了丰富的物质产品和非物质文化遗产。一方面，自然环境标志着人类精神文明和物质文明的发展进步；另一方面，使得自然环境和社会环境的关系更加紧密，并伴随人类文明的演进而不断发展丰富。

学界对环境的分类、内涵与外延多基于某一具体事物（主体）来厘定，其主体不同，环境的大小、内容及其所指范畴、类型亦有别。作为社会的人，无论何时何地都身处客观环境之中，尽管所处环境有别，但它都会对个体的感受与体验、成长与发展、心理与行为等产生深刻影响，如社区环境、家庭环境、学校环境、幼儿园环境等。当然，环境对人的影响与个体自身的能动性、意志品质，以及个体与环境的交互程度、环境的影响力等具有相关性。

二、幼儿园环境及其构成

（一）幼儿园环境

幼儿园环境指其内部所拥有的，对幼儿身心发展产生作用的一切物质条件和精神因素的总和。身处其中的幼儿会主动或被动地受到一日生活中所看、所听、所触、所感的一切人、事、物的影响（包括正面的和负面的），并将影响自觉或不自觉地纳入身心体验和成长过程。

（二）幼儿园环境的分类

维度不同幼儿园环境分类有别。从环境性质上，可分为物质环境和精神（心理）环境；从空间形态上，分为室内环境和户外环境；根据幼儿园基本原则，可分为保育环境和教育环境；按照幼儿园一日活动的主要类型，可分为生活环境、游戏（体育）环境和学习环境。当然，还有显性环境和隐性环境之别、软环境和硬环境之分、短暂性环境和持续性环境之说。无论是物质环境还是精神环境、软环境还是硬环境等，都是由人与物构成的。这里主要从幼儿园环境的性质和空间形态两个维度进行分析和讨论。

1. 幼儿园物质环境和精神环境

表2-1　幼儿园环境的分类与构成

分类	构 成 要 素
物质环境	显性的、有具体形象的、可操作的、直接作用的园舍、场地和设施设备等物质条件,包括:班级活动单元、功能室(厅)、保健室、办公用房、厨房及其他生活、后勤用房;桌椅、玩具(材料)柜、水杯架、餐具、卫生盥洗用具和睡眠等生活所需的家具;多媒体、钢琴、玩教具、图书、领域学习或活动区所需材料、器具、器皿和其他保教设施设备;体育运动场地、大型游乐设备、户外游戏小屋、沙水区、种植区、养殖区以及绿地树林、廊亭小景等。
精神环境	隐性的、潜移默化的、或部分显性的、通过感受体验或看到的办园理念、园所文化、园风园貌、管理机制、人际关系等心理和文化氛围,包括:保教人员(特别是每天都与幼儿相伴的教师)的精神状态、情绪情感、师幼关系与互动、同伴关系、班级氛围、教师职业认同、依法依规执教、职业关注、团队合作、同事关系、保教态度和行为、教育公平、个人修养、评价与反思等。

物质环境是保障幼儿生活、游戏(体育)和学习,以及教师和其他人员开展保教工作所需的一切物质条件,包括班级活动单元、功能室(厅)、卫生保健室、办公用房、门卫室、厨房、餐厅、活动器械储藏室、消毒间、洗衣房等空间;符合幼儿生理特点的桌椅、玩具材料柜、水杯架、餐具、卫生盥洗用具和睡眠等生活所需的家具;多媒体、钢琴、玩教具、图书、领域学习或活动区所需的材料、器具、器皿及其他教学设施设备等;体育运动场地、大型游乐设备、户外游戏小屋、沙水区、种植区、养殖区,以及道路绿篱、绿地树林、廊亭小景等户外活动的物质条件和环境美化等。

精神环境指幼儿园及其教师呈现或表现出的教育观念与行为、教育文化氛围和一日生活中人与人之间的交往关系,以及由此而形成的心理感受和体验。主要由人际关系、教育文化和保教态度与行为要素等构成。其中教育观、儿童观、办园理念、园所文化、园风园貌、管理制度、师幼关系是核心。具体包括保教人员的职业情感,同事、师幼、同伴、幼儿家长间的互动与人际关系;教师群体心理与行为,职业认同、精神状态、保教态度、行为举止;幼儿园长期积淀所形成的教育文化和保教行为规范等。

在园幼儿不仅需要安全、丰富和良好的物质环境,更需要尊重与信任、接纳与关爱、公平而有效的师幼互动、同伴交往等心理体验和精神氛围支持。幼儿园精神环境的营造与优化,对幼儿的健康成长具有重要价值和深远意义。

2. 幼儿园室内环境和户外环境

室内环境指幼儿园建筑物内部的空间条件及其保教资源配置。包括班级活动单元、功能室、卫生保健室、办公用房和其他用房,以及保障幼儿生活、游戏和学习所需的各种设施、材料、家具和其他保教设备等。

户外环境指幼儿园物理区域范围内的空间条件及其资源配置。包括体育运动场地、大型游乐设备、沙水区、种植(养殖)区,以及绿化、休憩场所等。

作为环境整体,幼儿园的物质和精神环境、室内与户外环境,彼此既有区分又相互联系、相互渗透、相互作用、相互支撑。室内外物质环境是保教工作的基本保障,优质的物质条件能够有效促进幼儿与环境的积极互动,并产生愉悦的情感体验;尊重信任、接纳认可,支持鼓励、平等互动,合作探究、活动有序,举止文雅、关爱有加的精神环境,不仅会使环境中的各要素更加协调、融洽,形成多元交流与相互作用的良性循环,还能改良或优化物质环境结构,使之更加科学合理,有效达成幼儿园环境与文化的整体性、与教育目标的一致性。尽管精神环境无法像物质环境那样直观而显露,但它无时无处不在,并能被幼儿深切地感受或体验到,对其身心、社会行为乃至未来产生潜移默化地影响。

三、幼儿园环境的主要影响因素

影响幼儿园环境及其质量的因素是多维度、多方面的,归纳起来主要是物与人,即物质因素和精神因素。

（一）物质因素

《规程》要求：幼儿园应当按照国家相关规定设班级活动单元、保健室、综合活动室、厨房和办公用房等，并达到相应建设标准。有条件的当优先扩大幼儿游戏和活动空间；应有与其规模相适应的户外活动场地，配备游戏和体育活动设施，开辟沙地、水池、种植园地等，并根据幼儿活动的需要绿化、美化园地；配备适合幼儿特点的桌椅、玩具架、盥洗卫生用具，必要的玩教具、图书和乐器等。玩教具应当具有教育意义并符合安全、卫生要求，还要因地制宜，就地取材，自制玩教具。《幼儿园管理条例》（以下简称《条例》）规定：任何单位和个人，不得侵占和破坏园舍和设施，不得在幼儿园周围设置有危险、有污染或影响其采光的建筑和设施，不得干扰幼儿园正常的工作秩序。对于使用有毒、有害物质制作教具、玩具的，侵占、破坏园舍、设备的，干扰正常工作秩序的，在其周围设置有危险、有污染或者影响幼儿园采光的建设和设施的等情形、行为的单位或者个人，应给予警告、罚款的行政处罚，情节严重构成犯罪的，由司法机关依法追究刑事责任。

就幼儿园物质要素及其保障，《规程》《条例》的表述至少传达出四个方面的信息：一是规定了幼儿园必须具备的物质要素的最低限度；二是对物质基础的内容、安全等提出具体要求，并作出说明和规范；三是预防并主动消除可能对幼儿园环境产生的不良影响，同时规定相应条款以及违规后的具体处罚和追责；四是说明幼儿园物质环境的影响因素既有内部的也有外部的。

1. 物质条件是开办幼儿园和开展保教工作的基础

必备的物质要素是幼儿园开办的前置条件，没有物质条件作保障或物质基础不符合保教要求，幼儿园就好比指雁为羹，"巧妇难为无米之炊"。

物质条件与幼儿、保教人员有着十分密切的关系，对幼儿身心健康、保教工作开展，以及幼儿园的环境质量产生直接影响。比如：现实中一些幼儿园没有按照《托儿所、幼儿园建筑设计规范》设计建造班级活动单元，只有活动室而没有匹配寝室、卫生间、盥洗室等，那么幼儿的午睡就得不到保障，无法满足幼儿及时如厕、盥洗等生活需求。长此以往，会给幼儿身心健康带来危害或存在安全隐患，也会对教师的一日活动安排、保教质量等造成直接影响。反之，如果既有功能齐备的班级活动单元，齐全的保教设施设备，有生活卫生等设施，又配备有与其规模相适应的户外活动场地，安全规范的游戏和体育活动设施等，且实现环境绿化、美化和优化，那么幼儿在这样的环境中成长不言而喻会很健康。国内外相关研究表明，幼儿园园舍和活动面积大小、空间品质、玩具材料的充足程度等，对幼儿的人际关系、环境互动和保教质量有直接影响，同时也对教师组织实施保教活动的形式、基本程序与规范、教师水平发挥等产生影响。[1]

2. 物质条件重要但不是幼儿园环境的决定性因素

物质条件是幼儿园最基本的保障性要素，但不是保教水平高低和环境质量优劣的决定性因素。当幼儿园达到建设标准和资源配备条件，其物质因素和保教质量之间并不一定保持正比关系。相反，当物质条件达到一定程度再盲目追求奢华，不仅会造成极大的人财物浪费，还会对保教工作带来负面影响。从潜在课程理论来看，在幼儿园建设和环创中豪华、铺张的做法和行为，与幼儿园全面育人、保教目标背道而驰，不利于幼儿"在良好的社会环境及文化的熏陶中学会遵守规则，形成基本的认同感和归属感"[2]，既不符合我国国情，也不符合中国特色社会主义核心价值观。要看到，奢华的物质条件并非高质量的标志，也不是有文化内涵的幼儿园所追求的目标。因此，物质条件的需求与追求要适合、适度，既要符合幼儿的年龄和发展特点、保教规律与目标，还要符合国情与价值体系。

---

① 李季湄,肖湘宁.幼儿园教育[M].北京：北京师范大学出版社,1997：100.
② 教育部.3—6岁儿童学习与发展指南[Z].2012.

研究表明,园长的领导力和管理水平较物质条件对保教质量的影响更加显著;教师在保教过程中组织活动的水平、保教态度与行为规范等,较物质条件对幼儿发展的影响更直接、更强烈。[①] 因此,只重视物质建设并不能保证保教质量的提升和幼儿的健康发展。规范的保教过程、科学的质量管理、标准化的安全与卫生保健、适宜的教育环境,以及专业化高质量高标准的教师队伍建设,才是幼儿园环境的决定性因素。

(二) 精神因素

《规程》不仅对幼儿园物质条件和保障作出规定,同时也对保教人员岗位及其职责、保育与教育、安全与卫生保健等有关人的因素和环境条件作出要求。幼儿园设园长、副园长、教师、保育员、卫生保健人员、炊事员和其他工作人员岗位,并按照要求配足配齐教职工。教职工应当尊重、爱护幼儿,严禁虐待、歧视、体罚或变相体罚、侮辱人格等损害幼儿身心健康的行为;创设与教育相适应的良好环境,为幼儿提供活动和表现能力的机会与条件。《纲要》《指南》《专业标准》《幼儿园教师违反职业道德行为处理办法》《托儿所幼儿园卫生保健管理办法》《托儿所幼儿园卫生保健工作规范》等有关保育教育、教师执业、卫生保健等系列规范和规章,从不同角度提出具体内容与要求。可见,精神因素以及精神氛围营造至关重要。

精神因素具有独特性、弥散性、潜移默化性和人文性特点,关涉幼儿园的精神风貌、保教文化,关涉班级氛围、幼儿心理健康,关涉教师专业发展,关涉千家万户,关涉和谐社会。在影响精神环境及其质量的各种因素中(见表2-1),以人的要素和文化要素所起的作用最为巨大。

1. 人的要素为先

在幼儿园所有人的要素中,对精神环境起主导作用的是园长。园长是国家有关法律法规、方针政策和地方规章的执行者,是幼儿园各项规章制度的制定者、管理者,是业务带头人,是保育教育、卫生保健工作的负责人,是幼儿生命与健康、安全保卫工作的责任人,是育人文化的营造者、育人环境的调试者。有关理论和实践证明,一个好园长就是一所好幼儿园。园长对幼儿园的领导首先是思想与观念的领导,其办园思想与保教理念及其作用下的管理行为,事关幼儿园的发展和环境质量、幼儿的健康成长和教师的专业发展。其中的保教环境和质量、教职工职业幸福感、教师专业发展是直接影响幼儿身心健康的关键因素。

在幼儿园所有保教人员中,无论是从陪伴幼儿的时间,还是从班级组织和运行特点来看,作为保育与教育、安全与卫生、一日活动组织等工作的承担者和实施者的教师,是其中的决定性因素。

首先,教师对待幼儿、对保教的态度与行为是影响精神环境质量的核心要素。一方面,教师的教育理念与保教态度、职业理想与情感、对待幼儿的态度与行为等,其本身就是构成精神环境特别是班级氛围的核心;另一方面,在陪伴幼儿三年时间里,作为教育环境的设计者和实施者、一日活动的组织者和支持者,幼儿品质生活的倡导者、是非观和社会规则的引导者,教师能否根据保教目标,结合幼儿年龄特点和需求,创设良好的教育环境、合理安排一日生活、科学组织教育内容、提供丰富的玩具和游戏材料,做到仪表端庄大方、站位姿态合规得体、教学语言生动规范、与幼儿沟通有效、善于倾听和蔼可亲、行为举止具有示范和榜样作用等,对于幼儿都会产生直接影响。

其次,教师的专业知识和专业能力是影响精神环境质量的关键要素。一方面,教育环境是根据教育目标、内容和要求,结合幼儿发展需要和特点而精心规划和创设的。教师掌握幼儿发展知识、保教知识和通识性知识越丰富,就越有可能将教育目标、内容和要求与幼儿发展需要、兴趣进行整合,创设适宜的环境来支持幼儿发展;另一方面,教师日常保教、安全与卫生、班级管理等工作千头万绪,两教一保或三教之间既有分工又有合作,这就要求教师既要提高环创与利用、一日生活的组织、游戏活动

---

① 李季湄,肖湘宁.幼儿园教育[M].北京:北京师范大学出版社,1997:100.

的支持与引导、教育活动的计划与实施、激励与评价等保教实践能力，还要不断提升沟通与合作、反思与发展的能力。

此外，教师配备的数量、专业素质与保教能力等因素，会对教育环境产生一定影响，也会直接影响保教目标的一致性和达成度。保育员、卫生保健人员和其他工作人员，以及幼儿家长、社区等相关人员，也是幼儿园精神环境的影响因素，只是程度不同罢了。

2. 文化要素为重

文化要素与人的要素紧密相关、互为前提和基础，是精神要素中的两个方面。从文化哲学视角来理解，人与文化之间具有一种共在关系。一方面，人是有文化的人，具有一定的文化品质和文化特色，文化是人的精神家园和身份象征；另一方面，文化是人的文化，文化具有属人的性质和人为的必然，文化来自于、表现于、存活于生生不息的人的世界之中，是人的生命力和主体性的张扬与展示。人的存在离不开文化的存在，文化的存在也离不开人的存在。[①] 人的发展与文化的发展是辩证统一的。

校园文化是"经过长期发展历史积淀而形成的全校师生（包括员工）的教育实践活动方式及其所创造的成果的总和。这里面同样包含了物质层面（校园建设）、制度层面（各种规章制度）、精神层面和行为层面（师生的行为举止），而其核心是精神层面中的价值观念、办学思想、教育理念、群体的心理意识等"，并且具有教育性、选择性、创造性和个性、差异性，以及冲突和融合的过程性特征。[②] 校园文化本质是一种人文环境和文化氛围。据此，我们可以将幼儿园文化理解为，幼儿园的共同成员在园所发展过程中，逐步形成的关于价值观念、办园思想、保教理念、行为规范、群体心理意识等保教实践活动方式及其所创造的成果的总和。不仅包括教育因素，还应体现"保育"因素，并基于保教原则加以实践，彰显有别于小学的幼儿园保教目标和任务，集中反映"幼儿园"的办园思想、保教理念、价值观念和文化特点。

幼儿园文化以幼儿为本，以育人为核心，以保教融合为原则，对全园教职工和幼儿都会产生潜移默化的影响。伴随经济社会的发展与变革，外来文化和本土文化、现代文化和传统文化处于相互冲突、相互交织、相互取长补短的过程中，各种文化现象或多或少地存在于社会的每个领域。基于文化与教育的特殊关系，幼儿园也不例外，主要通过园长、教师、家长等与幼儿园关系密切的人，以显见的物质形态（图书、音乐、美术作品等物化的精神产品，以及园舍建筑和装饰风格等）和隐性的观念形态（价值观、思维方式、精神风貌、生活方式等），直接或间接地成为幼儿园的文化构成或影响因素。对此，能否做出正确的价值判断、科学的抉择，就取决于人的因素，特别是园长和教师的职业理解与价值观。判断与抉择的不同，会使幼儿园的文化品位和格局出现高低、文野、雅俗之别，从而使文化氛围、环创的教育意义和价值观迥然不同，教师和幼儿的感受和由此而受到的影响有别。[③]

文化，是引领，是内涵，是旗帜，是氛围，是力量，是一种弥漫和浸染，因为实感真切，所以动人心扉。幼儿园的发展最终要靠文化的引领和支撑，只有优秀的幼儿园文化，才会有卓越的有质量的幼儿园。但幼儿园文化不是形式、不是文字堆砌的表面文章，而是要深入到办园思想体系、环境氛围等方方面面，落实到保教理念和保教规范之中，落实到教师的专业发展和幼儿的成长过程之中。对此，幼儿园应逐步形成以办园思想体系为核心的主旨文化，以万物育人的环境氛围和有特色的环创文化，以制度文化和对师幼人文关怀为主线的教育文化，以保教和环境质量促发展为主导的园本文化。[④]

---

① 李金齐. 共在：人与文化的本质性关联——一个文化安全研究的文化哲学视角[J]. 江西社会科学，2010(8).
② 顾明远. 论学校文化建设[J]. 西南师范大学学报（人文社会科学版），2006(5).
③ 李季湄，肖湘宁. 幼儿园教育[M]. 北京：北京师范大学出版社，1997：104—105.
④ 吉孟国. 一个好园长就是一所好幼儿园[N]. 中国教育报（学前周刊·管理），2018-4-15(2).

第二讲　幼儿园教育环境的特点、功能和价值

幼儿园环境会受到所处区域地理、空间、资源等条件制约,区域文化、经济社会发展等因素的影响。然而,无论区域之间、园所之间差异有多大,幼儿园及其教师都应依据《规程》《纲要》要求,基于保教原则和规律、幼儿学习特点和学习方式,将环境资源转化为有效的教育资源,因地制宜,统筹规划,精心创设教育环境,充分发挥区域资源、教育环境的直接影响和潜移默化作用。

一、幼儿园教育环境及特点

广义的幼儿园教育环境是指幼儿园教育赖以进行的一切条件的总和,包括人和物的要素,幼儿园内部环境,与幼儿园相关的家庭、社会、自然等外部环境。狭义的幼儿园教育环境指内部的物质环境和精神环境[①],也就是幼儿园为促进幼儿身心健康发展、实现教育目标和任务,而进行的与保教内容、幼儿经验、能力获得相适应的空间资源配置或情境创设,以及富有感情色彩的交往互动氛围营造与调控。

著名教育家陈鹤琴先生说:"怎样的环境,就得到怎样的刺激,得到怎样的印象……所以从前孟母要三迁其居,是深深明了小孩子到了哪种环境,就会做出哪种动作来的。"[②]诸多事实和研究表明,环境对人尤其是幼儿有移情、移志、移性的作用。因此,创设适宜的教育环境对幼儿身心发展、良好个性和心理品质的形成具有积极的促进作用。作为专门的幼儿教育机构,幼儿园教育环境既不同于学校、也有别于家庭环境,具有如下特点。

(一) 教育性和游戏性

首先,教育性是幼儿园教育环境的本质特征。幼儿园特定的环境是遵照《规程》《纲要》要求,有目的、有计划、有组织地利用、整合优化各种环境因素和资源,将教育要素或具体教育目标渗透其中而精心设计和实施的,因此教育性必然是其本质特征。忽视或教育性特点体现不足,环境就失去了创设和存在的意义。

其次,游戏性是幼儿园环境最为突出的特点。游戏是幼儿的天性、基本生活方式、生命进程不可或缺的组成部分,是幼儿园的基本活动形式。由室内到室外,从物质到精神,游戏性环境无处不在。其核心价值在于,游戏性环境和游戏过程为幼儿探索与发现、体验与经验积累、规则意识建立、学会沟通与交往等创造了机会和条件。游戏发展、游戏水平以及幼儿在游戏中的表现等,能够客观反映幼儿身体和心智发展的水平与程度。

同教育性一样,游戏性环境也具有很强的目的性、计划性和组织性。即针对幼儿年龄特点、保教目标及发展需要,创设游戏情境、提供游戏材料、营造游戏氛围。在幼儿一日活动中,二者是一种相互依存、互促发展的关系,攀岩墙、沙水池、种植园等就充分体现了环境的教育性与游戏性。幼儿在游戏中,身体平衡和抓握能力、动作的协调性和灵活性得到发展,同时获得关于沙水物理性质的体验、有关植物生长的认知经验,培养了幼儿自我保护和探究能力,且是愉悦和快乐的过程;班级各种活动区创设也是如此,它既是小组或个别学习的方式,也是幼儿游戏的主要形式,幼儿基于游戏的开展与讨论、

---

① 李季湄,肖湘宁.幼儿园教育[M].北京:北京师范大学出版社,1997:101.
② 陈鹤琴.家庭教育[M].上海:华东师范大学出版社,2006:188.

图2-1 体现教育性

图2-2 体现游戏性

制定规则并自觉遵守规则,进而学会倾听与交流、轮流与礼让、合作与探究,增强了其成就感、自尊心和自信心。

（二）给定性和可控性

幼儿园教育环境是有目的、有计划、有组织的,这句话道出其环境的另一特点——给定性。即,这一特定环境是有据可依、客观而先在的。如班级活动单元及其保教设施设备、区角创设、游戏材料、户外环境,及教育目标与内容、保教常规等都是预先给定的。幼儿就是在这样一个先在的、给定的环境中生活、游戏和学习的,他无法脱离这一给定的环境,只有能动地去"适应"。事实上,幼儿正是在积极主动地"适应"给定的环境中,并在其影响下得到成长与发展的。一方面,教育环境的构成和内容总是处于幼儿园及其教师的控制之下,诸如幼儿的各种生活、游戏和学习用品,保教设施设备的分配使用,活动区的设定,以及精神文化产品、教育教学和游戏的内容、组织实施等,都必须经过严格筛选和把关,择其精华和优质资源作为保教内容组织到环境中去;另一方面,班级活动单元的环境是由教师根据保教目标和幼儿发展需求,调动、调控、整合各种教育资源的结果,而且在一定时间阶段,教师要不断调整、平衡其班级的教育环境,兼顾与其他环境的平衡关系,使之符合幼儿年龄特点及其发展目标与需要,并保持班级环境及其核心教育要素始终处于幼儿健康发展的最佳状态。[1]

需进一步阐明的是,给定的、可控的教育环境不但不会限制或制约幼儿的发展,反而是支持和激励幼儿健康发展的前提。这是由幼儿园的保教目标和任务、保教对象的幼稚性和特殊性所决定的,而且较其他教育机构表现得更加突出;给定性和可控性环境为教育性和游戏性环境提供了保障,教育性和游戏性环境又使给定性和可控性环境有了更加明确的目标和方向,彼此形成相互支撑、相得益彰的必然联系。

实践表明,给定的和可控的教育环境并非一成不变。首先,教师会对环境做出调整或更新。这是基于幼儿发展过程、结果和具体的科学观察,遵循保教规律、幼儿的学习特点和成长规律,对教育环境中的各种资源和因素所做的调整与完善,以达到有效支持幼儿持续发展的目的。[2] 其次,教育环境对幼儿发展的作用离不开幼儿对环境的能动反应。幼儿是学习的主体、发展的主体,具有主动性和能动性,在幼儿与给定的、可控的教育环境互动过程中,会使环境发生新变化,且更加丰富,而且变化中的环境也会承载并"记录"幼儿富有个性的成长过程。概言之,无论是教师主导下的教育环境变化,还是

---

① 李季湄、肖湘宁. 幼儿园教育[M]. 北京：北京师范大学出版社,1997：103—104.

② 赵宇. 浅析幼儿园教育环境的内涵与特点[J]. 大连教育学院学报,2009(6).

幼儿与教育环境互动过程中所生成的新变化,都是基于给定的教育环境所产生的可控性变化。

(三)生活性和养成性

《规程》《纲要》强调,幼儿园要科学、合理地安排和组织幼儿一日生活。"根据幼儿的需要建立科学的生活常规。培养幼儿良好的饮食、睡眠、盥洗、排泄等生活习惯和生活自理能力;教育幼儿爱清洁、讲卫生,注意保持个人和生活场所的整洁和卫生。""培养良好的生活习惯、卫生习惯。"可见,生活性和基于一日生活的养成性是幼儿园教育环境的显著特点。

图2-3 体现生活性

图2-4 体现养成性

首先,给定的园舍、班级活动单元、保教设施和设备等,诸如楼梯台阶、扶手、盥洗台的高度和技术要求等,都是根据幼儿生理特点和人体工程学原理而设计的,要满足的是其基本生活之需。同时,幼儿园保教目标和内容总是基于幼儿的实际生活与需要来选择组织的,因此生活化教育环境在一日生活中起着积极的影响和潜移默化作用。

其次,幼儿园强调"一日生活皆课程""一日生活"中的养成教育,以及良好的生活、卫生和行为习惯培养。这正是著名教育家陶行知所倡导的"生活即教育"。足见养成性是基于一日生活并以基本生活能力和行为规范的习得,进而形成良好习惯的教养方式。保教实践中的养成性旨在以小见大、长期熏陶,行为世范、把握有度。养成过程是一个长期的过程,一个从感性到理性的习得过程,一个从量变到质变的过程。因此,基于游戏和生活的独特价值,合理安排一日生活、创设适宜的养成性环境,是幼儿园及其教师的必然行动。娃娃家、超市、医院等活动区创设,以及班级门口的"入园六部曲"、活动室的"今天你喝水了吗"、盥洗室的"洗手步骤图"等创设,就是具体的生活性和养成性教育环境。如果说活动区创设重在通过直接感知、实际操作和亲身体验来获取生活经验,那么养成性环境侧重于通过一日生活养成良好习惯。

此外,幼儿的行为规范、文明礼貌、人际交往等规则意识和社会性发展尚处于初步建立和形成阶段,同时又不能很好理解或接受"说理"教育,为幼儿创设一个与其生活相适应的、直观而真实的教育环境,发挥示范、规范、提示、引导作用就显得十分重要。

如果说教育性和游戏性、给定性和可控性环境具有可见性,更多地体现出物质环境因素,那么生活性和养成性不仅具有可见性,同时具有浸染性和长期性,更多地表现在精神环境和教师的基本素养层面。

二、幼儿园教育环境的功能

从环创实践来看，教师对教育环境及其创设是有一定认识且是重视的。然而，当进一步追问环创是否发挥了真正价值，幼儿与之互动的程度如何，与教育活动、活动区以及幼儿发展是什么关系时，就会发现实践中的环创还存在为"创设"而创设、忽视幼儿经验与体验、重形式轻内容等现象。究其原因对幼儿主体性及其发展的认识不够深刻，对教育环境与幼儿发展之间的关系不清，对教育环境的功能和作用的理解不到位。

（一）育人功能

图2-5　幼儿刺绣和编织作品义卖

幼儿园教育环境的首要功能是基于特定的环境和幼儿身心特点来育人的，即有目的、有计划、有组织地整合生活和环境中的有利资源，创设具体的教育环境支持全人发展。

在幼儿园，"育"是"保育"和"教育"所共有的，也是"育人"环境的要义所在。首先，育人功能的体现与发挥，既要落实《规程》《纲要》的教育任务、目标、内容与要求，还要根据不同年龄段幼儿的学习特点和方式，创设具体的教育环境来给予支持。其次，幼儿具有向师性和模仿性特点，教师的言行直接影响环境育人功能的发挥。"近朱者赤，近墨者黑"，"朱"和"墨"就是指所处环境和人群。《颜氏家训·慕贤》中"是以与善人居，如入芝兰之室，久而自芳也；与恶人居，如入鲍鱼之肆，久而自臭也"，说的就是与怎样的环境和人相处，就会在不知不觉中被其"熏渍陶染"，长此以往"潜移默化，自然似之"。

这就要求教师在一日生活中善于观察、发现幼儿成长过程中的诉求和发展要求，以此来组织与之相适宜的教育内容和环境。保教实践中，为预防疾病，养成幼儿良好生活卫生习惯，洗手环节及习惯养成尤为重要。如何让幼儿理解洗手的重要性并养成良好的习惯呢？《我要洗手》就是一个典型案例，教师围绕"洗手"开展了一系列的活动。一是感受体验。户外活动结束后，教师请幼儿把手伸出来看一看，幼儿说："啊！手变黑了。""手好脏呀！"回班后教师没有像往常那样组织幼儿洗手，而是请他们在事先准备好的两个清水盆的其中一个来洗手，并进行比较。当他们看到盆子里的洗手水时都皱起眉头："水好脏！"然后，再组织所有幼儿到盥洗室手洗，这时每个幼儿都按步骤洗得很认真。二是通过科学实验"细菌在哪里"，让幼儿知道细菌的存在。教师专门请教医院检验科的医生，并用科学实验来发现和解释手上是否带菌以及洗手前后带菌量的变化，同时把实验过程制成直观形象、浅显易懂的课件。通过观看实验过程幼儿说："细菌真可怕，吃东西前一定要洗手哦！"三是依主题活动创设教育环境。在创设主题环境的基础上，教师和幼儿还共同设计制作"你洗手了吗"的提示标识和洗手步骤图，张贴在盥洗室，提醒大家及时、正确洗手。教师还将自编洗手歌与手指游戏相结合，在多个领域引导幼儿学习并加以巩固。通过主题活动和与活动紧密相关的教育环境创设，教师不再强调："你要洗手！"幼儿也会说："我要洗手！"①

这一案例说明，首先，教师要意识到洗手对于幼儿健康成长的重要意义，并根据阶段保教目标

---

① 吴英. 我要洗手[N]. 福州日报，2013－9－3(6).

来选择恰当的教育主题。倘若教师认识不到洗手对幼儿的意义，就意味着教师没有真正理解幼儿园"育人"的要义。其次，创设与活动相关的主题教育环境。就本案例，无论是体验活动、科学实验，还是洗手标识和洗手步骤图等，既有对洗手及其重要性的认知，又系统学习了健康、科学等领域知识；既有教育内容，也有保育指导；既有物质材料提供，也有心理氛围营造；既采用感受体验、操作发现、实验验证、环境功能整合等，又有儿歌、实验、图片、操作等具体方法和途径。[①] 不仅体现了教师的专业敏感性和职业责任，也展示了环创与利用的保教实践能力，有效发挥了教育环境的育人功能。

（二）导向功能

有关研究证实，在人与环境的相互作用中，人在一定程度上能够改变环境，反之人的行为和经验也会受环境的影响或改变；社会环境有一整套相对完善的社会行为规范，它以外显的或强制的、内隐的或自愿的方式发挥着引导功能，以维持社会的正常运转和秩序，调节社会生活中人与人的关系，指导并端正人的行动理念和具体行为。

幼儿园教育环境不仅具有教育功能，还具有行为导向和行为规范功能，具体表现在两个方面。一是通过教育环境对幼儿的行为施加影响，使其行为举止符合该年龄段的教育目标和要求。或者说，由教育环境引发来规范幼儿的行为是教育环境的基本功能。二是导向功能的发挥须通过具体化、有针对性和实效性的教育环境创设来实现。

下面的案例充分说明并证实这一功能及其发挥。案例反映的是一所农村幼儿园，针对幼儿在一日生活中行为随意、规则意识不强的现状，教师通过一系列活动和相应的环创来加以尝试和改变的过程。活动室是

图2-6　班级行为规范的约定与引导

幼儿一日生活的主要场所，教师在活动室创设了"好孩子、好习惯"的主题墙。首先，教师发动幼儿和家长广泛搜集资料，教师从中遴选图片和文字资料再组织到主题墙。然后，根据主题环创不断引导幼儿观察和讨论，领会良好行为习惯和经验，并落实到自己的具体行动上。例如："衣服叠整齐"就是其中的活动之一，教师先是把绘制的外衣折叠步骤图贴在主题墙，却没有要求幼儿去做，可是教师发现幼儿在主动观察并讨论衣服折叠步骤，而且一些幼儿脱下衣服后会按图叠衣服。教师抓住这一时机，以讲一讲、叠一叠、练一练的方式，让幼儿轻松愉快地掌握了叠衣服的方法。一段时间后，每次入园或脱下外衣，幼儿都会主动地把衣服折叠好放置到固定位置。老师又将幼儿这一行为变化的照片贴到主题墙，使幼儿良好行为习惯不断得到巩固和内化，同时主题墙的内容进一步得到丰富与发展。

于是，在园长的支持下，同事们将她的做法和经验分享到全园。教师根据日常行为观察与分析，结合幼儿的兴趣和审美喜好，将各种好行为、好习惯以卡通形象呈现出来，张贴或悬挂在楼梯口和游戏设施旁。贴在楼梯口的是上下楼梯不拥挤的小狗形象；在滑梯旁，用依次排列的企鹅来提醒幼儿有序排队、耐心等待。在直观形象、赏心悦目和良好师幼互动的育人环境中，幼儿良好行为习惯逐步形成。[②]

教育环境导向功能的发挥，需要教师基于对幼儿行为、习惯和成长需求的观察、分析与归纳，整合

① 沈建洲.幼儿园教师专业发展[M].北京：北京师范大学出版社,2015：57.
② 姚启芳.试析教育环境对幼儿行为习惯养成的影响[DB/OL].http://www.doc88.com/p-9993662879043.html,2020-3-26.

有关教育及环创要素，包括对课程和幼儿一日生活的分析与整合，教育活动与活动区、主题墙关系的梳理与整合，室内外教育环境的整合，幼儿认知与审美特点、幼儿园内外的相关人与物的整合，进而有效形成环境育人氛围。

（三）沟通功能

社会环境为人与人、人与群体之间的交流沟通提供了必要的场所和条件，使人与人之间的交流沟通、相互关系得以保持和发展。作为社会环境的组成部分，幼儿园教育环境也是如此。

首先，幼儿园教育环境承载着特定的育人信息。这里的环境是有准备的教育环境，是课程重要的组成部分，是教师根据年龄段教育目标、幼儿兴趣和发展需要而创设的。幼儿在与有准备的教育环境互动中，会将活动、与环境互动的信息反馈给教师。例如：环境是否符合幼儿发展水平和特点？幼儿与环境的互动程度怎样？以环境为媒介的同伴交流沟通的有效性如何等。基于此，教师可以对环境做进一步的改进和优化，以达到育人目的。

图 2-7　家园共育信息平台

其次，幼儿园教育环境"会说话"，是交流沟通的介质。走进一所幼儿园，不用介绍和交谈，只要观察其教育环境，就能感受或"阅读"到所蕴含的教育信息。这里有直观的一周食谱、幼儿作品或活动照片；各种提示性、规则性和警示性标识；丰富多样的主题墙、活动区等。如大班"我要上小学了"主题墙，详细记录并呈现了幼儿参观小学的所见所闻及其与幼儿园的不同；从家里出发到所要就读小学的路线等。既记录了与小学生的互动、师幼互动、讨论分享等活动，又以图示、照片等方式来"讲述"丰富的活动内容和信息。教育环境最大程度地发挥了"会说话"的功能和作用。

第三，幼儿园教育环境是家园互动的平台、共育的桥梁。伴随我国学前教育事业发展，幼儿园普及程度和幼儿入园率的提高，广大人民群众对"幼有所育""幼有优育"的美好期盼日益高涨，家园合作、家园共育和科学育儿需求日趋强烈。如何满足家长积极参与幼儿活动、掌握科学育儿知识的诉求，建立有效的交流沟通渠道、宣传普及科学育儿知识等，成为幼儿园及其教师的任务之一。对此，家园互动、家园共育的途径和纽带也在不断升级换代。如以往的"家长园地""家长信息栏""通知栏"等，已升级为"爸爸妈妈看过来""请您支招""请您关注""温馨提示"等，并成为家园合作、共育的有效途径。经过升级换代的信息平台不仅给家园共育注入活力，而且信息传达、交流互动、合作育人的功能和作用得到加强，合作的有效性得以提升。

总之，教育环境功能的发挥不是单一的，而是相互协同、共同作用的。所不同的是，依环境空间、内容、形式和对象，其育人、导向、沟通等功能的重点和优势有别。这就要求教师在创设教育环境过程中，既要统筹规划、精心设计，还要关注目标对象、内容形式等，以此发挥教育环境的多元功能。

三、幼儿园教育环境的价值

作为人的最初的集体生活和学习场所——幼儿园教育环境对于幼儿良好行为习惯的养成和全面发展，有着重要价值。

（一）教育环境与课程共生互存

幼儿园课程是教师有目的、有计划、有组织的，在幼儿与教育环境相互作用中获得有益经验和身心健康发展的全部活动。无论是预成性还是生成性课程，都来自幼儿的需要与教育环境的互动，只是生发源不同而已，或源自《纲要》《指南》，或生发于幼儿的兴趣点。课程的组织与实施强调学习者、学习成效和教育环境的协同一致。换言之，幼儿参与其中的程度、效果往往取决于教育环境的优劣。足见教育环境与课程相互依存、相辅相成。

1. 围绕课程(教育活动)创设教育环境

幼儿园课程(教育活动)需要在一定的情境或环境支持下展开，而且环境的针对性和支持性直接影响活动的实施和效果，教师要根据活动需要与幼儿共同创设教育情境或环境来提高活动质量。在大班《人群》主题活动中，为营造一个"人群"环境，教师做了两个方面的准备。一是邀请平行班幼儿参与活动；二是带领幼儿将活动室创设成一个"城市广场"，置身其中的幼儿扮演不同的角色，或快或慢、或单人或多人在"人群"中穿梭，使幼儿获得并体验到有关"人群"的切身感受。活动表明，以课程目标和内容为导向的教育环境成为课程的一部分，所创设的每一个细节、情境，与课程目标、过程和幼儿经验获得都建立起必然联系。并且，在环境及其创设过程中，幼儿由旁观者转变为教育环境创设的参与者，并在具体的情景和环境中深刻理解"人群"的意义，充分体现围绕课程或主题创设教育环境的价值。

2. 环境和生活生成课程

课程内容或主题生发于幼儿的日常生活、新闻事件、周围环境、季节交替等过程。当其中的某种事物或自然现象，成为幼儿的兴趣点或经验话题时，作为观察者、引导者和支持者的教师，可顺应幼儿诉求并甄别是否与教育目标共轨，通过与幼儿协商将其关注点或话题发展为课程内容(主题)。例如：大班《火箭》的主题就生发于幼儿的关注与议论。我国"神舟"载人宇宙飞船多次发射，宇航员也会在舱内生活一段时间，对于这一重大科技新闻，幼儿表现出浓厚的兴趣，提起飞船就兴奋，还时常问老师：飞船是怎么上天的？宇航员在太空如何工作？他们吃什么？等等。教师根据大班幼儿的年龄特点，结合之前的《风车》主题活动，以火箭为主题，并通过资料收集、主题环境创设和系列活动，共同讨论科学技术对人们日常生活的影响，激发并满足幼儿科学探究的欲望，形成系列主题活动成果和环创。

其实，许多课程内容或主题都是这样产生的，《快乐宝宝》主题也是如此。一名中班幼儿发现老师的肚子一天天大起来，于是他和小伙伴们产生了许多疑问并议论：老师怎么了？是生病了吗？老师有小宝宝啦！为了满足他们的好奇心，也让幼儿知道自己从哪里来，教师精心设计并实施了《快乐宝宝》主题活动，一些幼儿还将自己婴儿时的衣裤拿来丰富主题环境。通过活动实施和主题环境创设，困惑和疑问在活动和环创过程中逐步得到解答，既满足了幼儿的好奇心，又使其对生命和母爱有了新的认识，并由以往口头上的爱妈妈、爱老师落实到了实际行动上。

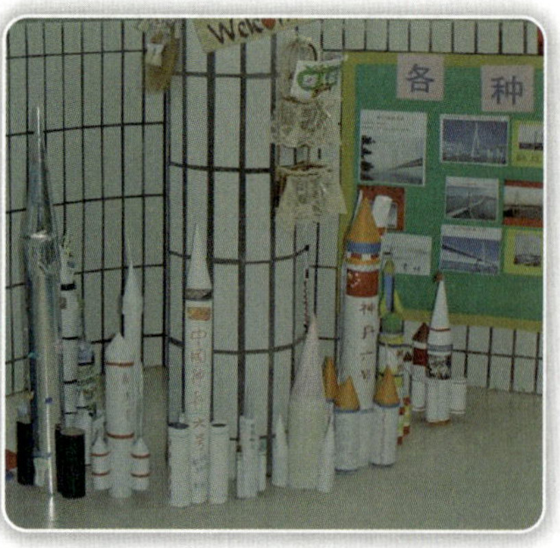

图2-8 《火箭》主题活动部分成果

图2-9 《快乐宝宝》主题环创

图2-10 饲养观察蚕宝宝

图2-11 刺绣馆

3. 环境资源与课程相互支撑形成环境特色

苏州桃源镇是江苏省历史文化名镇，素有"服装之乡"的美称。这里有缫丝厂、丝织厂、服装厂等，蕴含丰富的教育资源，其中养蚕业就是桃源的特色产业之一，许多幼儿家长也是这方面的行家里手。在生活环境影响下，幼儿对蚕宝宝产生了极大的兴趣，于是当地幼儿园及其教师从幼儿兴趣出发，设计了"蚕宝宝"教育主题。在多次组织幼儿现场参观蚕宝宝的不同生长阶段，并鼓励幼儿饲养、观察蚕宝宝的基础上，教师组织实施了针对性和探索性较强的领域教学活动，通过集体、小组或个别观察、讨论等形式，以实验、比较、语言、绘画、表演等方式，让幼儿记录并表达各自的饲养、观察与收获。同时，师幼共同创设"蚕园乐"主题教育环境，使主题内容得以拓展延伸，并呈现观察探究和表达表现过程。为了让"蚕园乐"更加接近真实环境、发挥环境育人作用，师幼共同以剪、折、画、粘贴等造型手段来丰富"蚕园乐"的内容和形式。在越来越近似真实的"蚕园乐"的教育环境感召下，幼儿的探究欲望被彻底激发，他们依各自的兴趣爱好，开展了饲养、抽丝、服装设计、测量、时装展示等系列活动，不仅对家乡的资源有了一定的认识与了解，还通过自己的双手再现了家乡的特色文化，从中获得了富有个性的发展，[①]幼儿园也在环境资源利用与课程互溶、共生互存、相互支撑的实践过程中，形成特色课程和富有区域特点的教育环境。

（二）教育环境陪伴并支持幼儿成长

幼儿园教育环境以直观教材、学习材料、"玩伴""会说话"等鲜活而灵动的形式或方式，陪伴并支

---

① 汝茵佳. 幼儿园环境的价值取向[J]. 儿童与健康·幼儿教师参考, 2007(2).

持幼儿的全面发展，具有不可替代的多元价值和作用。

1. 教育环境是直观教材

只要留心观察幼儿园教育环境，就能"读"懂或体验到蕴含其中的教育价值。门厅、走廊和班级有各种以图为主的提示性或养成性标识，多种视觉和触觉材料，内容丰富形式多样的环创等。教育环境为幼儿的各种感官、触觉发展提供了机会和条件，在规范幼儿行为、丰富认知经验、支持健康成长等方面发挥着独特的价值与作用。活动室创设有活动区，材料丰富，摆放有序。科学区里，幼儿沉浸在"沉浮"的小实验中而心无旁骛，他们基于材料和操作在全身心地关注和思考：为什么铁块沉得最快？小木板和塑料玩具怎么没有下沉？并将实验、观察、探索的过程以符号形式记录下来；交通工具活动区里，通过图片、模型和已有经验，幼儿在利用废旧纸盒、瓶盖等材料制作"汽车"，且外观、功能多样化，如"自动分类垃圾车"，还有幼儿在协商到建构区建造一个"汽车城"。可见，当环境或材料作为学习资源、直观教材时，充分体现了其支持幼儿成长的不可替代的功能和价值。长此以往，幼儿的学习品质及其经验、能力会得到有效提升与发展。

富有探究意味和引发支持的教育环境不仅美化、优化了学习场所，更是成为了幼儿学习的"直观教材"、行为举止的"榜样示范"。概言之，教育环境能够反映幼儿园的办园理念、价值取向，体现"办怎样的幼儿园"和"怎样办好幼儿园"的深层次思考和实践成果，展现培养什么样的幼儿、怎么培养幼儿的保教观和儿童观。

2. 教育环境"会说话"

"会说话"的教育环境集中体现在幼儿或家长与环境的"对话"上。首先，"会说话"的教育环境记录了幼儿的点滴进步和成长瞬间，展现了幼儿的所思、所想，以及幼儿的诉求和表达表现，为幼儿提供了认知与经验、反省和解释的机会，有助于其知识经验的构建和自我整合；教育环境的"记录"与呈现，让幼儿知道教师珍视他们的游戏和生活，关注他们的点滴成长与进步，激励着他们再次以极大的热情投入到学习和游戏中去。

其次，"会说话"的教育环境是家长了解幼儿园和孩子在园情况的重要途径。一是通过"会说话"的教育环境增进了家长对幼儿园办园理念、教师保教态度与行为、班级活动开展等具体情况的了解，同时为家长对幼儿园及其教师保教工作的意见、建议提供了交流平台；二是让家长获得孩子在园的所思所想和所作所为，参与活动的过程与结果或不能及时掌握的其他信息等，使家园之间有了共同的"话题"，共育和协同目标更加明确，起到了引导、帮助家长科学育儿的作用。

图 2-12　环境是直观教材

图 2-13　"会说话"的环境

"会说话"的教育环境在记录幼儿成长的同时，也记载了教师专业发展的过程。它的存在不仅反映教师的专业知识和专业能力、职业认同和教育智慧，也映射了教师的保教观和支持幼儿发展的具体想法与策略。教师据此能够有效进行自我反省与反思，[1]进而使"会说话"的教育环境得以持续改进和优化，更好地发挥教育价值和作用。

3. 教育环境鲜活而灵动

生命的本质在于"动"，只有不断发展变化的教育环境才是鲜活而富有生命力的。对于陪伴和支持幼儿成长的具体环境而言，它好似一个"生命体"，不仅具有"生命特征"，还包括"成长"过程以及对成长的"预期"。这个"生命体"的变化、改进、支持与幼儿的成长、发展相生相伴。或者说，幼儿在哪里，哪里就有激发、支持他们的教育环境。

图2-14　在自然中观察与学习　　　　　　　图2-15　小憩区

鲜活而灵动的教育环境始终伴随幼儿。环境随课程内容、季节、幼儿兴趣和心智发展不断发生新变化，教师会利用一切可能利用的空间、资源和手段，创设与之相呼应的教育环境。户外创设有种植区和养殖区，植有花草树木和绿地；走廊、活动室有造型各异、品类丰富的绿植、盆栽和种植角；活动室空间会根据活动需要灵活安排，组合出大小不一、动静有别、便于参与，符合活动要求的学习环境；作为活动室的延伸，工作坊或功能室的各种工具材料和设备等，摆放在幼儿触手可及的地方，以便幼儿创造性的工作。通向活动室的通道或走廊是不同年龄幼儿经常碰面、交流、小憩的地方，也是他们各种想法和新点子诞生的地方，在其尽头摆放几本图画书，或摆放小沙发、茶几并配上插花，创设成温馨的交流、阅读环境，等等，使得幼儿园处处充满生机，教育环境变得鲜活而灵动。

（三）教育环境有效促进幼儿发展

幼儿园教育环境从不同维度和层面支持并促进幼儿在情感、态度、能力、知识、技能等方面的和谐发展。

1. 教育环境促进幼儿认知发展

皮亚杰认为，人类发展的本质是对环境的适应，这种适应是一个主动的过程。儿童的认知发展是主客体相互作用的结果，不是环境塑造了儿童，而是儿童主动寻求了解环境，在与环境的相互作用过程中，通过同化、顺应不断建立认知发展新平衡的心理过程（见第三单元第一讲第一部分建构主义）。幼儿通过活动去发现、认识客观世界，并伴随环境和自身的变化不断构建、完善认知模式，以适应变化中的客观环境。意味着幼儿的认知是在与环境的相互作用中发展起来的。比如：成人习以为常的环境在幼儿看来却是五光十色、多姿多彩的，有着巨大的吸引力，他们会通过眼睛、鼻子、耳朵、嘴巴、手等器官去认识、体验、感触所处的客观世界，并在持续的平衡过程中获得认知发展。

为促进幼儿认知发展，就要"为儿童提供丰富的学习环境和机会，鼓励儿童去思考、去推理和解决

---

① 汝茵佳. 幼儿园环境的价值取向[J]. 儿童与健康·幼儿教师参考，2007(2).

问题。"[1]而且有准备的教育环境，会以集腋成裘的方式持续起到促进作用。一方面，教育环境、学习材料自身的多样性，为幼儿的认知发展创造了条件和机会；另一方面，环境的教育性和可控性，对置身其中的幼儿起着目标明确的促进作用。例如：在中班《和小动物交朋友》的主题活动中，幼儿和家长共同搜集有关动物的图片、模型和资料，并在教师指导下分门别类地呈现在主题墙，从而引发幼儿的认知和探究欲望；在新建的小花园里，大班幼儿和老师共同设计、铺设小路和甬道。幼儿在用卵石、贝壳等铺设园中小路时，对材料的大小、轻重、方圆、细腻粗糙、宽窄、长短等物理性质有了直接的认知和经验。活动中的幼儿用大小、形状、颜色不一的卵石拼镶出美丽的图案或小动物，既表明幼儿的认知得到发展，也证明其认知经验已有效转化为能力；种植区从选种、种植、浇水、养护、观察、记录等方面也扩大和延伸了幼儿的认知与发展。可见，幼儿认知是在与周围环境的相互作用中不断发展完善的，教育环境时刻激发、支持并引导幼儿的认知活动和认知发展。

图 2-16　支持认知发展

图 2-17　支持社会性发展

2. 教育环境促进幼儿社会性发展

幼儿期处于社会性发展的初始阶段，需要在与同伴、成人、环境的交往互动中认识自我，学习与人相处。教育环境的内容、形式与氛围等，不仅影响幼儿的参与度、活动过程的情绪状态、交往对象及其范围，还会直接影响社会性发展的质量。特别是在给定的、可控的生活性和养成性教育环境作用下，幼儿会逐步了解并习得身处环境的行为规则或规范，妥善自治，正确处理人际关系，适应集体生活，从而获得社会性发展。

幼儿社会性交往及其发生，在一定程度上是以环境或材料为媒介而加以联结的，为幼儿提供了基本的交往条件，强化了幼儿与同伴、他人之间的交往关系，幼儿年龄越小，表现就越突出。其中活动区活动就是建构和深化同伴交往关系的重要途径之一。活动区创设、材料投放等，是以幼儿年龄段、已有经验、发展目标和需要为依据，对材料及其质地、分量轻重、投放数量、种类比例、可操作性等作分析评价后而设置的。如小班创设的建构区、娃娃家等活动区，宜投放符合3～4岁幼儿年龄特点的、数量足够的同类或类似的材料或玩具。通过材料和与之互动，幼儿从中获得分享、谦让、轮流、等待、规则等交往经验；根据中班幼儿年龄特点和发展目标，创设各类社会体验区，提供更为丰富的材料，以开阔幼儿视野，积累交往、合作经验，提高交往能力；大班幼儿已积累了一定的交往经验和知识技能经验，规则意识和行为规范初步形成，伴随其逻辑思维的萌芽，应投放需要分解、组合等结构相对复杂或以思维发展为主的材料，开展棋类或合作性活动，以深化幼儿的交往和社会性发展。比如：棋类活动就能够让大班幼儿感受和体验输赢、先后、礼让、竞争、友谊及其相互关系和关系处理。

实践表明，高质量的活动区创设及其活动，能够有效促进幼儿互动和深度沟通。由于进区人数限

---

[1] 朱家雄.幼儿园课程（第二版）[M].上海：华东师范大学出版社，2011：18.

制、区域规则及分工、合作等因素的制约，同伴间有更多的机会通过冲突协商、平等竞争、合作关爱等互动，学会交流分享、礼貌谦让、自我保护、公平公正等行为规则。幼儿普遍喜欢的"医院"活动区便是如此。进区前，幼儿需要完成玩伴选择、角色分配、规则协商等"工作"。游戏进行中，他们不仅要承担角色职责、遵守游戏规则，更要体验角色间的相互关系："医生"负责给"病人"诊断检查，而且态度要好、要关心"病人"；"护士"要协助"医生"工作，并听从"医生"的安排，不能擅自给"病人"打针、吃药；"病人"也要听"医生"的话，要按时打针、吃药，不能大吵大闹，要有礼貌；没有"医生"的通知或纸条（处方），"药房"工作人员不能给"病人"取药等。这里有游戏自身的规则，也内隐职业角色责任和社会行为规则，既使幼儿体验到社会角色及其关系，自身的角色意识和责任，又使幼儿在与环境、同伴的互动和快乐的游戏过程中获得社会性发展。幼儿就是在以情境或材料为媒介的互动交往中，在比较、归纳、验证、总结、自省、改进，以及成功与挫折的体验中，逐步认识自我，进而适应"社会生活"，实现社会性发展。

图 2-18　棋类活动区

图 2-19　"医院"活动区

图 2-20　激发美好生活情感

图 2-21　强健幼儿体魄

3. 教育环境促进幼儿审美发展

幼儿园教育环境以一定的形态、色彩、结构、形状、声音等方式，为幼儿提供有效的环境刺激，不仅符合幼儿的认知特点、学习特点和学习方式，又在发展幼儿观察力、注意力、想象力和表现力的同时，潜移默化地促进幼儿审美发展。

一是教育环境自身的促进作用。教育环境作为有目的、有准备的并以艺术形式呈现的教育语言，在起到经验积累、引导规范作用的同时，给幼儿带来丰富的艺术感受和审美愉悦。从室内到室外，幼儿园每一个空间、每一堵墙面、每一个活动区、每一种操作材料、每一个图形符号、每一首乐曲、每一支舞蹈，从内容的典型化到形式的艺术化，都充分发挥着各自的审美功能与作用；从每一位教师到工作人员，他们的每一句话、每一个动作、每一个眼神、每一次抚摸、每一次牵手，都展示着团队的专业素养和职业能力。从物质到精神，教育环境无不体现教师的聪明才智、艺术修为和专业理念。毫无疑问，这一切不仅能够引发幼儿的认知和社会性发展，同样能够引起审美主体——幼儿的美感愉悦，进而获得美的熏陶。因为美好的事物不仅具有美的形式、生动的形象，还具有内在的审美意味和丰富的教义。概言之，环境美以其特有的熏染-感受-理解-内化-迁移等过程和方式，有效促进幼儿审美能力的提高与发展。

二是幼儿艺术成果与教育环境互为依托。艺术领域为幼儿感受美和表现美提供了支持与保障，幼儿艺术行为及其结果又转化成为教育环境的组成部分，为幼儿创造美和审美能力迁移提供了展示和发展平台。通过绘画、手工、歌唱、演奏、律动、舞蹈等艺术教育，幼儿初步获得对线条、色彩、形状、旋律、节奏、动作、组合等艺术要素的感受与把握能力，使幼儿以自己喜欢的方式表达和表现自己的审美情感成为可能。尤其是当幼儿发现自己的行为结果成为所处环境的一部分，其成就感和自信心会油然而生，投入活动的积极性就会更加高涨，对美丑、是非的辨识能力随之提高，进而实现审美能力的广泛迁移，达到以美促健、以美启智、以美储德的和谐发展目的。

事实上，教育环境对幼儿的促进作用远不止这些，如对幼儿身体和心理、语言与倾听、科学与探究、发现问题与问题解决等发展和能力获得，都具有积极的促进作用。可以说教育环境对幼儿成长与发展的促进作用是全面的、综合的。

适宜的、美的环境总会令人心情舒畅、赏心悦目。整洁优美、充满童心童趣、富有文化和艺术气息的教育环境，不仅为幼儿搭建了一个成长的"脚手架"，更是体现了幼儿园教育环境的价值。因此，创设引发、支持幼儿身心和谐发展的教育环境，既是师范生的必修课，也是《专业标准》对合格幼儿园教师提出的专业要求。

图 2-22　培养发现美的眼睛

图 2-23　提高表现美的能力

思政论坛

主题："教师是立教之本、兴教之源"

内容：习近平总书记向全国广大教师致慰问信；教育部《幼儿园教师违反职业道德行为处理办法》《幼儿园教师专业标准（试行）》（专业理念与师德）《新时代幼儿园教师职业行为十项准则》；新时代学前教育专业师范生的使命与担当。

形式：课堂讨论、主题发言、"课前五分钟"、优秀毕业生宣讲，主题党、团活动等。

思考与实践

1. 简述幼儿园环境的概念及其分类。
2. 论述幼儿园环境的主要影响因素,结合真情实感重点分析精神因素。
3. 根据幼儿园教育环境的概念,结合实例分析幼儿园教育环境的特点。
4. 简述幼儿园教育环境的功能。
5. 结合保教实践论述幼儿园教育环境的价值。

资源文献

1. 习近平总书记向全国广大教师致慰问信

2. 幼儿园教师违反职业道德行为处理办法

3. 新时代幼儿园教师职业行为十项准则

第三单元

奠定环境创设基础

1. 结合幼儿园观摩，领会幼儿园教育环境相关理论及其基本观点。重点理解环境要素和理想教育环境创设规律与特点，为入职后的环创实践奠定坚实的理论和实践基础。

2. 基于幼儿园观摩和艺术课程学习，深刻领会美的形态和艺术表现形式在保教实践中的价值与意义，为创设与幼儿经验相关的自然、社会、艺术等紧密联系的、多样化的美的学习环境奠定表现基础。

3. 不同的学前教育体系或模式各有其自身的理论，以及教育环境创设依据、特色和基本原则。通过对学前教育体系（模式）的学习，结合幼儿园实践体验，能够以自己的理解就环创实践进行理论分析。

4. 熟悉并能初步运用幼儿园教育环境创设原则、要求和基本方法优化教育环境。

5. 明确并有效发挥教师在教育环境创设中的重要作用。

案例导入

一位学前教育专业实习生的困惑

教育实习以前，我自认为对幼儿园是熟悉的，如通过课含实践、保育见习、"六一"活动、实践研修以及协助幼儿园教师做环创等活动，经常到幼儿园，而且自认为学业特别是专业课学习还是不错的。可是真正到了幼儿园、具体参与到保教实践，与幼儿、教师朝夕相处的时间越长，我的困惑就越多。例如：为什么幼儿在我精心创设的活动区玩着玩着就跑了？且班级指导老师也不满意？说的时候会，但实践中怎样才能创设贴近幼儿生活的学习环境？皮亚杰、杜威等有关理论都是学过的，蒙台梭利、瑞吉欧、安吉游戏多少也是知道的，可是在幼儿园教研活动中，又觉得自己没有完全听懂或理解，尤其对某一理论或教育模式在实践中的具体应用、结合实际的改进与优化更是一头雾水。通过近四年的学习和实践体验，我也算是一个"准专业人员"，貌似掌握了丰富的专业理论，可是怎么困惑却越来越多了呢？

在初步了解幼儿园教育环境基础上，本单元将对教育环境的有关理论与实践，环创的依据、原则和方法展开讨论，为环创实践奠定理论和操作基础。

幼儿园环创实践以幼儿身心与认知发展、学前教育基本原理等专业理论（宏观理论）为先导，以审美理论和艺术表现知识与能力（中观理论）为基础，以游戏为基本活动的理念和以《纲要》精神（微观理论)为依据,以促进幼儿全面健康发展为旨归(保教目标)。宏观理论是环创实践的上位理论体系,并指导位于其下的中观理论架构及环创目标的可达成性;中观理论为宏观理论和微观理论的沟通提供纽带与桥梁,并成为媒介,既是对微观理论的实践性阐释,又在整合经验事实和抽象概念的基础上形成知识体系,成为幼儿园课程的组成部分;微观理论为环创实践提供具体行动性纲领和依据,并以幼儿经验获得、发展成效来检验中观和宏观理论学习的有效性,以及对《纲要》内容要求的理解和落实情况。

图3-1　以全面促进幼儿健康发展为旨归的环创理论与实践支持体系

第一讲　幼儿园教育环境创设基本理论

幼儿园实践表明,有质量的物质环境和良好精神氛围营造,不仅需要多学科理论支撑,还需要从多维度、多视角借鉴国内外环创实践的有益经验,并在学习、借鉴过程中不断内化和升华,才能有效支持幼儿全面发展。师范生应坚信,经历后续学习和实践过程,教育环境创设的智慧之门一定会为我们所开启。

一、相关学派教育环境理论

(一)行为主义学派

行为主义(Behaviorism)学派认为,环境塑造人的行为,教育是行为工程的过程。行为是有机体用以适应环境变化的各种肢体反应的组合,具体的行为反应取决于具体的刺激强度,并且具体行为能够通过反复练习来实现。美国心理学家华生在承袭巴甫洛夫理论观点的基础上,侧重于人类行为的研究并给予发展。他认为个体的行为不是先天遗传的,而是后天环境决定的;行为属于制约反应,当个体所熟悉的两件事物同时出现而诱发相应行为状态时,会形成刺激—反应的连结。反应的形成与改变则归因于有机体所受的刺激,不管多么复杂的行为总不外乎是一套反射而已。之后,该学派理论逐步发展并应用于教育领域,形成"刺激—反应学习理论""学习三律"等,其代表是美国心理学家斯金纳和桑代克。

1. 行为主义教育观

行为主义认为,知识来自教师的灌输而非自主建构,幼儿是空白的接受容器,是被动的学习者,教师必须将组织化、结构化的知识传授给幼儿;强调练习重于理解,关注学习成效甚于过程,幼儿是通过不断的练习和制式化的学习来获得知识的。主张课程须经过逻辑化、科学化的"工作分析"来制定,将清晰明确、可观察、可测量的行为目标做为教学目标;教师须将教学内容编制成连续性和程序性的小单元,并运用正强化来维持幼儿的学习兴趣;学习依靠反复记诵和练习,进而强化知识的联结、建立概念,达到对概念充分理解的教学目标。刺激—反应学习理论(吸收理论、后天环境论),斯金纳的"程序学习""教学机器""行为塑造"和桑代克的"学习三律"等,都是依此产出的研究成果[1]。这一理论忽视幼儿的主观能动性以及发展过程中的个体需求和差异。

2. 行为主义教育环境观

由于行为主义学派重视学习产生于刺激—反应之间的关联性建立、反复练习之后的学习成效,并以测验评价来考量幼儿学习的教育观,正强化和行为目标必然成为其学习环境的关注点。桑代克"学习三律"中的"准备律"就主张,幼儿在进入学习活动前,做好生理和心理上的预备性反应有助于掌握学习内容;"练习律"强调反复练习和教师对练习过程的实时反馈,能够强化幼儿对知识的记忆、联结和概念建立;"效果律"则强调,当幼儿因刺激产生相应的反应后,实时得到正强化的反馈而获得学习成就感和满足感时,能够强化这一适当反应以及刺激与反应之间的连结[2]。因此创设有利于达到行为目标的学习环境或情境,并给予及时的正强化,能够有效支持幼儿的探索行为。基于此,美国学者奥兹门和克莱威尔就行为塑造的教室环境提出以下操作流程和建议。[3]

(1)界定可欲的行为和待改变的行为,制定明确的、可测量的、可观察的评价方法。

(2)排除干扰学习环境和阻碍行为目标达成的环境刺激,布置合理而适宜的教育环境。

(3)当可欲行为出现时,选择适当的增强物,并立即给予正强化。

(4)当可欲行为已初步形成时,应逐渐减少正强化的次数。

(5)评价学习成效,并评估未来发展,设定后续行为目标和教育环境。

(二) 进步主义学派

进步主义(Progressivism)学派反对权威型教师主宰幼儿的学习及其过程,反对通过反复练习和背诵来获取知识,反对视幼儿为被动接受知识的容器,以及反对极度依赖教科书而缺乏弹性和制式化的教学方法等传统教育观念与固有模式。主张"儿童中心",认为幼儿是主动的学习者,应设计符合幼儿需求、兴趣和适应社会生活的课程与学习环境。进步主义学派主要代表人物是美国教育家帕克和杜威。

帕克反对传统教育的形式主义,主张教育"要使学校适应儿童,而非让儿童适应学校"。杜威承袭并结合实用主义哲学进而丰富了这一理论,认为教育是经验不断重组与改造的过程,知识是学习主体以先备经验和认知为基础而主动建构的;教学需要思考的问题是"对儿童各种学习活动的掌握,以及给予儿童的导引方向";教育应以学习者为本,采用核心课程、活动课程和设计教学法,学习与社会生活紧密相关的知识经验,获得与生活相关的能力;教育应不仅重视并理解幼儿的需求,促进师幼关系、幼儿的个性发展,而且还应翻转学习过程的严肃气氛。这一理论在强调"儿童中心"的同时也出现对儿童少有约束、忽视教师指导作用,知识性内容缺乏组织与计划等不足。

1. 进步主义教育观

强调幼儿是学习的主体,兴趣和需求是学习的动力;教育内容应围绕幼儿来组织,教师是帮助幼儿自我学习与发展的引导者和顾问,而非灌输知识的权威者和领导者。

杜威"学校即社会"的主张综合并保持了社会环境中的各种要素,并且会根据学习者的发展和需

① G. R. Knight. 教育哲学导论[M]. 简成熙译. 台北:五南出版社,2012:150—154.

② Ornstein A C & Hunkins F P. 课程基础理论[M]. 方德隆译. 台北:台湾培生教育,2004:174—176.

③ Ozmon H A & Craver S M. Philosophical foundations of education(8th)[M]. N. Y. USA:Pearson Education,2008:222.

要加以调节,提供的是一个与社会同质且相平衡的、净化的环境,以发挥稳定的、一体化的教育作用。彰显教育即"生活"即"成长",生活和经验是教育的灵魂,离开了生活和经验就没有成长,当然就没有教育。"教育即生活"并不意味社会环境在学校里的简单重现,而是主动的、理想的,不仅与幼儿的兴趣相联系、与日常生活相连结,还利用社会环境和幼儿兴趣、运用所获知识经验解决日常生活中的问题,期冀幼儿发展成为自给自足的人。显然,"教育即生活和成长"是高于现实生活的更美好、更完善的生活和成长环境,同时学习、成长的步调不应局限在制式化的课表中,应依据探究主题性质、深度和广度而有弹性地变化和应对①。

2. 进步主义教育环境观

以杜威为代表的进步主义认为,真实的社会生活环境是幼儿身心成长和经验改造的、正当的、主要的途径。教师应创设能够诱发幼儿兴趣和需求的生活与成长环境,用"解决问题"的学习环境来取代传统的学科教学,引导幼儿主动地投入生活、游戏和学习活动之中,通过快乐的活动,在不知不觉中获得"解决问题、满足当前需求"的知识经验,养成良好品德,实现在生活、成长和经验中的改造。即在"做中学""知行合一"的学习模式和环境里,获取知识,验证知识,并获得运用已有知识、经验和技能解决问题的能力。对此,杜威以下的教学指南可为教育环境创设、教育和游戏活动的一体化设计提供参考。②

(1)自由游戏(Free Play)。教育应在真实的生活情境中,引发幼儿内在的学习动机,让幼儿对学习产生兴趣,使其在探索生活环境和周围事物中开启对世界的认识,开拓世界观;创设真实的非人工化的游戏环境和情境,通过非教师主导、非模仿性的探索性游戏激发其想象力,在游戏中组织有益经验,获得解决问题能力。

(2)项目模式(Project Method)。由幼儿共同探索彼此感兴趣的生活主题而形成的一种小组合作学习方式。通过合作学习获得与生活相链接的真实的知识,以此增进幼儿资料搜集、提问、观察、探究、实验、验证、合作实践和解决问题的能力。

(3)契约计划(Contract Plan)。由教师和幼儿共同拟定的学习计划。教师根据幼儿发展需求,结合幼儿兴趣、学习特点和能力,与其共同制定关于学习内容、要求和进度的计划表;计划实施过程中的教师角色是咨询者、引导者、支持者,在尊重、平等的氛围中履行契约、完成预设任务。

(三)人本主义学派

人本主义(Humanism)学派承袭了进步主义的基本观点,同样主张教育以儿童为中心,反对形式化和制式化的单向知识灌输,反对过分追求学业成绩。同时借鉴并融合了存在主义思想,及重视个体自我实现、发展潜能的人本心理学等基本理论。不仅注重儿童的兴趣、内在需要以及学习动机的激发,还强调教育应启迪人性、开发个体潜能,重视人的尊严和价值,尊重人格和个性发展。该理论以美国心理学家马斯洛、罗杰斯为主要代表人物。

1. 人本主义教育观

人本主义认为,人与生俱来就有追求自我成长、寻求美好生活境界的本能和欲望。应尊重个别差异、个体潜能发挥,关注幼儿的主动学习、积极进取态度,营造开放民主、爱与尊重的学习氛围,熏陶性情,支持社会性成长,发展自我价值、追求自我实现,培育具有健全人格、对社会有贡献的全人。③ 主张采用启发式教学激发幼儿的潜能和学习动机,以参与、民主平等的方式支持幼儿按照自己的兴趣选择学习内容;在爱与尊重、自由和快乐、主动参与(而非威胁、羞辱、恐惧)的学习环境中,增强自我认同,

---

① G. R. Knight. 教育哲学导论[M]. 简成熙译,台北:五南出版社,2012:114—120.
② 魏美惠. 近代幼儿教育思潮(第三版)[M]. 台北:心理出版社,2014:69—72.
③ 同上书,88—92.

提升学习兴趣、获得正向学习经验；重视学习过程中的态度、情感、认知和技能，及其形成性评价，评价结果做为教师编制后续学习活动、检视教学方式、协助幼儿在学习过程中改进或修正学习策略的参照或依据。由于理论的理想化及其与现实的差距，导致人本主义教育观的实践意义和可操作性先天不足。

2. 人本主义教育环境观

主张以"开放的教室""自由的学府"和"没有失败的学校"之思维，创设学习环境、规则和情境。[①]"开放的教室"意指学习场所无须局限在教室，其空间规划和学习环境应具开放性。桌椅应分组配置，并由低矮的柜子、布幕、书架等分隔，构成阅读、操作、实验、创作等学习活动区，幼儿能依自己的兴趣选择区角，运用学习材料进行探索、实验、验证和创造活动；教师采用弹性活动（教学）计划，陪伴幼儿开展学习活动。教师应观察和记录幼儿的学习过程，进行形成性评价；运用开放式问题进行启发式教学并展开讨论，培养幼儿独立思考、判断和分析能力。

"自由的学府"是基于反对灌输教育、反对制式化的课程结构和刻板的课表（教学计划）而提出的，但并非放任或任性的自由。它支持幼儿的自主学习、对学习活动的选择、自我表现而无须迎合或受制于他人，重视个体的尊严和价值，注重责任心和人格特征的培育。自由的学习环境能够营造彼此尊重、包容、接纳和爱的氛围，促进师幼、同侪间的互动与合作，让幼儿在爱的、支持的、鼓励的和谐情境中学习，以提高学习兴趣和专注力，激发自我实现的内在动力和潜能。从本质上讲，这是依教育规律和自律意义下的自由，在这样的"自由"的环境中，幼儿能够逐步形成爱、创造和实现自我价值的能力，幼儿园便会成为"没有失败的学校"。

（四）建构主义学派

建构主义（Constructivism）学派是一种关于知识和学习的理论，以瑞士心理学家皮亚杰的认知发展理论和建构论为基础。认知的意义在于个体的主动建构，知识是个体在与环境的相互作用中逐步建构起来的，认知结构（图式）会因环境刺激、智力发展、知识累积而不断改变，且是一个由低级到高级不断建构的过程；学习包含对新信息、新知识的建构，对原有认知结构和经验的扩充、重组和改造。个体知识的获得并非教师单向传授或被动接受，而是在特定的情境、社会文化背景中，经个体与教师、同侪的互动，主动以既有认知和经验来建构知识、形成意义。学习质量的高低、获得知识的多寡，取决于协作学习的过程和社会情境中建构知识的能力。

儿童与环境的相互作用涉及"同化"和"顺应"两个基本过程，二者都是个体适应环境的机能。当个体将外部环境中的新信息赋予意义、归纳于原有认知结构中，则形成"量"的改变即"同化"；若个体原有认知结构对新信息、新经验无法"同化"时，会重组或改造原有认知结构以适应新需求，则形成"质"的改变即"顺应"；个体面对新信息的刺激、环境的限制，不断地进行同化与顺应，使内在认知结构与外在环境保持平衡的状态，即"适应"。个体经历同化与顺应过程达到适应、形成认知结构的短暂平衡，会再因新的环境或刺激造成短暂失衡，进而再采取同化与顺应的方式因应新环境需求。个体历经"短暂失衡→适应→短暂平衡"的动态心智调整过程，会获得对新刺激和新环境具有控制和预测的自我学习，以及学习的迁移能力[②]。

皮亚杰和前苏联心理学家维果茨基皆主张幼儿是主动的学习者，认知发展来自与环境的互动。所不同的是，皮亚杰认为"认知先于学习"，幼儿须具备认知发展阶段能力后才能促进学习；维果茨基则认为"学习先于认知"，幼儿在特定社会文化情境中的学习经验能够促进认知发展。同时强调，人类较高层次的心智活动和能力（逻辑性记忆、概念性思考、自我调节等能力），源自与社会文化的沟通与

① G. R. Knight. 教育哲学导论［M］. 简成熙译，台北：五南出版社，2012：122—124.
② 魏美惠. 近代幼儿教育思潮（第三版）［M］. 台北：心理出版社，2014：174—178.

互动,知识的意义为社会互动的产物。幼儿在与同伴和教师的互动、对话、合作过程中增长知识、能力和经验,并在生活文化情境中学习和传承文化、信念及价值观。所以教学应采用小组合作、团体讨论、游戏的方式和支架策略,协助幼儿学习与发展[①]。进步主义在确立新的知识观、儿童观、学习观和师生关系人性化、民主化的同时,也存在一定的局限性,导致理论转化实践受到影响和制约。

1. 建构主义教育观

同化和顺应是认知结构重组或发生变化的两种方式,当个体面对新信息、新刺激时,通常会先采取"同化"来适应新环境。若同化后的基模无法因应环境需求,个体会以"顺应"的方式调整既有基模或创造新的基模来回应需求。幼儿就是在"不平衡—适应—不平衡—再适应"的过程中获得发展的。学习并非行为主义的"刺激—反应",学习过程也不是被动接收信息或简单的输入、存储过程,而是基于与环境的双向互动、与新知识经验的纳入,使幼儿认知结构发生改变或改造的过程。教师应成为学习的发起者、学习活动的引导者、幼儿知识建构的支持者;维果茨基的"最近发展区"同时为教育活动和幼儿学习提供了一个动态性建构途径。建构主义教育观体现在以下 4 个方面。

(1)以幼儿为中心。从幼儿经验出发,关注其对知识的主动探索、主动发现和对所学知识意义的主动建构。

(2)调整与转换教师角色。教师应根据教学与活动性质,由知识的传授者、幼儿管理者,向支持者、引导者、参与者、研究者和自省反思者角色转变。

(3)重视合作学习,鼓励幼儿思考和自省。支持幼儿的各种协作活动,并伴随教学、游戏以及与教师、同伴互动的始终;以解决问题为导向,提供以生活为主要内容的学习材料进而形成直接经验,通过应用来检验幼儿学习,培养良好的思维和反思能力。

(4)创设良好而适宜的学习环境。学习环境必须有利于幼儿对所学知识的意义建构。

2. 建构主义教育环境观

建构主义认为,理想的学习环境包括情境、合作学习、对话和意义建构四部分。[②③]

(1)情境。学习总是与一定的情境相联系,情境有利于幼儿对学习内容的意义建构,应依据幼儿兴趣、能力和需求,选择学习内容、制订教学目标、创设反映幼儿在学习过程中或结束后就能从事有效行动的环境。利用各种信息资源和工具材料、结合真实性任务,基于学习目标带入问题情境,帮助幼儿在探索、实验、验证与创造的过程中,学习知识、技能和思维方式,学习工具材料使用和解决问题,获得统整性的知识、有意义的经验,建立跨学科的概念,并依据个人经验深化对所学知识的意义建构。

(2)合作学习。合作学习贯穿于整个学习过程,包括师幼共同确定探究议题、架构主题网络,提出假设(问题)、搜集资料,运用媒材进行实验、验证假设、修正与再次验证、获得结论,检视并回顾学习过程、评价学习成果等环节。其意义在于协商意识的培育,协商与沟通能够增强思考、交流、商榷、讨论的有效性,使个体或彼此的概念更加清晰,意义建构更加明确,学习活动更加有效。同时合作学习能促进不同层次幼儿在原有水平上的实际发展或潜在发展,并逐渐成长为独立的思考者。

(3)对话。语言是个体内在心智与社会沟通的桥梁,对话是合作学习及其过程中最基本的环节和途径;鼓励支持幼儿与他人交流沟通、与群体对话,能够促进其内在心智和社会文化情境、群体观点相融合,形成"共享的理解",获得意义性的知识并建构知识,发展逻辑思考和辩证能力。[④⑤] 教师要积极

① 魏美惠. 近代幼儿教育思潮(第三版)[M]. 台北:心理出版社,2014:191—210.

② 周淑惠. 面向 21 世纪的幼儿教育:探究取向主题课程[M]. 台北:心理出版社,2017:66—71.

③ Vries R D, Zan B, Hildebrandt C, Edmiaston R, Sales C. 幼儿教育课程发展——理论与实务[M]. 薛晓华,刘惠文,陈湄涵,卢美贵,沈佩玲,廖苑茜编译. 台北:学富文化事业有限公司,2004:39—60.

④ Berk L E. Awakening children's minds: How parents and teachers can make a difference [M]. New York, NY: Oxford University Press, 2001:42-56.

⑤ Bodrova E & Leong D J. Tool of the mind: The Vygotskian approach to early childhood education [M]. Switzerland: International Bureau of Education, 2001:9-12.

回应幼儿的思考、对话并给予建议；指导、纠正幼儿迷思概念，转换观点、避免思维上的死结；协助其主动思考、解决问题。其中，教师将概念以语言符号表征的"教育性对话"，是引导幼儿学习、搭建支架的重要元素和环节。[①]

（4）意义建构。对知识的意义建构是整个学习过程的最终目的。学习环境应起到帮助幼儿深刻理解学习内容的性质、事物的规律及其与其他事物之间的内在联系的作用。情境、合作学习、有意义的对话、适当的教学方式、挑战性的学习内容、深入探索和发展的议题、提升幼儿理解力的教学策略等，都会影响知识的意义建构。重点关注以下两点：首先，建立学习共同体，师幼共同架构探索主题的发展路径，组织主题网络或脉络图，帮助幼儿在渐进分化到统整调和的知识脉络中，建立有联结关系和程序性的概念，形成有意义的知识网络。[②] 一方面，在与幼儿共同组织架构知识或主题网络中，教师要清楚地掌握幼儿的知识结构和迷思概念，并给予建议、指导，协助个体或群体达到各自的最近发展区；另一方面，幼儿亦能从中检视自身和群体间的思维路径，适时地进行修正，促进元认知的发展与学习。[③] 其次，搭建学习支架，提供具有操作性、实验性、可塑性、可自由搭建的、多样化的媒材，以及画、记的工具和材料，支持幼儿将学习到的知识和概念表征化。将抽象概念和知识转化成可见的、具象的表征符号和视觉模块，以艺术的形态再现个体经验和认知，在创作、运用、再现与省思的整合性过程中意义化知识和经验，强化概念。

（五）人智学学派

人智学（Anthroposophy）学派是奥地利思想家和教育家斯坦纳（华德福教育创办者）以发展心理学、人类学和生理学为基础所创建的理论学派，旨在探究生命的本质和心灵智慧的提升，强调身体、心灵、精神（灵性）合一的完整人格教育，重视个体生命成长的意志力、情感和思考能力的培育。

斯坦纳将人的发展以七年为单位，划分为三大阶段。在婴幼儿和儿童青少年发展阶段（0～18岁），主张教育及其目标应分别遵循由四肢至胸腔、再到头部的发展顺序而设定。其中0～7岁学龄前阶段以运动和各种操作活动为主，关注身体、意志力和感恩心，促进其四肢发展、唤醒想象力和思考力；7～14岁儿童少年阶段以情感和想象力发展为主，重视与胸腔部位发展有关的情感教育；14～21岁青春期阶段以发展思想意识、促进独立思考，注重与头部发展相关的认知和智能教育。

人智学学派的核心是解释人类的本质及其与世界的关系，阐释精神科学与自然科学的区别与联系，其实质是基于哲学的精神科学。[④] 人智学理论及其实践值得关注与学习，但它对于人的发展阶段划分，以及对各阶段人的内在发展需求描述存在一定的主观性和局限性，对于其教育实践和成果也不能完全复制或照搬。

1. 人智学教育观

斯坦纳主张让幼儿在自由活泼、自主自律与真实生活中，充分发挥创造力，使其身、心、灵获得平衡发展。学校教育目标强调追求人类精神生活的自由与解放，以完成"人的教育"，希望藉由课程和教学来激发人性本质，培养人类的社会生活能力，以落实启蒙运动自由、平等、博爱、互助的社会理想。[⑤] 教育的目的在于个体发展均衡，培养和谐人格和道德。从人文精神培育出发，融合人与万物的关系，编制促进身、心、灵整体发展的课程和内容，提升个人价值和心灵成长，发展个体内在潜能和完

① Bruner J & Haste H. Introduction [A]. Bruner J & Haste H(Eds.). Making sense：The child's construction of the world [M]. London,UK：Methuen，1987：I-II.

② Manoli P, Papadopoulou M. Graphic Organizers as a Reading Strategy：Research Findings and Issues [J]. Creative Education，2012(3).

③ Novak J D. Concept maps and vee diagrams：Two metacognitive tools to facilitate meaningful learning [J]. Instructional Science，1990(19).

④ 黄慧娟.鲁道夫·斯坦纳教育思想述评[J].福建师范大学学报(哲学社会科学版)，2011(1).

⑤ 彭莉莉.鲁道夫·斯坦纳及其人智学思想[J].全球教育展望，2007(增刊).

整人格,使之拥有心灵安定、爱与被爱以及感恩的能力。[1] 反对人类功利性、物质化的价值观,反对过度强调学科知识(强迫性的知识学习)而漠视心灵和精神的教育。

人智学从人类与自然和谐共存的关系出发、与自然万物的连结来创造当下和未来的人类福祉,以人的整体协调发展为目标,根据人的身心发展规律实施教育,倡导以主题形式编制课程内容,重视艺术课程和教育的艺术化是其基本的教育主张。就幼儿阶段言,主张不宜过早开发智力,以免透支生命力。学习目标应以身体成长、模仿能力,以及意志力、爱和感恩培育与发展为主;采用本能模仿、游戏、榜样示范或感兴趣的对象、环境互动等方式开展教育;教师应具备观察和支持幼儿持续学习的能力,既观察可见的行为与活动,也观察内隐的身体、心灵和精神状态。

2. 人智学教育环境观

人智学认为理想的教育环境创设和活动开展应遵循以下原则。[2]

(1)环境创设应与自然、人的发展阶段相结合。教育环境要有"家庭"的氛围和与之相适应的美感:校园里规划种植园地、家禽圈舍和生态池,设置厨房;运用自然资源、素材和朴素淡雅的色调布置环境,选用木制家具和天然材质制成的玩具、材料和工具等,让幼儿在温馨和谐、与自然交融的环境氛围中,发展身体、稳定心性,培育爱与感恩。

(2)教育活动设计和实施应遵循节奏与重复、榜样与模仿、做中学三大准则。"节奏与重复"能让幼儿在反复、规律的生活作息和一日活动、四季变化、昼夜更迭、阴晴圆缺等自然环境的秩序性节奏中,获得安全感与和谐感;"榜样和模仿"意指教师等成人的行为、态度和价值观所外显的身教与言教,是幼儿建立道德感和规则意识、培养品格的模仿对象和学习榜样,以引发幼儿自我指导与规范;"做中学"能让幼儿在实际操作、探索、模仿、重复学习的过程中,获得身、心、灵综合而全面的成长。

(3)建立混龄学习团体或社区。混龄班或混龄学习社区设置,符合家庭中有年长、年幼成员的性质,容易被幼儿所接受。活动中的幼小者能够以较大的幼儿为榜样;年龄较大的幼儿能够照顾幼小者,进而涵养照顾、爱护他人和负责任的品格。

(六) 多元智能理论

多元智能理论(The theory of multiple intelligences)是针对传统教育强调学习者在逻辑-数学和语文两方面的表现及其测验,窄化人类智能范围、属性和表现方式而提出的。美国心理学家加德纳认为,逻辑-数学和语文并非人类智能的全部,也不能正确反映一个人的真实智力和能力,因为不同的人会有不同的智能组合。他认为人类有语言、逻辑-数学、肢体动觉、音乐、空间、人际、内省、自然观察等8种智能,同时指出,智能是个体解决实际问题、提出新问题并加以解决的能力,是对自身文化的服务和价值创造的能力。智能及其发展受遗传、生活环境、文化和教育的影响,个体会有优势智能和弱势智能之别。[3][4]

多元智能理论认为,所有正常人至少具有8种不同的智能,每个人在不同领域会有不同的智能表现,在多样化的独特背景和环境下,智能才能有效开发或表现出来。智能可以透过教导而发展,个体和所处环境及社会间的互动,影响多元智能发展的完整性;智能具有文化的多样性,每种智能的表现方式都是多样的;智能并非单独运作,为了达成目标或任务彼此能够相互贯通和协同[5]。然而,这一理

① Steiner R. The Education of the Child [M]. MA:Anthroposphic Press,1996:1-40.
② 简楚瑛. 幼儿教育课程模式(第四版)[M]. 台北:心理出版社,2019:133—135.
③ Gardner H. Frames of Mind:The theory of multiple intelligences [M]. NY:Basic Books,1983:63-292.
④ Campbell L,Campbell B & Dickinson L. Teaching & Learning through Multiple Intelligences [DB/OL]. https://eric.ed.gov/? id=ED415009,2020-02-01.
⑤ 胡郁珮. 融合多元智能理论与创造性教学策略的视觉艺术教学方案[M]. 德国:金琅学术出版社,2015:17—18.

论没有对智力与能力的本质及其关系进行清晰阐释,导致智力概念的外延扩大化,对进一步厘定多元智力及其本质造成困难,同时,理论与实践之间的距离对教师的要求会更高。

1. 多元智能理论教育观

教育应提供适性、适龄、适情境的"个别式的教育"内容与环境,让不同心智类型的幼儿能够发挥潜能,获得符合个体特质的学习经验和社会需求的学习效果。教师以多元智能发展组织课程或学习活动,且应至少包含4种以上的智能,以此激发或发展幼儿的智能;以多样性的智能表现做为评价方式,发掘幼儿的优势智能,进而帮助其以优势智能促进弱势智能的改进与发展。其教育主张可归纳为以下几个方面。[1][2]

(1)教育应致力于智能的整体发展。帮助幼儿理解和运用知识、技能以及概念,并能解决新情境中的问题,达到"学习迁移"的成效。"理解"意味着个体能够运用已储存在心智的信息,并驾驭信息的认知技巧(应用、分析、判断、综合、评鉴)和技能,在新的情境中解决新问题,进而用自己擅长的方式(艺术表现、口语表达、数理图表)表达、诠释对知识或概念的理解,达到深度学习或能力迁移。教育实践中,每种智能都具同等重要性,彼此发挥互补和统整作用。

(2)尊重个别差异、因材施教。多元智能理论的多元化心智教学模式,能让教师发掘每位幼儿的潜能或优势,以此支持幼儿以自身的优势智能(专长)带动弱势智能发展。

(3)重视扬长补短。以多样的学习方式和表现形式,让幼儿运用擅长的智能呈现所理解的学习内容,以此发现自己的长处,进而肯定自我、提升学习成效。

2. 多元智能理论教育环境观

提供真实情境或创设多样化的"理解"环境,支持幼儿运用不同心智、动手操作,使材料和学习内容、个体认知、经验、技能相联系;支持教师基于多元智能理论、运用创新方式,开展与实际生活相关的主题教学活动;通过"学徒制"让幼儿与学习经验较丰富的同侪、教师、成人互动,学习解决问题的技能和方法;采用双人、小组、集体等不同的学习交流方式促进幼儿反思,并自我完善或调整认知、思维和技能。

主张在"理解的表现观"环境中,帮助幼儿以多种心智方式呈现对学习内容的理解。"理解的表现观"采用多元化的切入点(8种智能模式),由4个循环途径构成。一是启发性的学习。让幼儿主动发现事实和知识间的关系、储存信息,组织知识网络、形成概念;二是新的学习情境和挑战。基于幼儿已有经验和能力,创设新的学习情境或挑战性学习活动,激发其提取、整合、分析新旧信息和经验,创造学习推论、萌发解决问题的策略,形成学习能力迁移;三是获得结论。让幼儿在探索、假设、实验、验证的循环性过程中,获得自身真正理解的结论;四是形成新的知识概念和思考模式。幼儿经历上述三个环节的学习,有利于形成对自身认知过程的反思,为其调整认知结构、组织成新概念,产生新观点和思维模式、进一步发现新问题等奠定循环学习基础。

多元智能理论的关键词之一是"多元"。幼儿园教育环境创设和氛围营造也应该是多元的,包括生活、游戏和学习环境创设,材料投放(性质、种类、质地、大小、数量等),以及活动方案、组织形式、方法途径、交流互动、交往关系、幼儿活动成果及其评价等,都应是多元的。

二、美与审美关照下的教育环境

先秦时期我国就有了对美的研究。孔子、墨子、孟子各家从美与善、与功利的关系来研究美。墨子言:"故食必常饱,然后求美;衣必常暖,然后求丽;居必常安,然后求乐。为可长,行可久,先质而后

① 胡郁珮.开启多元智能的统整性视觉艺术教学方案之研究[J].教育研究学报,2014(2).
② Gardner H. Intelligence reframed:Multiple intelligences for the 21st century [M]. New York:Basic,1999:150-155.

文。此圣人之务。"所谓"先质而后文"，就是说事物的使用价值先于审美价值。孔子曰："里仁为美""君子成人之美，不成人之恶"。先贤对美的探究与善、德相结合，主张事物总是先有功利、有善，然后才可能有美。后人结合艺术创作、艺术鉴赏、自然和现实展开对美和审美的进一步讨论，不仅从主客观的关系、内容形式、风格等方面，还从自然和社会现实层面深入论述和品评，同时承认美是客观存在的，但审美则需要人的聪明才智和素养。

古希腊哲学家柏拉图认为，美的本质就是美的理式，理式是先于美的事物而存在的精神实体。理式世界是真实和客观世界的根源，现实事物的美来源于美的理式，是美的理式的影子。他的学生亚里士多德进一步阐释，美在事物本身之中，主要存在于事物的秩序、匀称与明确的形式，在于事物的体积与安排，即美的事物的体积大小要合适，要有一定的安排，且表现在事物的各个部分之间（比例关系）。同时指出，脱离美的事物的"理念"或"美本身"是不存在的。德国哲学家黑格尔提出，美是理念的感性显现，美的根源在于理念、绝对精神。俄国哲学家车尔尼雪夫斯基提出了"美是生活"、是活生生的事物。德国思想家马克思揭示了美是在劳动中、在实践中自由创造的结果，是人类社会的产物。① 德国哲学家席勒认为，美是涵养人性的必要条件；审美教育能调和感性与理性，让人类的感性、理性和精神层面获得整体性发展，从而塑造完善的人格，促进社会和谐。② 杜威强调美感是一种活生生的具体经验形式，是审美体验的成果。③

美不仅具有形象性、可感性、主观性，还具有社会性和时代性；美的事物总会引发个体产生相应的审美情感，在理智上获得启迪，精神上得到愉悦和满足，是个体对美的能动的反映。审美过程是一个融合"感受"与"实践"的过程，促使个体经由知觉、情感、体验、诠释、表达和思辨的、拥有"享受和珍视"特质的美感经验过程，以精炼感性品味、提升智性认知、美善品格与生活文化为目的。④⑤

（一）美的形态

美存在于各种事物和环境之中，美的事物和形态总是异彩纷呈、内涵丰富。美的形态是美的本质的具体表现，按照美的性质，美的存在形态有：自然美、社会美、艺术美、科学美和技术美等。

1. 自然美

自然美是自然界各种事物或现象的本身之美，即自然的感性形式直接引起的美感。如山林原野、奇峰峻岭、长河落日、雨后彩虹、春花秋月、朝阳晚霞、月朗星稀等，以其秀丽、奇险，或壮丽、幽静等自然景色和美感，引发人的审美情感给人以精神享受。自然美包括未经加工改造的山川奇峰、江河湖海、奇花异草等自然风光和形态，以及经过加工改造的梯田、园林、公园、盆景等自然对象等两种形态。

自然美不在于自然事物本身，而在于自然事物与人类社会生活的联系。一方面，自然美归根结底是社会的产物，离不开人也离不开与生活的客观联系；另一方面，自然美的实践（挖掘与利用）重在自然的形式美感，其自然属性的感知特征（形状、色彩、纹理、质感等）是直接唤起或引发自然美的必要条件。

2. 社会美

社会美是现实生活中的社会事物和现象的美，表现在人及其衣食住行等日常生活领域，以及在日常生活领域营造的诗意般的氛围。⑥ 它直接根植于社会实践，以人的活动为核心，构成社会生活及其各种和谐关系，包括人与人、社会规范、制度文化和行为方式等。也就是说，社会生活与实践的主

① 黄人颂. 学前教育学［M］. 北京：人民教育出版社，1989：216—218.
② ［德］席勒. 席勒经典美学文论［M］. 范大灿等译，北京：生活·读书·新知三联书店，2015：149—192.
③ Dewey J. Art as experience［M］. New York，NY：Capricorn Books，1958：256 - 267.
④ 胡郁珮. 取径 SECI 模式实践美感教育之研究——以视觉艺术教学为例［J］. 高雄师大学报，2018(45).
⑤ Smith R A. Problem for a philosophy of art education［J］. Studies in Art Education，1992(33).
⑥ 叶朗. 美学原理［M］. 北京：北京大学出版社，2009：204.

体——人的美是社会美的核心,包括人物美(内在美、形象美)、日常生活美和生产劳动美等。人物的内在美指人生观、价值观、道德修养等良好品质,需要通过外在表情、言行、举止等形式表现出来的思想认识、精神面貌和内心世界的美;形象美指内在美的外显形式与表现的形式美,是人类最直接的审美对象;日常生活美表现为一种生活氛围(精神的、文化的、审美的氛围)给人的美感;生产劳动美主要指人在劳动过程中形成和表现出的美,是人的情感智慧、意志品格、创造才能等本质力量在劳动创造活动中最直接、最集中的体现,是社会美最基本的内容。

相对于自然美,社会美更关注于人物美特别是人的内在美。人的精神品质不仅是人最基本、更持久的本质力量,而且追求人的外在美与内在美的和谐统一是社会美的最高形态。

无论是自然美还是社会美,究其本质都与社会生活和环境紧密相关。就幼儿园而言,自然美、社会美的实践与环境营造就是要弘扬并践行社会主义核心价值观,以培养担当民族复兴大任的时代新人为出发点,创设并形成以美感人、以情动人、团结友善、行为世范的良好氛围。

3. 艺术美

艺术美是存在于一切艺术作品中的美。艺术的本体是审美意象,要向人们呈现一个意象世界,从而使人产生美感,所以艺术和美是不可分的。[①] 对于艺术家而言,艺术是按照一定的审美目标、审美要求、审美理想、审美规律及其艺术语言所创造的艺术形象之美;对于欣赏者来说,艺术美是基于艺术形象表现的真、善、美,在视听觉和心理等方面所获得的美感或共鸣。艺术美以具体的感性形式体现生命的意义,抒发生活情感、审美情感和创造情感。根据艺术分类原则和方法,按照艺术手段和形式,艺术美可以通过表演艺术(音乐、舞蹈、曲艺等)、造型艺术(雕塑、建筑、绘画等)、语言艺术(文学、播音、演讲等)和综合艺术(戏剧、电影、电视等)等来表达和感知。

艺术源于生活而高于生活,生活给艺术创作以源泉和启迪,艺术作品则反映现实生活、丰富人们的精神生活。作为人类美感的物态化的集中体现,艺术美以诠释美的最高形态为存在形式,并确证着人类心灵的丰富性及其对美的向往和追求;作为显著的文化标识,艺术也是一种生产力,审美也是一种终极关怀,文化也是一种资源,[②]并以其特有的语言和表达方式构建一种可感知、可体验、可实践的生活方式,满足人们对有质量、有品位生活的追求。

4. 科学美

科学美是客观存在于人类创造性的科学发现和发明活动中的美。一方面是作为审美对象的科学本身所具有的、内在的、规律性的和谐之美;另一方面是作为审美主体人在科学活动过程中所产生的美感。正因为科学是人类在探索自然规律过程中所创造的成果或形式,美客观地存在于科学发现和发明创造活动之中,其研究过程充满无穷魅力和诱惑,激发着科学家和人们丰富的创造力与想象力,其研究成果丰富着人们的物质生活和精神世界,推动人类社会的发展与进步,令人振奋,继而成为科学探索的源泉与动力。

自然美、艺术美和社会美是审美意象,诉诸于人的感性直觉,科学美是按照美的规律创造的科学成果或形式,诉诸于人的理智,即科学定律中支配着物质结构的深层次之美,需要通过理解、想象、逻辑思维等才能体验到的和谐、秩序、简单、统一的美,是美的一种高级形式。具体而言,科学美感是理智观照自然、思维切近自然,而对自然界产生的一种亲近感或亲切感;是人们深入宇宙堂奥,发现自然之秘,而对大自然产生的一种惊讶感和神奇感;是人们凭借自身的精神力量,运用科学方式和方法探索、认识、征服自然,而悠然产生的崇高感和自我超越感;是人们由衷地从科学成果和谐统一的图景中,产生的无比愉悦和无限遐想的心理体验。科学美蕴籍着审美直觉和审美灵感,这种直觉和灵感往

① 叶朗. 美学原理[M]. 北京:北京大学出版社,2009:280.
② 潘鲁生. 工艺美术和生活价值的回归[DB/OL]. http://www.ihchina.cn/luntan_details/19376.html/2020-8-15.

往是科学对经验事实进行选择、观察、分析、判断与综合整理的一种尺度。①

5. 技术美

技术美是大工业时代条件下，各种工业产品以及人的整个生存环境的美。② 包括生产环境、劳动过程和劳动产品的美等。它是在产品设计、物质生产，乃至整个人类生存环境的加工、改造过程所形成的审美形态。技术美揭示、阐明实用对象和社会发展环境美化变革的基本规律，并从科学技术的革新对经济社会和整个人类的生存环境进行改造。其核心是功能美，讲求实用与艺术相结合，即产品的实用功能和审美价值的有机统一。要求产品不仅要适应人的物质和使用需求（产品使用价值），而且要符合人的精神需求（产品的文化和审美价值）；不仅要体现产品的内在形式结构，还应表现在产品的舒适性和外观的美观性上。③

李泽厚先生认为，技术美是人类物质生产实践活动的直接成果，是一种社会现实美或实践美，是"真"的主体化，"善"的对象化，④"美"的生活化。它融科学技术、产品功能和审美感受为一体，给人一种多重的、复合的怡悦，包括生理快感、美感、某种精神愉悦感和对生活的满足感。可见，技术美是人的建造或创新能力的具体体现，其本质是人对建造或创新活动的肯定与关注，是人通过科学技术对生产劳动、生存环境改造等实践活动及其成果的关照。

美的存在形式与幼儿园艺术教育、教育环境创设、幼儿发展紧密相关，其关键是要充分创造条件和机会，在大自然、周边环境和社会文化生活中，在教育环境创设实践中，以多种形式和方式萌发幼儿对美的感受和体验，引导幼儿学会用心灵去感受和发现美，丰富其想象力和创造力，在幼儿的心里种下一颗美的种子。

（二）透过美与审美的教育

《纲要》《指南》明确要求，幼儿园及其教师要积极引导幼儿接触周围环境和生活中美好的人、事、物，感受、发现和欣赏自然环境和人文景观中的美，丰富他们的感性经验和审美情趣，激发他们表现美、创造美的情趣，让每个幼儿都得到美的熏陶和培养。进而实现能够初步感受并喜爱环境、生活和艺术中的美；喜欢欣赏多种多样的艺术形式和作品；喜欢进行艺术活动，并能大胆地表现自己的情感和体验；具有初步的艺术表现与创造能力等目标。由此可见，幼儿园艺术教育是从美和审美出发，以完整的人为对象，把培养幼儿的艺术修养作为领域目标，把幼儿的完整、全面、和谐的发展作为终极目标的。⑤

艺术具有审美、认知、娱乐等价值，但审美确是最主要、最基本的价值，其他价值都以审美价值为基础而发挥作用。幼儿的审美就是以其自身的生命活动和审美对象之间同形同构或异质同构及其产生的心理愉悦状态，就其本然，幼儿的审美活动突出地表现为感受性而非认识性。⑥ 无论成人还是幼儿，对于所处环境都会基于个人已有经验和审美心理产生不同的审美体验，进而影响个体的心理应激与行为态度。当人进入一间雅致幽静的咖啡屋，明亮整洁的办公室，满眼绿植的阳台，其不同的美感特质会让人产生恬淡平和、轻松愉悦或自然惬意的心境，继而触发对生活美、环境美的追求与互动。反之，则会让人们产生厌恶、逃离、抗拒、冷漠等不良审美心理或情绪。尽管幼儿年龄小，但他们和成人一样，能够在与各种环境的互动中、生活中获得多种审美感受，只是角度、程度不同罢了。

除本体审美价值外艺术还有其衍生价值，主要指那些通过艺术和审美活动使幼儿获得相关发展

---

① 陈祥明. 论科学美及其美感[J]. 安徽大学学报（哲学社会科学版），1998(4).
② 叶朗. 美学原理[M]. 北京：北京大学出版社，2009：318.
③ 同上书，318.
④ 陶然. 现代动画造型设计的审美追求[J]. 艺术教育，2011(3).
⑤ 李季湄，冯晓霞.《3—6岁儿童学习发展指南》解读[M]. 北京：人民教育出版社，2013：153.
⑥ 同上书，154.

所需的情感、态度、能力与知识技能等价值。换言之，透过艺术和审美的教育更强调其手段性、服务性功能的发挥，让幼儿在其他领域的活动中，能够运用绘画、歌唱、舞蹈、戏剧等艺术方式，表达自己对该领域的探索及其对探索结果的理解；成人也可以利用艺术的方式引发幼儿的兴趣，进而加深他们的理解，同时也能使教师、成人通过艺术作品或审美活动更好地观察、了解和分析幼儿的心理发展，为进一步支持幼儿发展提供依据。[①]

从幼儿审美心理发展来看，在整个幼儿园阶段，3周岁的幼儿已经发生最初的审美心理活动，伴随年龄的增长，幼儿审美感兴力迅速发展，有了初步的审美偏爱和审美评价活动，审美标准和非审美标准处于分化之中。这一时期是幼儿审美发展的敏感期，其标志是对美好事物、环境和现象产生审美感兴、美感体验，这也是幼儿阶段最初的审美心理建构雏形，可称之为"前审美阶段"。

早期审美经验对于幼儿的审美及其发展具有重要意义。幼儿审美经验的获得，是一种在审美范畴内感悟生命的能力和看待事物的新的方式和经验的获得，一种自觉、想象、顿悟的感性思维方式，它有别于通过科学认知等学习所发展起来的逻辑的、程序性的、理性的思维方式。正是由于这种感性思维的直觉性、具象符号性和情感性特点，才使幼儿的艺术和审美活动充满活力与魅力。[②] "由此我们认为，后天的显性的教育和隐性的熏陶、审美欣赏和艺术创作结合并进，是促进儿童审美心理结构的建构和发展不可缺少的客观条件"[③]。对此，环创实践中，既要关注艺术和审美活动本体性的审美感受与艺术创造的价值，还要把幼儿的创造意识、创造能力及其对审美对象的感知力、想象能力、审美感受能力的培养放在核心地位。让幼儿多接触大自然，感受和欣赏美丽的景色和好听的声音；经常带幼儿参观园林、名胜古迹等人文景观，讲讲有关的历史故事、传说，与幼儿一起讨论和交流对美的感受；和幼儿一起发现美的事物的特征，感受和欣赏美；创设优美而适宜的教育环境等是促进幼儿审美感知力、审美情感、审美理解力和审美创造力发展的有效途径，支持幼儿逐步获得理性和感性两种把握世界的方式，并使之相辅相成，才能有效促进幼儿整体地、更完美地理解世界。

（三）美的学习环境

美，作为客观事物的形象化属性之一，其形式多样，虚实相生，意蕴生动，承载着丰富的美感信息，这些外在或内隐的信息会被幼儿主动或潜移默化地纳入其认知或审美建构，并做出相应的审美反应。幼儿园是幼儿长期生活、学习的场所，美的环境是幼儿喜欢幼儿园、引发其与环境互动的重要因素。所以，幼儿园教育环境创设既要基于前述理论，还要以幼儿审美心理发展为基础。

1. 整合跨领域内容，创设美的环境，支持幼儿整体发展

美的环境和审美活动，既能培育幼儿"认识美、感受美、欣赏美、表现美和实践美"的能力，促进其身体、社会互动、情感和心灵、认知和创造力的整体性发展，以及对文化的认识，亦能整合跨领域的学习内容，帮助幼儿获得统整性的知识、形成完整概念。[④] 针对"幼儿发展的整体模式"主张，美的环境创设、艺术活动设计与实施，并通过艺术和美的环境、幼儿发展与跨领域的内容整合，来促进幼儿的整体发展。[⑤]

首先，创设美的环境，支持幼儿整体性发展。幼儿整体性发展首先体现在"身体"上，包含大小肌肉、手眼协调、感官知觉、自我照顾（正确使用工具、安全运用材料）；"社会互动"意指艺术活动中与他人、生活环境和文化的互动及其密切关联性；"情感"指自我接纳与了解、自我概念、表达交流、人格与

① 李季湄，冯晓霞. 3—6岁儿童学习发展指南解读[M]. 北京：人民教育出版社，2013：153—154.

② 同上书，153.

③ 楼必生，屠美如. 学前儿童艺术综合教育研究[M]. 北京：北京师范大学出版社，1997：44.

④ Miller J P. Whole Child Education [M]. Toronto, CA：University of Toronto Press, 2010：5 - 13,46,61,124.

⑤ Fox J E & Schirrmacher R. Art and Creative Development for Young Children (8th) [M]. Boston, USA：Cengage Learning, 2014：69 - 82.

性情、自我控制等；"认知"意指幼儿在知识和技能学习之外的主动思考、发现与解决问题；"创造力"指幼儿运用想象力、艺术思维，创造出艺术作品，以及运用语言、视听觉符号、乐曲和肢体动作，呈现自我想法、与人沟通的能力。可见，幼儿身体、社会互动、情感和心灵、认知和创造力的发展以及对文化的认识等，与环境特别是美的环境的创设与利用紧密相关。丰富的美的环境创设可以从富有审美情感色彩的一日生活环境，大自然与人文景观中美的事物，其他领域所蕴含的美的形态等方面切入。

其次，统整领域内容，综合规划艺术活动，促进幼儿整体性发展。教师设计艺术活动时，应依据幼儿认知和身体发展特点、艺术门类自身的语言特点，设计幼儿能够独立完成、完整学习的艺术活动（亲身经历和体验整个创作过程），或从艺术领域出发，整合设计跨领域的学习活动。例如：在造型活动中，引导幼儿配合奥尔夫音乐旋律，运用沾了颜料的毛笔在画纸上滴洒、点压、涂刷、敲打等游戏性创作技法开展活动；创作完成后，指导幼儿分析作品中颜料相互混合后的变化、水分多寡与色彩混合效果的关系，以及动作、速度与纹样或形象的关系，与已有经验或艺术家的作品的关系等；鼓励幼儿说出对创作活动的感受，对自身和他人作品的感受或看法。将语言、健康（肢体动作与心理）、社会、科学等相关内容，有机融入造型活动，有效促进幼儿认知、情感、态度和技能的发展。

2. 多维度创设美的、理想的学习环境

创设有助于幼儿感知觉、美感发展和审美经验获得的环境，能够培养正向情绪，滋养心灵。打造健全人格的美的、理想的学习环境，[1][2]包括正式的和非正式的环境。

（1）正式的学习环境。正式的学习环境指教师根据教育目标或幼儿发展需求，有目的、有计划地安排、设置的环境和情境。

首先，活动室整体环境创设，能够使教育活动、主题墙和活动区在幼儿发展与优美环境之间达成一致。主题墙所呈现的主题网络及内容应与学习主题一致；各个活动区的布置及材料，应围绕主题内容展开、投放；运用和谐的色彩、形状、线条和作品美化环境，在协调的色彩情境中，呈现幼儿多元化的学习成果（如幼儿自身对学习经验和过程的纪录；绘画、拼贴、泥塑、建构等各种形式的作品或活动照片；以图为主的师幼互动、讨论纪录等）。藉由创设各要素具有相关性和统整性的、美的学习环境，帮助幼儿观察、自省、回顾自身的学习经历，让幼儿获得完整的学习经验。当然，利用植物花卉、生活物件等本土资源，及陶艺品、手工艺品和艺术作品来装饰美化环境也是必不可少的。

其次，创设与艺术直接相关的活动区。创设绘画、手工、阅读、表演、美食坊、创客空间等美劳活动区，所投放的材料及其承载的信息，除要支持活动内容外，还要以促进幼儿整体性发展为目的。例如：设置能让幼儿自主表演的活动区，提供手偶等道具，乐器、艺术类的书籍或绘本，营造体验美、创造美的教育环境。在绘画、手工活动区布置具有文化意涵的艺术作品（中国剪纸、印象派画作等）或呈现节庆氛围的手工装饰品；提供剪刀、测量工具、订书机、打洞机等工具，黏土、各种纸材或其他可塑性高的媒材，以提升幼儿敏锐的感知觉能力，促进小肌肉群和手眼协调能力的发展；鼓励幼儿在艺术氛围中，独立或与他人合作创作作品，自主运用媒材和工具，以自己喜欢的艺术方式表达对学习内容的理解，表达对文化、生活环境的认识和体会，促进其社会性发展与情感表达。区域内也可陈列幼儿未完成和已完成的作品，使之在赏析和分享过程中，强化同伴间的互动、对自身和他人作品的评价和省思，进而提升认知水平，发展创造性思维。教师通过科学观察，依幼儿的发展和表现，适时调整、完善工具材料投放及其承载信息，必要时可通过示范、讨论等途径，让幼儿体验相对复杂、有创作难度的学习内容，

① Dewey J. The Philosophy of the arts: Lecture delivered to the Washington Dance Association, Washington, DC, November 13, 1939 [A]. Boydston J(Ed). The later works, 1925 - 1953, experience and education, freedom and culture, theory of valuation, and essays (13th) [M]. Carbondale: Southern Illinois University Press, 2008: 357 - 368.

② Fox J E & Schirrmacher R. Art and Creative Development for Young Children (8th) [M]. Boston,USA: Cengage Learning, 2014: 69.

让幼儿在"发现问题""解决问题"的过程中,习得较高层次的思考和问题解决策略,促进其创造力和学习迁移能力的发展,逐步形成后设认知能力。此外,带领幼儿参观美术馆、博物馆,支持幼儿搜集自然媒材、生活化材料、废旧材料,做为美化环境或是创作资源等,都能丰富幼儿的美感和表现美、实践美的经验。

（2）非正式的学习环境。非正式的学习环境是指那些生活中的点点滴滴、偶发事件、非刻意安排的情境,以及与幼儿生活、学习相关的教师与成人的言行举止、装扮与气质等情形。杜威强调:美,即是生活;美,存在于日常生活、天地自然与万事万物间。① 教师或成人正确引导幼儿用"心"观察、认识、感受、思辨生活当中微小事物所蕴含的"美",能够扩大幼儿对美的觉察力和感知力,提升对美好事物的思辨力,在享美和赏美的历程中滋养心灵;在融合自身的认知、感受和创作经验,以及与群体和社会文化互动的历程中,培养品味美、诠释美、表现美、实践美的能力,涵养美化生活、妆点情趣的习惯和审美态度等素养。

经由观察、认知、赏析、创作、分享等良性循环的学习活动,能够强化、加深幼儿对美的感悟,继而提升想象力和审美能力。这一过程即是引导幼儿以敏锐的感知觉"大看世界"②的过程。例如,幼儿触摸、观察窗户上的结霜纹路和光影变化;蜘蛛网的结构、雨水或露水垂挂在网上的形态;观察、感受、模仿风中摇曳的植物;触摸、观察、细闻花瓣、树叶和水果;品闻刚出炉的面包和餐点的口感、气味;静心聆听雨声、风声以及树叶的沙沙声、潺潺的流水声……③在此基础上,教师或成人还应鼓励幼儿将探寻所获感受,以口语来表达说明,以喜欢的艺术形式加以表征。例如:用绘画记录所见、用线条和色彩表现感受,以舞蹈表演风中摇曳的小花和树木,用戏剧演绎实践美的过程,与家人一起制作点心和美食……一系列的活动之后,再度引领幼儿共同欣赏、回顾、分享作品和对美的感受。良性的循环式学习活动,能让幼儿在因感受而创作、因创作而理解和体会,丰实美感经验,提升知觉美、辨识美、赏析美和实践美的能力。

无论是正式的还是非正式的学习环境,宽松、愉悦的心理环境是幼儿发挥创造性并获得健康发展的前提。研究表明,在心情良好的状态和氛围中,人的思维开阔、敏捷,解决问题迅速,反之则思路堵塞、动作迟缓,无创造性可言。对于幼儿来说,宽松、愉悦的环境首先是信任,在承认幼儿具有创造潜能的基础上,为其提供充分的学习机会;其次,减少不必要的规定,因为过多过细、过于整齐划一的限制和要求会阻碍其创造力的发挥;第三,给幼儿的学习活动提供一个不受评价影响的时间段,使其自由想象不因外部评价而受到影响和限制。④

此外,家庭和生活环境中美的气息,以及教师或成人文雅的行为举止、谈吐、装扮、仪表,亦能让幼儿在潜移默化中感受美、仿效美,涵养优雅生活品质。因此,教师或成人要成为"实践美的模范",乐于亲近自然和美好事物,以合宜温婉的言行举止、高雅端庄的仪容仪表等行为示范,让幼儿浸沐在美的环境中。

三、相关课程模式及实践的教育环境观

学习国内外有关课程模式、实践模式、教育方案及其教育环境创设主张和实践运作系统,总结、借鉴有益经验,对幼儿园教育环境创设及其实践大有裨益。

---

① 胡郁珮. 取径 SECI 模式实践美感教育之研究——以视觉艺术教学为例[J]. 高雄师大学报,2018(45).

② Greene M. Releasing the imagination:Essays on education,the arts,and social change [M]. San Francisco:Jossey-Bass,1995:10－13.

③ [美]Schirrmacher R. 幼儿艺术与创造性发展(第二版)[M]. 赖碧慧、吴亮慧、刘冠麟译,台北:华腾文化股份有限公司,2013:1—7.

④ 李季湄,冯晓霞. 3—6 岁儿童学习发展指南解读[M]. 北京:人民教育出版社,2013:163.

（一）蒙台梭利教育

蒙台梭利教育为意大利幼儿教育家蒙台梭利（以下简称蒙氏）创立。她认为教育应尊重幼儿与生俱来、由内而外发展的潜在学习动力，安排顺应其心智发展的学习活动，培养幼儿身心均衡发展的人格。通过"作业"和操作活动，让幼儿将内在的生命力表现出来，并在"作业"和操作过程中提高注意力、专注力，在自由和主动的活动中实现自我纠正，在有准备的环境中发展成为具有喜乐、爱、希望、秩序与主动学习特质的人，为进入社会、适应未来生活做准备。

蒙氏教育强调为幼儿设置能够充分发挥内在生命力，符合其兴趣、需求、能力、发展步调和内在节奏的"准备好的环境"（包括依难度高低陈列教具、依幼儿能力提供适当的环境和示范提示、规划好的教学时间和空间等），提供适龄适性的教具，使幼儿依循心理指令（如自动教育、自我完善、探索、秩序等）发展各方面的能力；在与同侪、环境的互动中发展社会性；教师是幼儿和教具之间的桥梁，同时示范操作教具，观察、评价幼儿，适时开展个别辅导，培养幼儿自我、独立学习的能力。对此，蒙氏教育环境有以下主张和特点。①②③④

1. 创设有规则的自由学习环境

自由、开放、无压力的环境能让幼儿的学习潜能得到有效发挥，但纪律和规则是自由的基础。当幼儿有了认知、自我控制、遵循纪律（生命的内在秩序感和生活常规）和心智的判断能力时，应给予其在室内行动上和学习上的自由，并从规定的选项中选择自己感兴趣的教具与相宜的"工作"，支持其自发地、专注地完成学习活动或"工作"；活动过程中关注幼儿尊重他人、不侵犯他人利益、与人和平共处的能力，以及遵守规则的态度和行为养成。

图 3-2　幼儿专注"工作"

图 3-3　秩序性的"工作"环境

2. 创设具有结构性和秩序性的"工作"环境

蒙氏教育主张，结构性的学习内容、有序操作教具的方法和步骤、教具陈列的方式、一贯的作息时间等，能够稳定幼儿内在的秩序感、专注力，获得判断、分类、分析、推理和应用的逻辑思考能力，进而强化概念。教具操作、日常生活练习等学习活动，以步骤式、计划性和目标性来实现，并通过反复练习培养幼儿独立性、自主性、协调性、意志力和专注力，使其养成良好的生活、学习态度和习惯。

---

① 简楚瑛.幼儿教育课程模式（第四版）[M].台北：心理出版社，2019：95—121.
② 魏美惠.近代幼儿教育思潮（第三版）[M].台北：心理出版社，2014：222—235.
③ Association Montessori International-USA（AMI-USA）. AMI School Standards［EB/OL］. https://web. archive. org/web/20101104105121/http://amiusa. org/ami-schools/ami-school-standards，2020 - 02 - 01.
④ American Montessori Society（AMS）. Introduction to Montessori［EB/OL］. https://amshq. org/Montessori%20Education/Introduction%20to%20Montessori. aspx，2020 - 02 - 01.

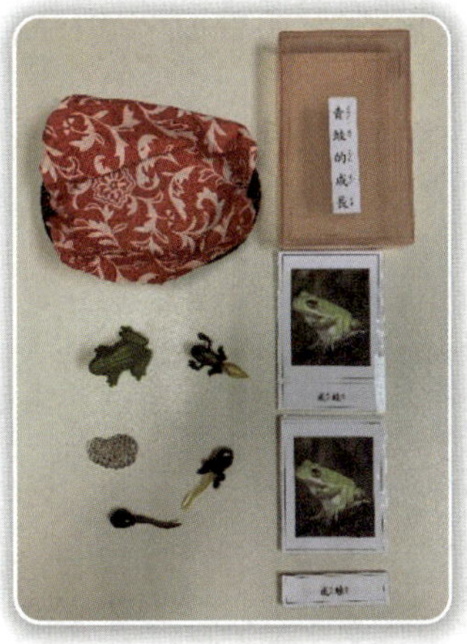

图 3-4　观察自然生态和样貌 　　　　图 3-5　用自然材料创设美的学习环境

3. 创设贴近真实与自然的学习环境

蒙氏教育的目标之一是让幼儿适应未来社会生活,因此主张学习环境的创设要与大自然、现实生活、社会文化等紧密联系。大自然的四季变化、动植物生态等自然资源的融入,能使幼儿通过直接观察、认识、学习到规律性的自然法则;观察大自然的变化、认识自然生态和样貌,运用自然界的媒材进行创作,能够培养幼儿尊重生命的态度、创造力和审美能力;活动室的设施设备、器皿、学习材料等的摆放与使用,也要接近真实而自然的生活。

4. 创设适合幼儿社会性发展的交往环境

蒙氏教育的混龄式学习方式,让不同年龄段的幼儿相互合作、学习和照顾,从中学习、模仿彼此尊重与分享,促进社会性发展;倡导在纪律性、秩序性、和谐性的环境氛围中,培养幼儿自发的纪律意识和责任感,以及主动学习的习惯,彼此相爱与关怀的美德。

5. 创设和谐有序、简洁规律的美感情境

倡导幼儿学习环境创设的安全性、秩序性和简洁性,以及规律、和谐、温馨、轻松的学习氛围。主张教师运用自然界的媒材布置活动室,搭配原木色调的陈设或材料,营造朴实素雅、简洁和谐的美感情境,让幼儿在具有安全感、亲切感和归属感的氛围中乐于学习,让"美"滋养幼儿的心灵和精神世界。

6. 创设平等、尊重与关爱的教育环境

蒙氏教育要求教师以平等、尊重、关爱的态度和行为与幼儿交往,加深师幼间的亲密情感,以帮助幼儿发展内在学习潜能,创造自己的生命蓝图,培养良好的品格,迈向独立自主的未来生活。同时强调教师亦为环境的一部分,教师是温暖的陪伴者、环境的提供者、幼儿发展的支持者;教师的言行举止与仪容仪表也是幼儿学习和模仿的对象。

（二）华德福教育

华德福教育是斯坦纳教育理论的实践模式。主张教育要响应和满足儿童"身、心、灵"与全人成长的需求。幼儿阶段应着重其身体器官的健全发育、意志力、感恩心的培养,尤其使"头、手、心"应在物质世界中得到统整与和谐发展。

斯坦纳认为自然朴实、想象、诗性的艺术学习活动,如诗歌、晨圈①、水彩画、蜂蜜蜡捏塑、故事、布偶戏、创意游戏、编织、缝纫与刺绣等,能让幼儿在操作、情感、想象、模仿的实践中,使身、心、灵得到和谐发展;强调以节奏性、规律性、反复性的学习活动,建立规律的生活习惯和态度,让幼儿逐步成为能

---

① 晨圈(circle、circle time),即华德福晨圈,指在早晨幼儿手牵手以圆圈形式所做的晨间活动。是一种意在让来自不同家庭和环境的幼儿能够建立亲密联系,感受彼此并形成集体意识和归属感的活动形式。

定义自己生活目标、指导自我生活的人①②③④。华德福教育反对传统的灌输式教学法,重视全人发展,以唤醒个体潜能、发展特质;主张教师依据幼儿能力、结合本土资源和文化设计教学内容,并以探讨"人与自然""人和万物"的关系为学习核心,培养幼儿对自然、生命、宇宙的感恩和敬畏之心。

1. 华德福教育的幼儿学习活动及其形式

图3-6 羊毛毡偶

图3-7 梦境般水彩画

华德福教育主张采用游戏和活动来实现教育目标。一是创意游戏,包含跑、跳、攀爬、翻滚等相关"身体游戏"。幼儿可以将扫帚当成马、把木棍当成车子,或把某一对象想象成某样事物来进行"想象游戏"。幼儿在游戏前需计划好游戏内容、选择角色,以"有目的之假装游戏"满足情感、想象和成长的需求。二是童话故事,教师反复性地讲述或与幼儿共读童话故事,帮助幼儿安定内心、温暖心灵,满足其对想象的需求、阅读的享受;运用故事中角色的智慧,帮助幼儿修正偏差行为或解决具体问题。三是偶戏,教师或成人制作并提供布偶或手偶(图3-6是教师和家长制作的色彩淡雅、触感柔软、没有呈现五官的羊毛毡布偶,做为故事讲述的教具来激发幼儿自发地进行想象),运用色彩柔和的绵纱布和丝绸创设成舞台,以木头、石头、贝壳、种子等自然媒材布置场景,选择柔美的琴弦音乐和柔顺稳定的语调,演出偶戏给幼儿观赏,或由幼儿自己表演,以促进感官、语言、肢体动作、想象力和创造力的发展。四是丰富多样的艺术实践活动。包括将水彩以渲染的方式刷涂,创造梦境般、无具体轮廓的水彩画;用蜂蜜蜡捏塑的造型活动;运用毛线编织、缝纫和制作戏偶、生活用品等手工活动;师幼手牵手、围成圈,柔和地摆动身体,唱着有反复性节奏歌曲的"晨圈"活动;结合诗歌、故事、音乐、律动,展现优美和谐肢体形态的律动活动或"优律司美"⑤。藉以滋养、疗愈幼儿心灵和启发真、善、美,促进感知觉、小肌肉以及身体平衡觉、运动觉的发展,培养想象力、创造力、专注力和意志力。

华德福教育勉励教师要用爱来教育幼儿、带领他们勾画自己的生命蓝图,成为自己生命的主人,⑥教师须具备与生命有关的知识,用爱滋养师幼关系、唤醒幼儿的内在动力,以和谐美、艺术化的教学方式和环境,美化幼儿心灵,使其成为身心灵和谐发展的全人。⑦

---

① 林玉珠. 华德福幼教课程模式之理论与实务[A]. 简楚瑛. 幼教课程模式:理论取向与实务经验[M]. 台北:心理出版社,2003:243—315.

② 简楚瑛. 幼儿教育课程模式(第四版)[M]. 台北:心理出版社,2019:125—129.

③ 高桥弘子. 日本华德福幼儿园:实践健康的幼儿教育[M]. 刘禧琴、吴旻芬译. 台北:光佑文化事业股份有限公司,1997:102—112.

④ Wilkinson R. Commonsense Schooling [M]. Stourbrige England:The Robinswood Press,1990:14.

⑤ 优律司美(Eurythmy)由斯坦纳指导创立,也称音语舞。一种通过身体动作和姿态,将语言和音乐由内在感悟而发并转化为"看得见的语言和旋律"的身体流动之"舞"。以其特有的艺术语言和表达方式支持幼儿解放天性,滋养生命力并塑造优雅、韵律、诗意、美好等内心世界和肢体语言。优律司美是华德福艺术教育的组成部分。

⑥ Wilkinson R. Rudolf Steiner on education:A compendium [M]. U. K.:Hawthorn Press,1993:36.

⑦ Steiner R. The Education of the Child [M]. MA:Steiner Books,1996:40 - 41.

2. 华德福教育环境主张与特色

（1）营造人性化的和谐关系与爱的学习氛围。关爱幼儿并提供安全感的氛围与环境，幼儿间能够相互分享与照顾；营造犹如家人般的温馨、和睦相处的班级气氛，使幼儿园具有家庭般的功能。

（2）环境创设与大自然、万物连结。学习活动以探讨"人与自然""人与万物"为核心，室内外环境创设运用大自然中的材料来布置，活动室摆放木块、植物、种子、石头等自然物，布置寓意四季情境的"四季桌"，提供由织物制成的人偶和动物偶。幼儿运用自然媒材进行艺术创作或操作活动，如创意风铃，将其悬挂于学习环境，让幼儿透过感官体会宜人的徐徐微风，感受人与大自然的关系。

（3）柔和的色彩、声、光与温暖、典雅的环境。教师以温文尔雅的言行与幼儿互动，营造得体和美的精神氛围；运用渲染、柔和的色彩和光线布置，创设宁静雅致的生活、学习环境或仿佛置身于苍穹，沉浸在纯净平和的氛围里。

（4）反复、规律和艺术化的学习活动及环境。反复、稳定而有节律的艺术化学习活动和规律的作息，使幼儿身心和谐、平稳地发展，利于幼儿专注力与意志力的养成。如在幼儿园草地创设形似"风"的螺旋状"灯河"，做为"秋天的风"活动的延伸，引导幼儿循着螺旋状"灯河"线、手牵手缓步前行，透过感官知觉感受螺旋形体，在节奏性、规律性的肢体活动中，平稳心境，培养专注力（图3-11）。

图3-8 "四季桌"及人偶

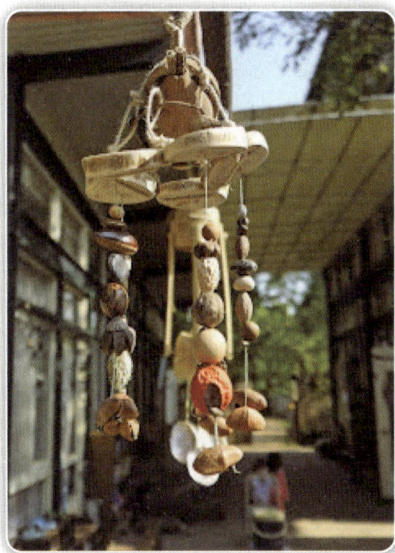

图3-9 幼儿制作的秋日风铃

图3-10 光色流动的"会呼吸的墙"

图3-11 创设规律性和艺术化的学习环境

（5）营造模仿与榜样的环境氛围。幼儿园里的人、事、物、情境与氛围等环境整体，皆是幼儿模仿、学习的对象；教师的言行举止须为幼儿的榜样，以身教熏陶幼儿真、善、美的心灵。

（6）提供自由游戏的时间和空间。为幼儿创设并提供能自由选择其所好的、足够的创意游戏时间和空间，支持他们逐步形成安排自我生活的能力，以及规划并满足自身发展需要的能力，养成独立的人格、成为为自己生命负责的人。

（三）瑞吉欧

1. 瑞吉欧及其教育实践

瑞吉欧·埃米莉亚是意大利北部的一个小城市。20世纪60年代，在市政府、社区和幼教工作者的支持下，经马拉古齐及其团队的探索实践，逐步发展并形成务实的学前教育综合体——瑞吉欧教育实践。瑞吉欧在一定程度上受杜威进步主义、皮亚杰建构主义和加德纳多元智能理论的影响[1]，认为幼儿的学习来自与环境中人、事、物的互动，以及建构意义的过程；幼儿园、社区乃至与之相关的事物整体均为幼儿的学习环境[2][3]。这是一种让幼儿在关系驱动的环境中，通过目标导向和体验的学习。主张为幼儿提供探索、互动、合作的现实环境，激发其主动学习、建构意义、发挥图像表征技能的"做中学"活动，表达理解、目标导向之意义，培养幼儿解决问题、独立思考、自我学习、与人合作的能力。

瑞吉欧教育是幼儿中心的学习模式，并通过"方案活动"来实现，主题雏形源自引发幼儿探究兴趣的环境、活动或生活事件，并基于幼儿已有经验，通过师幼间的讨论、共同协商进而生成明确的探究主题；教师依据幼儿发展能力、评估先备知识和经验，设定学习目标、设置探索环境、安排实地参访活动，邀请和主题相关的专家、家长协同教学。在整个学习活动中，教师持续观察幼儿的探索行为、与幼儿展开讨论，协商方案要进行的下一个环节和探究方向。具体而言，活动以"解决问题"为导向，让幼儿在探究自身感兴趣的主题中，经历"发现问题、定义问题、提出假设和可能解决的方法、实验与验证假设、获致结论与知识"。是一种以实际行动（做中学）寻求答案、解决问题、深入探究的学习过程，以此建立统整性的概念、建构知识与信息的意义、学习技能，继而获得解决问题的能力。幼儿在整个延续数周或数月的探究活动中，将学习到的内容、经验与体验，通过"多元表征"（绘画、捏塑、劳作等视觉艺术，画记式的书写，建构、戏剧、舞蹈、音乐等）来呈现；教师整理幼儿的作品做成个人成长档案，并以档案袋评价的方式观察、分析作品，参照幼儿参与讨论的表现、探索行为等，开展形成性评价和总结性评价。

2. 瑞吉欧教育环境主张与特点

瑞吉欧教育学习环境的创设，充分考虑幼儿学习发展、不同的符号表征、思维和行动、个体和群体的互动，以及家园、社区合作关系的建立，并体现以下特点和要求。

（1）创设有准备和有意义的教育环境。瑞吉欧教育视幼儿为发展的主体，老师为幼儿的伙伴、协助者、引导者、记录者和研究者，家长为教师和幼儿的合作伙伴；强调"环境"是幼儿的第三位老师（第一位是父母和主要照顾者，第二位是同侪），为幼儿准备有意义的教育环境、丰富的可操作的资源或互动，激励幼儿运用触摸、聆听、嗅闻、观看、品尝等感官，探索生活环境、认识世界；幼儿能够自由运用各种资源解决具体问题，以表征符号或艺术形式呈现对主题内容的理解与体验，扩展幼儿的感官经验和思维，并成为幼儿理解、诠释世界的"百种语言"，在与同侪或成人的沟通、合作、协商互动中，建构知识意义和概念；重视评估和更新教育环境，使之符合幼儿与教师的需求；强调课程与环境相互创生，使幼

---

① 简楚瑛. 幼儿教育课程模式（第四版）[M]. 台北：心理出版社，2019：138—154.

② Helm J H & Katz L G. 小小探索家——幼儿教育中的方案取向（第二版）[M]. 林育玮，洪尧群，陈淑娟，彭欣怡，陈怡婷译. 台北：华腾文化股份有限公司，2015：3—28.

③ Edwards C P, Gandini L & Forman G E. The hundred languages of children: The Reggio Emilia approach: advanced reflections [M]. Santa Barbara, CA: Greenwood, 1998：35，268-272.

儿学习贴近生活环境及其所需的知识和技能,以此深入理解世界。

（2）开放性、对话性和艺术性的互动环境。在学习环境中展示幼儿作品,以自然媒材、艺术作品装饰空间,让视觉艺术成为幼儿共通的语言,营造属于幼儿的艺术化学习情境。每间活动室以玻璃窗分隔,让幼儿能够观察到他人的活动、拉近班级间的距离;活动室设置大面积落地窗,通透户外的光线和景致,延伸学习空间至户外,使室内与户外融为一体,形成通透、开放、明亮和艺术化的互动环境;园内设置小广场,做为全园师幼、同侪互动的场所,每间活动室有面向小广场的门,为幼儿和教师们的对话创造更多机会。

（3）激发幼儿主动学习的灵活性、探究性、合作性环境。提供包括自然、松散材料（小石头、木条、砖块,贝壳、松果、绳子、扣子、瓶盖、珠子、种子、软木塞等）等多样性、可塑性高的媒材,供幼儿自由选择、进行操作与创作;提供吸引幼儿探索的设备和材料（镜子、投影机、灯箱、透光的容器等）,以及能引发互动合作的教具或操作材料;陈设幼儿的作品、展示学习历程;创设随活动方案、内容学习,以及幼儿个体、小组或团体活动形式变化而改变的学习空间。

（4）创设具有传递教育和学习信息功能的环境。设置亲子或亲职教育①栏（家园合作）,让父母接收相关教育信息、展示幼儿作品、了解幼儿学习状况等;运用幼儿作品布置活动室或室内环境,让幼儿感受到被重视,增强认同感和归属感,增进学习动机,引发其在完成或未完成的作品中,通过观察、比较、审视、省思、回溯学习过程和经验,提升最近发展区的层阶;活动室设置"教学活动纪录板",展示方案活动的进展或过程,以及幼儿学习情境、作品、师幼讨论、幼儿间的对话纪录或图片等,让学习和学习环境成为"看得见的学习"。

（四）安吉游戏

1. 安吉游戏及其实践

安吉游戏（Anji Play）是中国浙江省安吉县幼儿园实施的一种以游戏为核心,还游戏于幼儿,涵盖并贯穿于幼儿园一日生活的幼儿园课程模式。2000 年前后,安吉幼儿园实施"镇村一体化管理模式",同时为贯彻落实《纲要》精神,以程学琴为代表的安吉幼教人开始创设"支持幼儿游戏和各种探索活动"环境,开展"以游戏为基本活动"的县域幼儿园教育实践整体推进机制研究与实践,在县委县政府和教育行政部门的支持下,家长与社区的共同参与下,以获得 2014 年基础教育国家级教学成果一等奖②为标志,安吉的幼儿园游戏实现了从安吉的游戏到"安吉游戏"的蜕变,并走出国门闻名于世界。安吉游戏是贯彻落实《纲要》《指南》精神的典范,就是在走中国道路。

安吉游戏以幼儿及其发展为中心,以"游戏课程化"和"县域整体推进"为特色,强调通过环境和材料引发、支持幼儿的自主性游戏（真游戏,True Play;即杜威主张的"自由的游戏"）,使幼儿能在本土环境资源和社会文化的互动游戏中,探索与感知客观世界,认识与了解社会,获得经验和技能、塑造价值观。安吉游戏中的幼儿为游戏的决策者、实践者、思考者,是环境和材料的拥有者和创作者;教师是材料的提供者、环境的创设者、幼儿游戏的观察者和纪录者;幼儿园兼负提高农民（幼儿家长）素养、建设美丽乡村、凝聚政府和小区资源的责任与功能。引导家长认识、支持、落实安吉游戏理念,并在家中观察幼儿,将理念融入日常生活;县政府及其相关行政部门制定幼儿园发展、管理等规章制度,监督、考核实施成效,编列采买设备器材,组建专家指导团队,提供专用经费,提高教师待遇等措施和保障,逐步形成以幼儿园为主,政府、乡镇、社区和家长长期、系统、有效的合作共育整体推进机制,确保县域学

---

① 亲职教育,也称双亲教育或父母教育。意指如何尽父母职责的教育或怎样为人父母的教育。
② 成果名称:县域幼儿园教育实践整体推进机制研究——基于"安吉游戏"模式探索与实践;成果完成者:程学琴、章洁、盛奕、吴伟云、郑爱乐、戴艺。

前教育发展的公平性、永续性和保教质量的提升。①②

安吉的幼儿园通常设置有运动、贴近自然生活和富有挑战意味的游戏材料、设施和环境,如运动场、沙水池、山坡、草地、小树林、大小不一的滚筒及梯子等,室内创设有各种活动区,材料丰富多样,有生活中随手可得的小石头、小木条、砖块、贝壳、绳子、扣子、瓶盖、珠子、种子等游戏材料,或低结构、开放性的梯子、木板、桶子、刷子、大型油桶、水管、轮胎,可自由组合的积木等媒材,各种竹筒、竹棍、竹梯等本土材料资源。丰富的游戏环境和资源,有效激发了幼儿自主游戏、建构新游戏的热情,既促进了幼儿肢体动作、平衡觉、运动觉、感知系统的发展,更激励了幼儿探索、实验、创造、互助、合作的游戏精神,进而运用材料开展丰富多样的游戏、诠释游戏、赋予材料表征意义的学习与思考。

图 3‑12　幼儿园的小山坡和草地

图 3‑13　丰富的游戏材料

安吉游戏彰显让幼儿自主发起游戏、决定游戏内容、选择游戏伙伴,享有选择材料、诠释游戏的自由,以及适度调整游戏时间与空间的机会,满足幼儿游戏需求的主张;关注幼儿在开放、自主的游戏过程中探索、假设、实验、检验、解决问题,获得直接经验和后设认知,运用材料、工具、动作行为做为表征的创造力,以及和同伴、环境、材料互动等来提升幼儿的最近发展区。进一步讲,游戏之前教师鼓励支持幼儿“设计”或“计划”游戏,游戏之后教师会请幼儿以“说游戏、讲游戏、画游戏”的方式分享游戏计划、游戏过程和游戏经验,并用图画计划、纪录、表达、梳理整个游戏历程中的情感、认知、思维、经验、问题与解决方式,帮助幼儿分辨、厘清、整合、组织、回溯、借鉴、省思游戏中的各种经验、认知、技能、情感与能力,促进幼儿多领域的学习或经验迁移。游戏进行中的教师不干预、不介入幼儿游戏,要做的是观察、纪录、分析幼儿的行为、解决问题、冲突的方式,并结合“说游戏、讲游戏、画游戏”,将需要继续探索的问题拓展、组织生成新课程,让幼儿获得脉络清晰而系统的知识经验,并在后续行动或游戏中内化知识经验、转化为实践能力。

2. 安吉游戏环境主张与特色

一是基于放手游戏、发现儿童,改变儿童观;解读游戏、理解儿童,改变教育观;回应游戏、追随儿童,改变课程观的基本理念,创设与幼儿发展、课程理念和课程实践相一致的游戏环境,进而使游戏为幼儿的基本活动和学习活动。

二是创设贴近幼儿生活与自然的,有利于幼儿长远发展、又具一定挑战性或野趣的游戏环境,提供就地取材、材质和类型多样、能够混搭重组的低结构材料、日常生活中的资源和自然环境,特别是因幼儿、因时、因地、因内容的本土资源的灵活运用,既拓展了幼儿的经验和视野,又引发支持了幼儿的

---

① 简楚瑛. 幼儿教育课程模式(第四版)[M]. 台北:心理出版社,2019:185—197.
② Anji Play. Philosophy of Anji Play [EB/OL]. http://www.anjiplay.com/practices,2020‑02‑12.

图 3-14 按"计划"实施游戏

图 3-15 说游戏、讲游戏

图 3-16 画游戏（游戏故事）

图 3-17 释放幼儿天性的自主游戏

自主游戏。

三是活动室是户外环境的缩影，户外环境为活动室的扩大与延伸。[1] 强调室内外相连接、互通的游戏环境创设，通过游戏整合室内外活动，将游戏贯穿于幼儿一日生活。

四是创设具有地域特色的户外环境和充分留白的室内环境，让幼儿在非人工化的真实的环境中体验、探索、认识自然和本土文化；运用身边的随手可得的自然资源，因地制宜，扩展幼儿游戏、生活和学习的空间，使幼儿在丰富的游戏活动中获得直接经验和情境知识。室内环境充分留白，为展示幼儿的游戏纪录和游戏作品储备空间，以激励幼儿不断地创作新作品、构思新游戏，有效促进幼儿的健康发展。

（五）高宽课程

1. 高宽课程及其教育实践

高宽课程（High/Scope Curriculum）源自 1960 年代的美国，目前仍在持续发展并传播到世界多国。这一课程模式以皮亚杰认知发展理论、后皮亚杰社会建构理论为基础，以自由选择区角的开放式课程，让幼儿获得创造性表征，语言和文学，主动性和社会关系，运动、音乐、分类、排列、数概念、空间、时间概念 10 个方面的核心经验，帮助幼儿在社会互动中建构知识意义、精进真实概念和重要经验，为

---

① Anji Play. Philosophy of Anji Play［EB/OL］. http://www.anjiplay.com/practices，2020-02-12.

其上小学准备认知和学习能力。[1][2][3][4][5]

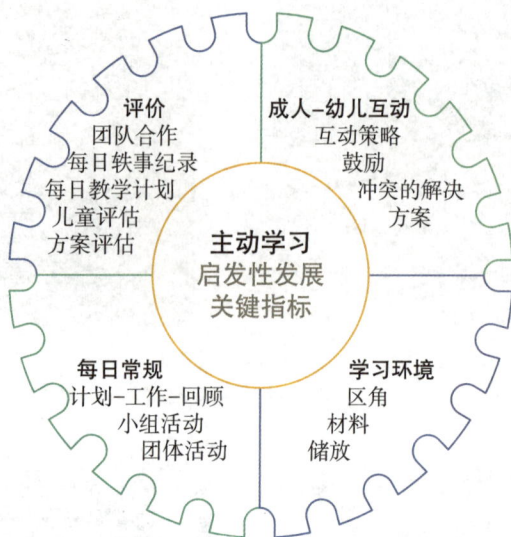

图 3-18　高宽学前教育学习轮[6]

　　高宽课程视幼儿为主动的学习者,相信他们具有选择、决定学习内容和游戏的能力,能够制定学习计划并坚持他们的兴趣和目标;学习生发于个体与同侪、成人、环境的互动过程,即通过与人、材料、事件、交流等直接获取知识经验。知识的意义是幼儿在发展经验历程和社会互动中主动建构而获得的,教学的关键是让幼儿获得能够促进认知发展的重要经验,培养主动学习的态度和能力。

　　高宽课程以教学目标为核心,环绕成人-幼儿的互动、学习环境、每日例行活动、评价 4 大要素构成的"学习轮"来设计。成人-幼儿互动包括策略、鼓励、解决冲突的措施与方法;学习环境包括区角设置,教具、学习材料准备与储放等;每日例行活动(一日常规)由计划-工作-回顾、小组和团体活动等主要环节构成,其中计划-工作-回顾环节可理解为一日生活中的"计划时间""工作时间"和"回顾(反思)时间",是顺应幼儿兴趣、激发学习动机、发展各项重要经验和能力的最有效的时段。"计划"旨在让幼儿主动思考、规划当日要进行的学习活动,并通过与同侪、教师的讨论和反馈,获得明确的学习目标、澄清概念、精进学习成效。当幼儿明确学习目标、方式和内容后,进而选择区角或学习场所开展工作(个别或同侪合作),重点是在游戏中发现、分析并解决问题,成人给予适当的支持、引导和协助,并进行观察记录。工作结束后,幼儿主动收拾整理学习或工作场所,进行群体间的分享和讨论,"回顾"活动过程中的主要经验、省思问题解决的方法和途径。活动方式有小组和团体活动,小组活动是由若干幼儿组成的学习小组,通过操作、实验、合作来解决问题,进行特定目标的学习方式。团体活动是教师组织幼儿进行歌唱、律动、戏剧表演、讲故事等集体活动方式,以培养幼儿的合群性和利他性;评价重点指向团队合作、每日轶事纪录、每日计划、幼儿评价、计划的评估等内容或项目。

① 简楚瑛.幼儿教育课程模式(第四版)[M].台北:心理出版社,2019:173—183.

② DeVries R. Vygotsky, Piaget, and education:A reciprocal assimilation of theories and educational practices [J]. New ideas in Psychology,2000,18(2-3):187-213.

③ Parks G. The high/scope perry preschool project [M]. Washington, DC:U. S. Department of Justice, Office of Justice Programs, Office of Juvenile Justice and Delinquency Prevention,2000:1-7.

④ Weikart D P & Schweinhart L J. High/Scope preschool program outcomes [A]. McCord J & Tremblay R E(Eds.). Preventing antisocial behavior:Interventions from birth through adolescence [M]. New York:Guilford Press,1992:67-86.

⑤ Samuelsson I P, Sheridan S & Williams P. Five preschool curricula — Comparative perspective [J]. International Journal of Early Childhood,2006,38(1):11-30.

⑥ High scope preschool wheel of learning [DB/OL]. http://webshibali. blogspot. com/2015/09/early-childhood-educational-programs. html. 2021-12-08.

图 3-19　科学区和艺术区

图 3-20　酷泥厨房

图 3-21　音乐区

图 3-22　建构区

图 3-23　鲜明的区隔

图 3-24　材料分类储放

2. 高宽课程环境主张与特点

一是强调空间规划符应团体和小组的学习或游戏活动需要、午餐和午睡等基本生活需求,而且室内外环境、学习材料和活动内容要关联接续、兼容互通。户外创设支持幼儿搜集、运用自然材料创作,并进行探索和实验的艺术区与科学区,在沙坑摆放真实厨具、玩沙器具的"酷泥厨房",由原木、砖块、铁桶、废旧材料或由其制成乐器的音乐区,以原木块为搭建材料设置的建构区等。室内学习区的创设,充分考虑色彩、光线、软硬(生理和心理)、舒适感和鲜明的区隔,由矮柜、清楚的区角标志区隔,或由地毯的视觉边界来"划分",有序摆放工具材料,并依幼儿兴趣和学习状况做灵活的富有弹性的调整(变换区角材料,区角间相互流通和支持,依需要设置特色区角等);材料摆放的位置和储放方式(运用透明储物袋或盒分类、储装材料，盒外贴有储放物的名称或图片，并置于幼儿易拿取的高度和固定位置）能够让幼儿一目了然，方便自由取用和归位。所使用的自然、废旧或真实器具等材料均来自日常生活或周围环境，且具有低结构、多样化、可操作的特点，能任意组合、支持不同类型的游戏。

二是提供幼儿自由选择工作场所或区角、材料操作的学习机会，提供能激发幼儿主动参与和全身心投入的学习环境创设要素，包括材料、操作、选择（材料、玩伴、想法）、语言与思维、成人支持的学习环境创设五种要素，引发幼儿主动学习和自由游戏。

三是重视幼儿与成人的互动和家园合作，鼓励家长、专业人士、义工参与教学和其他活动。成人是幼儿活动的支持者、引导者、辅助者和观察者，幼儿在各种互动关系中，逐步获得解决冲突与问题，以及获得与人协商合作的经验和语言表达能力。

四是规划例行性的活动和作息时间，引导、帮助幼儿在秩序性的一日生活和计划性的学习活动中，安定心性、主动学习、建构知识，获得重要经验和精进化的认知概念。

第二讲　幼儿园教育环境创设依据和策略

幼儿园教育环境创设是以教育目标和幼儿发展目标为核心，以保教原则和规律、幼儿学习特点和学习方式、师德理念与保教行为规范为准绳，以提供必备的保教设施设备为条件，充分利用生活和周围环境资源、必要的加工创造手段，所实施的有目的有计划、动态性与稳定性并存的空间优化和精神文化氛围营造活动。简言之，是有目的、有计划的对影响幼儿身心发展的幼儿园一切条件和事件改造优化的总和。这一过程和结果既具教育性、养育性，也具当前性和长期性，既有物质因素又有精神因素，既具直观性也具潜在性，其着力点是有效支持和促进幼儿健康成长。

一、幼儿园教育环境创设的主要依据

《纲要》指出："环境是重要的教育资源，应通过环境的创设和利用，有效地促进幼儿的发展。""应为幼儿提供健康、丰富的生活和活动环境，满足他们多方面发展的需要，使他们在快乐的童年生活中获得有益于身心发展的经验。"其核心精神至少包含五个层面的意义。一是幼儿园的空间、设施、活动材料提供和常规要求，应有利于引发、支持幼儿的游戏和各种探索活动；二是幼儿及其家长、教师是宝贵的教育资源，应充分发挥这一资源的作用，特别是师幼、同伴间的积极互动；三是教师的态度和行为应有助于形成安全、温馨的心理环境，言行举止应成为幼儿学习的榜样；四是家庭是幼儿园重要的合作伙伴，应本着尊重、平等、合作的原则，争取家长的理解、支持和参与，通过亲职教育、开放日、家长会等有效途径，帮助家长提高科学育儿能力；五是充分利用环境和社区资源，与小学相互衔接，丰富学习内容，扩展和延伸幼儿的学习经验和学习空间，成为能够与幼儿对话、互动的教育环境。《纲要》《指南》为教育环境创设指明了方向，并从五大领域、物质和心理等方面提出具体创设要求与建议。

（一）健康领域

1. 创设促进幼儿身体发育和动作发展的物质环境

包括开阔、平坦和有一定弹性的体育运动场地，安全、牢固、环保的运动器械和多样化的操作材料，以及运动卫生和必要的运动保护；支持手部和身体动作发展的操作材料、器械和条件；幼儿生活习惯与生活能力形成的资源保障，并寓于一日生活之中。

2. 营造温暖轻松、支持鼓励的心理环境和集体生活氛围

包括科学规律的一日生活安排与常规；教师身教、同伴互助的教育情境，彼此相互信赖的师幼、同

伴关系;温暖、快乐和安全感、信赖感的氛围营造。

3. 足够的活动时间与空间

有保障幼儿户外活动的空间,特别是每天开展体育运动和户外游戏的充足时间;环境创设、材料提供中关注合作精神和解决问题的能力,关注对环境适应能力的形成;提供养成体育锻炼的习惯,以及勇于挑战、不畏困难和失败的良好品质的机会与条件。

建议成人或教师用恰当的方式表达情绪,为幼儿做出榜样;与幼儿一起谈论高兴或生气的事,鼓励他与人分享自己的情绪;与幼儿玩拉手转圈、秋千、转椅等游戏活动,促进其平衡机能的发展;采取相应措施帮助幼儿尽快适应新环境;提供跑跳、钻爬、攀登、投掷、拍球、跳房子、踢毽子、蒙眼走路、踩小高跷等活动的设施器材,画笔、剪刀、纸张、泥团等工具材料,为幼儿示范拿筷子、握笔的正确姿势及使用剪刀、锤子等工具的方法,以发展幼儿手、肢体动作的协调性、灵活性,同时提供身体平衡、协调能力等环境和条件保障。

(二) 语言领域

1. 创设良好的语言环境,关注幼儿一日生活中的语言学习

给予幼儿口语表达想法和感受、清楚地说明和描述简单事件或情形的机会、自由交谈的氛围;成人或教师的言传身教、幼儿间的相互模仿、礼貌、恰当的语言运用,与他人谈话、沟通的礼仪,认真倾听及尊重他人意见和建议的环境;学习和运用普通话的语言环境。

2. 创设高质量的阅读环境,帮助幼儿做好终身学习的准备

创设引发幼儿对日常生活中的图形和文字符号产生兴趣的学习环境;创设舒适、不受干扰,方便幼儿通过图画书、播放机、布偶等看、听、说、画、演的阅读及表达环境;设置专门的、光线良好的阅读场所,提供符合幼儿语言发展和学习特点的优质图画书,营造安静、轻松的阅读氛围;提供纸、笔等工具材料,让幼儿以视觉符号或其他方式,记录故事内容、阅读体验,或是自制图画书;设计与故事教学、阅读内容、生活事件等相关的学习活动和情境。

建议为幼儿创造倾听和说话的机会,体验语言交往的乐趣,支持幼儿与同伴一起玩耍、交谈,相互讲述见闻、趣事或看过的图书、动画片等;以成人的语言文明规范为幼儿做出表率,帮助其养成良好的语言行为习惯;准备一定数量、符合幼儿年龄特点、富有童趣的图画书,相对安静的场所等阅读条件和环境;鼓励幼儿通过故事表演、绘画等方式表征对图画书和故事的理解;准备纸、笔等材料或利用沙地、树枝等自然材料,满足其自由涂画的需要,提供让幼儿在写写画画的过程中体验文字符号的价值,培养书写兴趣等具体的语言环境。

(三) 社会领域

1. 支持幼儿社会性和个性高质量发展的互动环境

建立关爱、温暖、尊重、信任的师幼关系,营造安全感、归属感和被尊重感的班级氛围与秩序;注重对待同伴、教师或成人的态度与行为;提供个体、小组、集体或亲子等活动开展的机会与条件,并允许幼儿自由或创造性地表达。

2. 创设良好的同伴交往与互动环境

充分的游戏材料和时间,游戏冲突和问题解决;超市、医院、餐厅等社会体验区的创设,交往乐趣的体验、交往技能的习得、游戏规则的建立与理解、问题的发现与解决、对他人和自己的态度;预设幼儿个体或小组通过努力完成的任务,主动帮助他人的机会,通过亲身体验、亲自参与形成同理心,学会互助、合作与分享,增强规则意识、自信心和责任感。

3. 与家庭、社区营造共同支持幼儿社会性发展的环境

社会领域是一个综合的学习领域,并渗透于幼儿一日生活的各个环节和方面,模仿、体验、潜移默

化是幼儿社会学习与适应的重要方式。充分利用家庭、社区环境和资源,包括成人的言行举止,家园、社区的密切合作,幼儿个人经验(自律、他律与个人感觉)、对他人或他人对自己的态度与评价,密切关联幼儿社群关系的活动设计与实施(春节、儿童节、重阳节、国庆节,实地参访、踏青)等,增进幼儿对社会规范和自己适当的社会行为的认知与理解,培养其爱己爱人、爱家爱国、利他、合群的精神和行为态度。

建议为幼儿提供自主选择、自由结伴、自由交往和游戏的机会,发生矛盾或冲突时,结合具体情境指导幼儿通过协商、交换、轮流、合作等基本规则和技能来解决;创设相关情境,设计有一定难度的任务,让幼儿通过完成任务、感受等努力获得成就感和自信心;组织带领大班幼儿参观小学,唤起他们对小学生活的好奇和向往,为入学做好各种准备;通过情境创设和材料投放,鼓励他们讨论、制定区域活动规则并自觉遵守;常和幼儿一起外出游玩,或共同收集有关家乡和各地的自然风景、人文景观、独特物产的图片、资料,激发其自豪感和热爱家乡、祖国之情。

(四) 科学领域

1. 创设适宜的科学探究环境和情境

创设包括各种实验、操作、探索学习材料的活动区,鼓励幼儿猜想与假设,确保活动安全的氛围与条件;发现问题、提出问题、解决问题的途径与方法;环境创设具有引导幼儿观察和实验验证,得出结论、形成解释的价值,支持幼儿以多种方式记录和表达、交流所获经验和结论。

2. 创设与幼儿生活相关的数学认知环境

因地制宜、结合实际,以游戏为基本途径,提供身边的、多样化的操作材料,创设与幼儿生活紧密相关的数学认知环境和情境。通过具体的游戏环境和情境,让幼儿感知生活中数学的有用和有趣,感知与理解数、量及其关系,感知与理解形状、时间和空间。根据幼儿年龄特点创设数学活动区、投放相适宜的材料,营造数学认知和探究氛围。

带领幼儿多接触大自然,引导他们对身边常见事物、现象及变化规律等产生兴趣和探究欲望;通过各种材料和途径,在支持幼儿思考并对事物进行比较观察或连续观察的基础上,尝试简单的分类、概括和解释;接纳幼儿的探索行为,提供多变化、多功能的实验和操作材料;鼓励幼儿用绘画、照相、做标本等办法记录观察、探究过程与结果;为幼儿创造并提供了解自然、科学技术、科技产品与日常生活关系的机会,逐步形成爱护自然、热爱并尊重科学的态度与行为;利用环境中有序排列的图案(如按颜色间隔排列的瓷砖、按形状间隔排列的珠帘等),鼓励幼儿发现和感受其中的规律;通过实物操作引导幼儿理解数与数之间的关系,并用"加"或"减"的办法解决具体问题;支持幼儿发现、尝试解决日常生活中需要用到数学的问题,体验数学的有用;支持幼儿按照物体量或形的特征分类收拾、整理物品,丰富幼儿空间方位识别的经验等。

(五) 艺术领域

1. 营造感受美、欣赏美的环境和氛围

运用生活、自然材料和艺术品美化室内外空间;参观美术馆、博物馆,观看戏剧、音乐会、文艺演出,体验生活、自然、社会中的美,让幼儿认识、体验、感受美的多元性;发现感悟其他领域中所蕴含的美与艺术美;营造浓郁的艺术氛围,邀请具有艺术造诣的家长或专业人士,开展丰富的艺术展示或表演活动,扩大幼儿的艺术认知与经验。

2. 提供多样化的艺术表现条件和资源

提供与幼儿能力和需求相符的工具、媒材、乐器、服饰、道具及相关设施设备,支持幼儿运用绘画、捏塑、建构、拼贴等造型艺术,音乐、舞蹈、戏剧等表演艺术,以及综合艺术和语言艺术等,表达对美的认识、理解与情感;创设幼儿作品展示和表演、表现的空间,美化生活的实践性活动区(如服装表演、美

食拼盘、编织围巾、制作贺卡和书签、绘本剧表演),培养幼儿在生活中实践美、表现美的能力和习惯;设计实施激发幼儿想象力、创造力和艺术思维的艺术活动,营造自由创作和表现的艺术氛围,鼓励幼儿介绍、说明自己的作品或表演,彼此评析、交流观点,吸取他人经验、进行反思,深化幼儿的艺术表现力、美感和思辨能力。

教师与幼儿一起感受、发现和欣赏生活、自然、社会中美的事物;创造机会和条件让幼儿接触多种艺术形式和作品;营造安全的心理氛围,让幼儿敢于并乐于表达和表现,支持幼儿自发的艺术表现和创造;鼓励幼儿在生活和环境中细心观察、体验,为艺术活动积累经验与素材;提供优秀而丰富的图书、图片、绘画或音乐、戏剧等作品,让幼儿自主选择,用自己喜欢的方式去模仿或创作;尊重幼儿自发的表现和创造等环境创设。

综上所述,我们能够深切地感受到环境资源和教育环境创设的重要意义,操作建议切实可行。当然作为指导性专业规范,《纲要》《指南》其中的部分环创要求和建议是相对宏观的,这就需要教师结合幼儿园和所在地实际、幼儿年龄特点,创设与幼儿发展相适宜的教育环境,并且具体操作和实践能力的形成也是一个从理论到实践的转化过程、一个内化和升华过程。

此外,《专业标准》、幼儿园建筑设计规范和地方教育行政部门有关幼儿园玩教具配备、环境创设的要求或指导意见,也是教育环境创设的依据。

二、幼儿园教育环境创设的原则与要求

(一) 基本原则

为更好地发挥幼儿园教育环境的价值和作用,支持和促进幼儿健康、全面发展,保教实践中的环创应遵循以下原则。

1. 目标一致性原则

目标一致性原则是指环创必须以幼儿园的任务、教育目的和幼儿发展的阶段性目标为依据,充分体现环境的教育性及其与教育目标、幼儿发展目标的一致性和达成性,即环创是基于教育目标、幼儿阶段性发展目标而展开的,并与之紧密联系,成为支持幼儿发展的重要组成部分。

幼儿园环境是特定的教育环境,必须强调并呈现环创与幼儿阶段性发展、保教目标的高度吻合,体现并发挥环境的教育功能和支持幼儿发展的作用。切忌脱离保教规律和幼儿发展特点的,为创设而"创设"、为"让人看"或装饰而创设,有效预防和纠正实践中环创和教育目标"两张皮"的现象。[①]

2. 发展适宜性原则

发展适宜性原则指环创应尊重幼儿年龄阶段特征、学习特点和学习方式,符合幼儿生理、心理发展及其交往互动规律,满足幼儿生活、游戏和学习需要,支持幼儿身心发展。一方面,不同年龄段幼儿在身心发展特点上具有显著差异,一日活动安排和活动形式有别,保教目标和幼儿需求不同,所需的环境支持也不尽相同;另一方面,幼儿是"关系空间"的生产主体,他们创造了这一空间、又被这一空间所塑造,幼儿与空间关系相互交织。换言之,幼儿园的教育空间因为有了幼儿才具有生命和意义,所以其空间生产的本质是作为生命体的幼儿的生产,[②]其核心是以"幼儿为本"的适宜性和支持性。环创就是要基于并围绕这一核心展开,由"重形式、轻内涵"向"重支持、促发展"转变。

---

① 沈建洲.手工应用教程(第二版)[M].上海:复旦大学出版社,2018.7:93.
② 吕进锋.幼儿园教育空间的生命与生产[A].全国地方高校学前教育专业学术协作联盟.2019年全国幼儿园教育空间建设与课程发展学术研讨会论文集[C].西安:陕西学前师范学院学报编辑部,2019(5):48.

3. 幼儿参与原则

幼儿参与原则指环创是幼儿积极参与并与教师共同合作实施的,这是一个获得各种表达与表现机会、相关知识经验和能力的过程,同时能反映出幼儿园的保教质量、师幼互动和班级文化氛围的优劣。

幼儿是发展的主体。参与、合作的共创过程是一个学习、创造、合作与发展的过程,会使幼儿得到发表观点、表达和表现的机会,也会使幼儿产生归属感、责任感和自信心。实践中应有预防和纠正幼儿被动接受环境,或参与环创"走过场"的现象。

4. 因地制宜原则

因地制宜原则是指在结合幼儿园所处环境和客观条件基础上,对区域环境资源加以整合优化和利用,有机融入幼儿园室内外环境和年龄班环境进而发挥更加适宜的育人作用。一方面,每个幼儿园所处地域环境、自然资源(地理和气候条件、城市或乡村、园舍和空间、区域文化、资源材料等)有别,环创应有所不同并与区域资源优势相适应;另一方面,综合利用家庭、社区等资源,形成开放的、有质量的环境资源体系,切忌盲目赶潮流、不切实际的机械模仿和照搬套用,防止"种了别人的地,荒了自家的田"的现象发生。[①]

5. 经济适用原则

经济适用原则是指根据幼儿园自身资源条件与发展基础,充分挖掘利用人力、物力、自然等身边的、易得的资源,优化人、财、物投入成本,进而创设符合办园理念、适宜幼儿发展的教育环境。一方面,环创要综合考虑经济性、效能性、适宜性和功能性,遵循低消耗、低成本、低投入,高实效、高利用率、高质量的基本原则,在确保材料安全卫生的前提下,因地制宜、就地取材、一物多用或废物利用,以最小的代价获取最大的教育价值;[②]另一方面,实现适宜幼儿一日生活和身心发展、适宜园所文化和保教质量提高的两"适宜",既要避免形式上的奢华和盲目攀比,还要防止无目的、劳民伤财的环创,或借"高质量"之名而降低"适用"的质量要求。

(二) 基本要求

1. 支持幼儿一日生活与发展需要

一是满足幼儿一日生活要求和需求。设施设备应符合《规程》要求并满足幼儿对餐食、饮水、睡眠、盥洗、排泄等需求;创设卫生整洁的进餐、安静舒适的睡眠环境,安全卫生的如厕及幼儿生活卫生习惯养成的盥洗环境。

二是满足幼儿游戏活动的要求和需要。提供幼儿游戏活动、体育运动所需的空间场地、设施器械(材料)和时间保障;创设符合年龄班特点、活动要求、幼儿已有经验等游戏和户外体育活动环境,投放游戏材料,满足其身体发育与动作、认知与探究、交往和表现的需求。

三是满足幼儿学习的要求和需要。幼儿的发展不仅体现在生活和游戏之中,还需要集体教学和有效的学习环境支持,所以要创设一个能够引导和支持幼儿主动学习、探究学习、合作学习的物质环境,一个师幼交往、同伴互动、家园共育、和谐交融的精神环境,一个适宜个体、小组和集体的学习环境,一个充分挖掘和利用家庭、社区资源的合作育人环境,以此满足幼儿成长需要及其良好学习品质的形成。

幼儿的发展是整体的,生活、游戏和学习是全面的、启蒙性的,需要综合或经过整合、优化的教育环境支持。尽管不同年龄段幼儿的生活、游戏、学习目标或侧重点不同、环创有别,但每一所幼儿园、每个班级的环创应为一个集合体,不能片面地强调其中某一方面而忽视其他方面。

---

① 沈建洲. 关于幼儿园课程模式的思考[J]. 学前教育,2007(10).
② 黄凤霞,沈建洲. 论新课程理念下的幼儿园教具[J]. 儿童与健康,2011(9).

2. 确保幼儿生命安全和健康发展

保障幼儿的生命安全和健康是环创的出发点与前置条件。一方面，必须把保护幼儿生命安全、促进健康发展放在首位；另一方面，幼儿在成长过程中有不同层次的需要，不同时期和发展阶段表现出的迫切程度也不尽相同，基于其幼稚性特点，幼儿的生命安全和健康保障更多地依赖幼儿园及其教师。

首先，创设安全的物质环境。幼儿园的选址、园舍、场地与空间等，应符合国家建设规范、环境安全和卫生规定及标准；设施设备、装修装饰材料、用品用具和玩教具等，符合国家安全质量标准和环保要求。建立定期检查维护保教设施设备制度，确保幼儿生命安全；严格执行幼儿园安全管理的规定，建立健全门卫、房屋、设备、消防、交通、食品、药物、幼儿接送交接、活动组织和幼儿就寝值守等安全防护和检查制度，建立健全安全责任制和应急预案，严格执行国家有关食品药品安全的法律法规，保障饮食饮水卫生安全；教职工必须具有安全意识，掌握基本急救常识和防范、避险、逃生、自救的基本方法，在紧急情况下应当优先保护幼儿的人身安全；将安全教育融入一日生活，并定期组织开展多种形式的安全教育和预防演练等。

对此，环创实践及其实施一方面要有效预防和消除安全隐患，如定期检查户外游乐设施设备安全完好特别是螺栓和连接处，清洁消毒操作材料，环创不能覆盖消防设施，不能影响走廊和楼梯的通行功能，须设置必要的警示或提示标识，活动区创设避开电线和插座等；另一方面，在确保幼儿人身安全的前提下，创设支持、鼓励幼儿不怕困难、敢于探究和挑战的游戏环境。幼儿园及其教师不能因为"安全"或"怕出事"而消极限制幼儿活动，而是要创设适合于幼儿发展的环境，使其自我保护能力得到有效发展和发挥，且有充分的活动自由。[1] 实践中的安吉游戏和利津幼儿园的做法为我们提供了有益的经验，富有野趣和挑战性的游戏环境在这里随处可见，不仅唤起了幼儿游戏的欲望，激发战胜自我的信心和潜能，磨炼幼儿的意志、挑战意识和能力，更使幼儿在活动中克服了胆怯心理、强健了体魄，使其身心变得更加强壮和坚毅。[2]

其次，营造和谐健康的精神环境。幼儿的安全及安全感不仅来自物质环境，更需要心理层面的关怀与支持。心理安全对于幼儿并非一个单纯的概念，而是多元的、关涉情绪情感的心理需求与体验，更多地体现在环境氛围及成人、同伴对待幼儿的态度和行为上。积极且有温度的态度与行为不仅能够给幼儿安全感，还能够满足其归属的需要。他希望帮助别人、给予他人友爱，也渴望得到别人的帮助、接受并获得他人的关爱；幼儿需要尊重，既希望自己有独立性和自信心，在各种情境和一日活动中胜任力所能及的事情，也期望得到同伴特别是教师的理解、信任和赞扬。需要是自勉动因、也是激励要素，因此和谐健康的心理环境既要创造并提供交往互动的机会，还要结合具体情境引导幼儿换位思考、学习理解他人的情感和行为，帮助幼儿建立基本行为规范和游戏规则，体会规则的重要性并自觉遵守。其核心是帮助幼儿建立平等和谐的师幼关系、友爱互助的同伴关系，建立一日生活制度和张弛有度、严慈相济的班级常规，进而形成安全、温馨的心理环境，促进幼儿健康和谐发展。

3. 符合幼儿身心发展特点和能力水平

环创必须符合幼儿的年龄特点及其发展水平。在面向全体幼儿创设教育环境的同时，还要考虑不同环创形式的供给，以满足个体或小组发展的需求。

一是符合幼儿年龄特点和发展水平。一方面，幼儿园教育环境有别于学校和其他教育机构，应基于对幼儿园及其环境的深刻理解来创设（参见第一单元第二讲二、三部分）；另一方面，创设符合某一年龄段幼儿身心特点及其能力水平的教育环境。例如：为小班提供符合其身体发育和身高特点的桌椅。活动区投放数量足够的同类、同种玩具或操作材料，满足平行游戏的需要；为大班创设思维导图

---

① 刘敏. 儿童游戏活动影响因素及其空间景观营造的研究[D]. 泰安：山东农业大学，2009：19.
② 王丽娟，沈建洲，王晓丽. 利津游戏经验的合理借鉴与反思改进[J]. 陕西学前师范学院学报，2018(1).

式的主题环境,支持幼儿深度学习,逐步养成积极主动、认真专注、敢于探究、乐于想象和创造的学习品质。

二是支持幼儿集体活动的开展。集体活动在幼儿一日活动中占据重要地位,环创要符合不同类别或领域的活动要求并发挥其支持功能。如生活活动的进餐环节,应准备安静有序、卫生整洁、习惯养成的进餐环境,桌面经过消毒清洁,餐具安全卫生、数量足够、功能完备、规格大小适宜、便于清洁消毒。食物温度适宜,使用食品夹或公用筷科学分餐,烫、菜、饭不混,备好餐巾(纸)和餐后漱口水等。组织幼儿安静有序入座,介绍餐点名称及食物所含营养价值。幼儿进餐时段不批评、不处理无关问题,区别照顾有不同需求的幼儿,指导幼儿进餐时细嚼慢咽、不说笑,餐后漱口、整理等,营造轻松愉悦的进餐氛围。长此以往,幼儿会逐步形成按时吃饭、坐定进餐,独立吃完饭菜,不说笑,不偏食,不挑食,不暴饮暴食,以及自我服务、相互帮助的进餐礼仪和习惯;在户外体育运动时,要结合具体内容与要求,检查运动场地和器材安全,准备活动材料。做到活动场地开阔、平坦,无碎石、树枝等,体育器械和操作材料数量充足,针对性、趣味性强,且安全、牢固,无破损,能够满足集体活动需要、保证活动质量。运动过程中,密切观察幼儿活动状态、进程和行为表现,特别是幼儿情绪与动作,既要鼓励幼儿的探索行为,也要教育幼儿注意动作安全、加强自我保护。

三是满足幼儿分组和个体活动需要。创设多样的区域环境与情景,满足不同组别的活动需要。一方面,创设多样性、可选择的游戏或学习的机会与条件,激发幼儿主动学习和探究的欲望;另一方面,不断改进和优化游戏或学习环境。如班级常设的活动区,幼儿与之持续互动一段时间后,其兴趣会逐步减退,需要教师基于观察并与其协商注入新形式、新内容,或补充、完善游戏规则,或调整原有材料或投放新材料,再次唤起幼儿的活动兴趣。

创设支持个体成长与发展的环境。如初入园的小班幼儿,受多种因素影响往往不会及时主动地饮水,就需要创设"今天你喝水了吗?""喝水更健康!"等小环境;基于大班幼儿情绪情感发展特点,要为他们创设诸如小木屋、小帐篷等令其独处或自我调节的环境空间。每个幼儿的成长都有各自的特点和发展进程,在沿着相似的轨迹发展过程中,个体的发展速度和到达某一水平的时间并不完全相同,这就需要教师掌握班级每位幼儿的个性特点、发展速度,创设多样化、可选择的教育环境,支持每个幼儿都获得应有的发展。

(三) 环境创设中的教师作用与要求

创设有准备的教育环境是教师的职责之一,也是《专业标准》对教师的执业要求。教师是环创实践中最为重要的人的要素,教育环境是否发挥预期作用、能否支持幼儿发展、调控是否有效等其关键在教师。可见,教师在环创中具有不可替代的重要作用。

1. 创设有准备的教育环境

第一,幼儿为本,环创符合并体现幼儿发展要求。幼儿是学习和发展的主体,环创要从幼儿兴趣、需求、经验出发,找准幼儿发展(情感、态度、能力、知识、技能等)与环境内容、形式的切合点,将有关物质和精神要素纳入教育环境之中,构建直接感知、实际操作与亲身体验的情境和环境。

第二,目标导向,环创符合并体现年龄段保教目标。在准备教育环境时,教师要根据《纲要》《指南》目标和要求,结合班级实际和幼儿最近发展区,拟定具体而明确的创设目标与实施方案,统筹相关物质和精神要素,赋予阶段性保教目标、承载具体保教内容,精心组织实施,使其成为课程的一部分。

第三,有效参与,环创体现幼儿的积极参与和师幼合作。幼儿的参与是有准备的教育环境的组成部分,其参与程度体现教师重要作用的发挥。及时有效的参与让幼儿成为环境的主人,能够引起他们的关注与投入,便于教师及时把握幼儿的兴趣点和知识经验的价值点,进而激发其好奇心和求知欲,增强自信心、集体责任感和荣誉感。

2. 及时有效调控教育环境

调整和控制是教师创设与运用教育环境的两个不同的侧重点。首先，根据保教目标和幼儿发展情况，教师通过有效的把关和环境控制，将优质资源组织到教育环境之中。这是教师保教观、环境价值观和扎实专业知识的体现；其次，在幼儿与环境的互动中，教育环境随阶段目标的变化而变化，随幼儿的兴趣、关注点和能力的变化而变化，这就需要教师基于观察与分析，不断调整或平衡教育环境，使之始终处于支持幼儿的最佳状态。这是教师儿童观和专业能力的体现。如果说创设有准备的教育环境是教育性和游戏性特点的体现，那么教师对教育环境的有效调控则是给定性和可控性特点的体现。

环创实践中的调整和控制包括明确环创意图、确定具体目标与手段、选择适宜内容与资源、明晰互动与策略、反思评价与持续改进等基本环节。

3. 挖掘利用生活和周边环境中的资源

教师要树立开放的、合作的教育环境观。幼儿园能够为幼儿提供的教育环境是有限的，教师作用的发挥也不能囿于幼儿园，而是要主动利用家庭、社区环境中的资源，开展丰富多彩、扎实有效的社会实践和共育活动，拓宽、延伸幼儿的视野和学习空间。如带领幼儿到有关场所或环境中，在具体情境和氛围中认识不同职业的人、生活中人与人、人与自然的关系，感受大自然和社会的美好与变化，丰富幼儿的经验和体验；在门厅设置"寻宝箱"，方便家长将闲置的、废弃的材料清洁干净带到幼儿园，支持幼儿的探索和操作活动等。

总之，准备环境、调控环境和利用环境，是教师在环创中的重要作用。环创实践中各种物质和精神要素的组织、资源选择与情景设置、师幼与同伴关系，以及幼儿与环境的互动、互动过程中的引导与支持等，都是在教师的遴选、重构、优化和组织指导下进行的，没有教师作用发挥的教育环境其价值会大打折扣。

三、幼儿园教育环境创设的策略和方法

从课程和实践层面看，环创是一个综合性系统工程，不仅需要相应的保教理念、专业知识和实践能力，还需要一定的表现手段、实施策略和方法，并与环境的形式、内涵相匹配。

（一）物质环境创设基本策略与方法

幼儿园物质环境留存时间有长有短，有相对稳定的也有不断发生变化的，其表现形式和功能价值等呈现方式不尽相同，实施策略与方法有别。

1. 相对稳定的整体环境创设策略

主要涉及园舍建筑、地面、设施设备、体育和游戏场地及其器械、景观雕塑、绿化等，以及集体活动（体育运动）区、器械设备区、景观区、种植养殖区和绿化区、绿化带的规划与安排。通常，户外环境的整体规划、功能区划、器械设备安排等，都是按照国家有关标准与要求而进行的。由于留存时间相对较长且稳定，无需教师过多考虑和实施，但在整体规划之初或进一步优化过程中则需要教师的深度参与。例如：体育和游戏场地的规划创设，首先应满足幼儿开展体育活动、户外活动的需要，不仅要有足够的面积，还要有设置 30 m 直跑道等场地。其次，按照幼儿运动范围和活动量大小、动静程度等，相对划分运动和器械区域；依年龄段划分游戏区、特别是小班应有自己相对独立的区域，避免活动中冲撞和相互影响，排除干扰因素和安全隐患；场地中的器械、设备等应由竹木、塑料、钢铁、纤维等多种材料构成，在满足幼儿肢体动作和身体发展的同时，让他们获得多种感知觉经验。又如，幼儿园的树木种植并非只是为了绿化环境，其重要功能在于局部环境的改善，为幼儿的户外活动提供遮阴条件或纳凉之处。沙水池就适宜设置在树荫下，以避免夏日活动的幼儿直接暴露在阳光下。当然，幼儿喜爱的主题雕塑、小桥流水、树屋廊桥等富有童趣、清新别致的小景观和游戏场所等，也需要教师的具体建议

和参与。

需进一步明确的是，一方面，这是整体育人环境的组成部分，会保持较长时间，创设时应结合所处区域、气候、地形和园所具体情况充分酝酿设计，并考虑材质和材料使用；另一方面，尽管上述环境少变化但并不意味一成不变，它会伴随经济社会的发展、幼儿园及幼儿发展，以及课程改革、园所文化积淀和教师专业发展而发生变化。因此需要教师重点把握统筹规划、合理布局，功能齐备、体现支持的实施策略。

图 3-25　相对稳定的环境创设

图 3-26　多变化的环境创设

2. 多变化的局部环境创设策略

涉及门厅、走廊、功能室等公共区域和班级活动单元等场所，主要是主题墙、活动区等环创变化频率较高、存留时间相对较短的局部环境。

在实施策略上，要从幼儿年龄特点出发，创设符合其认知和审美需求、温馨而安全的、支持幼儿发展的教育环境。其内容形式、方法手段要与幼儿身心发展特点和教育目标相匹配、相一致。比如：一些幼儿园走廊的天花板上挂满了各种吊挂装饰，可谓琳琅满目，岂不知过多的装饰既影响通行又会造成一定的视觉污染。事实上，走廊之所以创设必要的吊挂，是为了弥补身型矮小的幼儿与走廊空间的高度差。悬挂高度和数量适宜、错落有致，且形式、内容与幼儿认知和审美特点相匹配的小挂件，既能消除幼儿行走其间的紧张感或焦虑感，还能平添些许灵动，杂而多则适得其反；活动室的材料柜、桌椅摆放也会因具体教育活动、活动区创设及材料投放而发生变化，甚至每一天都会根据学习和游戏活动目标、内容、幼儿发展来做调整。这就需要教师重点把握保教兼顾、彰显价值，内外兼修、促进发展的实施策略。

图 3-27　适合于室内的水粉装饰

图 3-28　用泰迪熊装点环境

图 3-29　用折纸粘贴创设环境

图 3-30　适合于室外的丙烯装饰

在具体方法上，公共区域中统一而富有变化的室内色彩体系，应以简洁明快、温馨典雅的装饰风格呈现，墙壁、天花板可适当点缀挂件或吊饰；活动室主题环创、温馨提示（饮水、天气、更衣）制作、教学情景设置、教学挂图、寝室、盥洗室、卫生间的生活习惯养成与引导图示等，都需要色彩的构成与调和、构图与布局、形象设计与造型，以及绘制、印制、切割、重构、粘贴、吊挂、结绳等绘画、手工和绘画与手工相结合的表现方法来处理。[①]

教育环境的稳定与变化是相对的，即便是留存时间较长且相对稳定的环境，其局部或细节也需要教师的补充与完善。如班级活动单元墙体立角、卫生间踏步、材料柜的护角处理，大型游乐设施摆放及其位置调整，种植区、养殖区或绿化区创设等，都需要教师直接实施。当然，环创的重点还是班级活动单元。

（二）精神环境营造基本策略与方法

幼儿园能否成为放飞幼儿心灵的精神家园、身心健康发展的乐园，主要取决于教师及其良好集体和精神氛围的营造。

1. 围绕保教目标营造精神氛围

目标是对活动预期结果的设想，是激励人为之进取的动力，并为实践指明方向。目标导向理论认为，要达到任何一个目标都必须经过目标行为来实现，而要进入目标行为又必须先经过目标导向行为来设计、选择和寻找目标。[②]　每年的入园季，多有新入园的小班幼儿哭闹不止，受其影响其他幼儿也会与之呼应。对此，有经验的教师往往会将激发幼儿上幼儿园的积极情感、适应集体生活、愿意亲近并向老师表达自己的诉求等，作为新入园幼儿的阶段性保教目标。这样的目标选择与确定无疑是准确而切合实际的，且直奔分离焦虑和新环境适应的主题。就其目标的达成，教师会在必要的安抚、疏导基础上，创设有准备的温馨环境，营造"家"样浓郁的类家庭气息，让新入园幼儿从中感受如"家"般、"父母、兄弟姐妹"一样的温暖、关爱和互助氛围。

目标导向行为是一个不断选择、确立和实现的实践过程。当一个目标实现后，还应根据幼儿的表现和发展水平，适时寻找、设计新的或更高的目标，创设相应的教育环境，并与幼儿一起进入一个新的目标导向过程，共同保持一种积极向上的精神状态，从而使幼儿的情感、动机等强度维持在较高水平。

2. 建立良好的师幼关系

师幼关系是在一日生活和交往过程中形成的较为稳定的人际关系，是幼儿园精神环境和关系要素中最为重要的因素，也是影响保教质量的关键性因素；师幼交往是彼此相互倾听与理解，以唤起自

---

① 具体造型手段、表现方法不再赘述，详见复旦版《幼儿教师美术技能训练》和《手工基础教程》《手工应用教程》等。
② 高昊. 目标导向的应用经济学课程体系建设[J]. 读与写（教育教学刊），2016(8).

身对于生命的认知与理解，进而更好地呈现生命的精彩。师幼交往及其良好互动关系的建立，首先需要教师尊重、鼓励、体会和宽容每个幼儿，并使整个过程充满温馨和阳光。唯有如此，教育才能呈现其真正的意义，师幼关系才能在轻松和谐的氛围中得到升华。^① 其中，教师的榜样和示范至关重要，应做到举止端庄、语言文明、态度和蔼、动作轻柔、行为世范，以亲切自然、真诚相待、接纳尊重的态度与幼儿建立交往关系，彰显师德理念与教师的职业素养。同时营造合作尊重、礼貌友善、阳光和谐的育人氛围，形成互相关心、帮助支持、友好谦让，以及接纳、尊重与自己生活方式（习惯）不同幼儿的集体氛围。如此，幼儿会在教师态度和良好氛围的熏陶中，积极主动地朝着教育目标所指引的方向发展。

具体到实践层面，一是教师要建立尊重、信任、支持幼儿的情感态度和行为。尊重幼儿就是尊重生命主体地位和个性差异，表明对幼儿最本质的态度、对职业的理解。理解与接纳是尊重、信任和支持的前提，是师幼交往的基础，是幼儿社会性发展的基本条件。教师要为幼儿创设理解、接纳自己和他人的环境氛围，鼓励幼儿表达自己的情感态度和行为，允许幼儿发表不同于他人的观点、想法和要求；二是创设多元化、多形式的师幼互动机会与条件。师幼交往绝非说教，或者说单纯地语言交流并非师幼交往的全部或最为有效的途径。不同境况下，教师用肢体接触、表情（微笑、注目、抚摸，肯定或制止的手势、眼神），表达对幼儿的关注、接纳、抚爱、鼓励、不满、希望停止当前行为等，会让其对教师的情绪状态、自己的行为表现有明确的自我认知和体验，并在理解、信任的关爱氛围中由衷地接受教师所传达的信息。

3. 建立友爱互助的同伴关系

良好同伴关系是幼儿赖以成长的心理要素和基本条件，对于形成自尊、自信、活泼开朗的性格，促进心智和社会性发展具有不可替代的作用。一是在一日生活中帮助幼儿学会与同伴相处，形成交往能力。引导幼儿建立常规意识并遵守规则，学习、体验必要的交往技能。如个体想要参与同伴游戏、加入小组活动，就要学会使用礼貌用语进行有效沟通，在正确表达自己的观点和诉求的基础上，理解同伴的想法和要求。对此，教师可通过一日生活中的各环节，在合作、分享、谦让、有序的环境氛围中，帮助幼儿学习、掌握交往的方法和行为准则，发展交往能力；二是创设良好的同伴交往环境，关注交往质量。一方面，在帮助幼儿学习交往的基础上，通过自由游戏、角色表演、混龄游戏、以大带小等多种途径和策略，提高交往的频率和密度，使其在活动中实践、巩固和发展交往技能；另一方面，基于具体情境重点关注交往质量。鼓励幼儿通过同伴间的自由组合或有目的的邀请，将不同个性特点的幼儿组织在一个游戏活动或小组之中，引导幼儿相互交流，帮助其学会发现、感受同伴在团体中的作用，增进同侪间的相互了解和友谊；鼓励性格内向、交往困难幼儿主动参与喜欢的活动，还要支持交往能力强的幼儿主动与之交往，得到更多的交往机会和友谊，激发参与活动的信心和愉悦的交往情感，感受到同伴交往、合作互助的乐趣，使自己与同伴的互动行为、伙伴关系得到保持和发展，形成相互关心、友爱互助的班级氛围。

此外，教师与同事、家长建立融洽的合作育人关系，也是精神环境创设的有效策略。从班级工作来看，不仅需要教师、保育员的协作，还需要园长、保健医和家长的支持与配合，沟通交流效果会事半功倍。从教师个体及其专业要求来看，与同事合作交流、与家长沟通合作，分享经验和资源，共同促进幼儿发展，既是保教工作需要，也是《专业标准》对教师的要求。因此，教师要将精神氛围及其营造过程视为与生命的对话过程、促进过程和合作育人过程，并以科学的尺度、人文的尺度和艺术的尺度来检视、改进交往沟通质量，不断提升交往沟通能力，促进自身专业发展。

综上所述，如果说物质环境创设需要以绘画、手工、设计等实操性、手段性和艺术化的方法和实施策略，那么精神环境营造则更多地用到学前儿童发展、幼儿认知与学习、有效的观察与分析、教育诊断与幼儿心理健康指导等理论性、技术性、指导性和支持性的实施策略与方法。这里既要求技术性与艺

① 焦依平，朱成科. 生命哲学视域下对师生关系的反思及重建[J]. 现代教育科学，2017(9).

术性的统一、内容与形式的统一、过程与结果的统一，更强调二者的互溶互通和系统整体，即物质与精神的统一。

思政论坛

主题：幼儿园教育之中国方案

内容：习近平.坚定文化自信，建设社会主义文化强国；"安吉游戏"的理念及其环境特点与中国文化；幼儿园教育的中国道路，在建构具有中国特色的高质量幼儿园教育实践体系中，学前教育专业师范生的新使命、新责任、新成长。

形式：课堂讨论、主题发言、"课前五分钟"、优秀毕业生宣讲，主题党、团活动。

思考与实践

1. 分组讨论下列问题，并择其2～3完成个人书面作业。

环节一：就行为主义学者奥兹门和克莱威尔在教室环境中的行为塑造流程，设计小班幼儿一日生活中"排队"习惯养成的教育环境创设方案；杜威主张教育以幼儿为中心，强调生活化、合作性与游戏性的学习，据此如何创设大班角色扮演区；如何理解人本主义"开放的教室"；结合幼儿园实践，阐述建构主义教育环境的具体内容；依人智学教育环境要求，怎样创设混龄教育环境；以中班"我"为主题，设计八大智能主题教育网络，并附与之相匹配的活动区创设说明。

环节二：保存本次作业，待完成第六单元的学习后，结合实训反刍作业，并就理论联系实际进行反思与改进，以达到逐步理解内化和持续学习的目的。

2. 结合幼儿发展目标和兴趣，谈谈你对美的形态的认识与理解，并对美的教育环境创设作书面回应。

3. 以有效的参与式、世界咖啡等学习方式，围绕教育环境创设经验借鉴、本土化，对蒙台梭利、华德福、瑞吉欧、高宽课程等模式或实践（结合在相关幼儿园观摩情况）进行讨论，形成小组书面作业；收集有关安吉游戏的文献资料和实践案例，梳理归纳其环创特点与作用，并完成个人书面作业。

4. 解释幼儿园教育环境创设原则，并用实例加以说明。

5. 简述幼儿园教育环境创设策略。

6. 论述教师在幼儿园教育环境创设中的重要作用，并结合已有体验举例说明。

资源文献

坚定文化自信，建设社会主义文化强国

第四单元

尽心竭力点亮童心

学习目标

1. 能够运用相关心理环境理论对环创实践某一环节或案例进行初步的综合性分析；

2. 在学习幼儿园心理环境概念和特点的基础上，理解良好心理环境营造对幼儿发展的积极影响和作用；

3. 重点理解并能够结合实际剖释幼儿园心理环境构成要素，特别是教师在心理环境创设中的作用；

4. 理解心理环境创设的原则，掌握心理环境创设要点并能够具体运用于保教实践。

案例导入

营造宽松愉悦的心理环境①

保教实践中，一些教师高控制、高约束，幼儿高服从、高依赖的师幼互动现状，给幼儿带来的是处处布有坚固框限的心理与行为空间，不利于幼儿主体性的发挥和健康发展。在《感受春天》的教育活动中，教师带领幼儿到真实的大自然环境中去寻找春天，感受春天花、草、树木的变化。当幼儿看到鲜艳的花朵、碧绿的小草、嫩绿的叶子时，与大自然亲近的情感油然而生。在这里，幼儿可以自由观察、自由讨论、自主选择，探索的积极性格外高涨，主动地与自然环境、同伴、教师相互作用，其主动性和创造性得到了有效发挥。基于此，幼儿对春天的感受也各不相同，有的说春天像一幅好看的画、有的说春天像一块好吃的蛋糕。无论幼儿用怎样的语言表达对春天的感受，教师都以一种平和的心态接纳它、观察它、研究它，再用幼儿能够理解的、支持发展的方式作用于幼儿，而非以对不对、好不好的标准去衡量或框限幼儿的表征。

活动中的教师以放手的态度给幼儿营造一个宽松而又充满愉悦感的心理环境，允许他们有按照自己意愿进行活动的自由和选择的权利，使幼儿产生积极主动的活动欲望，这也是有质量师幼互动的基础与前提。当教师学会用一种开放、接纳的心态观察、研究幼儿时，一定能够发现一个充满童趣的美妙的童心世界，进而有效支持其健康发展。

相对于物质环境而言，心理环境会使幼儿基于所处环境产生某种心理感受或情感体验，对幼儿的影响意义更加重大和深远。一方面，心理环境是一种真切感受和亲身体验，具有显著的个体性和情感

① 孙月芳. 浅谈启动和谐的师幼互动应注意的几个问题[C]. 国家教师科研基金"十一五"阶段性成果集(安徽卷). 2010.

性特点,且在更多的时候幼儿不能像成人那样准确描述自身的感受和体验;另一方面,较可见的、直观的物质环境,心理环境有时看不见、摸不着,容易被忽视。即使幼儿对某一具体环境氛围有所反应,往往会被认为"太过敏感"或"心理承受能力差"。可见,心理环境及其质量关系到幼儿心智、交往水平、社会性发展和社会适应能力的形成,对幼儿的发展具有十分重要的意义。

第一讲　心理环境及其相关理论

《规程》要求,幼儿园应当关注幼儿的心理健康,注重满足幼儿发展的需要,保持幼儿积极的情绪状态,让幼儿感受到尊重和接纳。对此,教师要树立正确的健康观,不仅关心幼儿身体健康,还要重视幼儿心理健康。创设和谐的人际环境,让幼儿充分感受到亲情和关爱,形成积极稳定的情绪情感;建立良好的师幼和同伴关系,让幼儿在集体生活中感到温暖、心情愉快;营造温暖、轻松的心理环境,让幼儿形成安全感和信赖感;教师应成为幼儿学习的良好榜样。

一、心理环境的概念

心理环境是指人脑中对人的一切活动产生影响的环境事实,即实际影响一个人发生某一心理事件(行为)的事实。这是美国心理学家勒温在拓扑心理学研究中,为准确、具体分析一个人在特定情境中的行为而提出的概念。

具体到教育领域,心理环境可以理解为:个体所接触的对其心理能够产生实际影响的一切外部信息和事件的总和。那些对个体具有实际影响作用的信息和事实(事件),存在于个体所处的人际关系和交往氛围之中。在幼儿园,尊重、信任、温暖、积极的人际环境有利于幼儿心理健康发展;紧张、不安、孤立、消极的人际环境,则会引发幼儿精神压抑甚至心理创伤。其中与尊重、信任或紧张、不安等相关的外部信息或事件等,就是产生实际影响作用的事实。所以,创设尊重、信任的心理环境,营造接纳、温暖的心理氛围,不仅需要教师对其专业性和独特性的认同,具有良好职业道德修养和专业实践能力,更需要扎实的专业知识和保教实践积淀来支撑。具体而言,保教实践中的"小学化""成人化"、无视幼儿学习特点和学习方式,以及漠视、冷淡或忽视幼儿心理感受的保教态度与行为表现等,不能完全归咎到教师职业道德层面,其中保教知识和相关心理环境理论的缺失或不足,也是导致教师不良保教行为发生、影响幼儿身心健康发展的重要原因。

二、心理环境相关理论

(一)拓扑心理学

勒温将拓扑学的概念、研究方法运用到在整个物理和社会关系中研究人的行为。其著名的公式 B = f(PE) 是说:一个人的行为(Behavior)是其个性(Personality)和当时所处环境或情景(Environment)的函数,是个体与环境相互作用的结果。人与所处的环境是两个相互关联的因子,个体行为随人与环境两个因素的变化而变化,其中任何行为及其变化、行为方向均取决于个体内部与环境的相互作用。他用"心理生活空间"这一核心概念,表达"决定个体在某一时间里的行为的全部事件的总和",将人和整个环境描述为同一情境,即某时刻决定个体行为的全部事实或伴随他存在的环境。这里的事实和环境主要指心理环境,而非单纯的物理环境,并且心理环境并不仅限于个体意识到和了解的环境,也包括个体没有意识到或了解的但却对其行为产生影响的事实。[1][2]

他进一步以"实在的有影响的"作为标准,从三个方面来界定心理生活空间的内容:一是准物理事实,但并非将物理学所称的整个物理世界及其"客观"特点都包容在心理生活空间之中,而是以对个体当时状态产生影响的事实为限,也就是对个体当时行为能够产生影响的环境;二是准社会事实,即社会学所称的客观社会事实,一种对个体当时行为能够产生影响的社会环境或心理事实;三是准概念事实,除准物理的和准社会的事实外,准概念事实也是心理生活空间的重要组成部分,主要指个体在思想认识上所形成的某事物的概念对行为的影响(可能与事物的真正概念存在差异)。[3] 之所以用"准事实"来描述,是说影响个人行为的事实并非客观存在的全部事实,而是在一定时间和具体情境中实实在在的、对行为产生影响的那一部分事实,而且这部分事实有时可能与客观存在的事实相吻合、有时则可能不吻合。

综上所述,个体的任何行为或发生在心理场的变化均取决于那一刻的"心理场",[4]其行为方向则取决于内部与环境因素的相互作用,其实质是心理生活空间各个区域的不断丰富与分化,并朝着多个层面展开,意味着个体与环境相互作用及其结果。换言之,个体所处环境越丰富、指向越具体,其心理场的范围就越大、层次也越广,行为方向和目标方向越明确,所获行为经验也就越丰厚。在幼儿园,幼儿的生活空间就是他生活、游戏和学习的全部事实,既包括个体意识到的能否得到喜欢的玩具、是否可以做自己喜欢做的事,以及行动是否自由等客观事实,也包括个体没有意识到或不能确定的,教师的情绪状态、保教态度与行为、同伴对待自己的态度与行为,以及他们是否喜欢自己等心理事实。比如:一个游戏中的幼儿知道老师在看他或不看他、关注他或不关注他,那么,他的行为会随之而不同,或者说他的行为表现有时可能会不一样。可是我们不能假定这个老师是否注意他的事实存在于该幼儿的意识之中。保教实践中,教师应结合幼儿已有经验,创设适宜的"心理生活空间",在有效观察和分析的基础上,通过表情、眼神或肢体动作等,对个体某一时刻的行为表现给予支持、肯定或制止,或通过玩具、操作材料等物理事实施加影响,那么他的行为方向和目标方向就会愈加明确和清晰。

(二)需求层次理论

美国社会心理学家马斯洛需求层次理论是行为科学的理论之一。他将需求分为生理需求、安全需求、情感和归属需求、尊重需求、自我实现需求五个层次,依次由低层次到高层次排列。其中,生理需求指食物、水、睡眠等基本需求。只有最基本的需要得到满足,其他需要才能成为新的激励因素;安全需求指人身安全、健康保障,以及心理上和所处环境的需求。也就是说整个有机体是一个追求安全的机制;情感和归属需求指爱与被爱,包括同伴、他人的接纳与认可,以及情感归属的需求。在满足生理和安全需求的基础上,个体希望与他人建立一定的人际关系,得到关心与关爱,并且情感需求比生理上的需求更加细腻;尊重需求指个体自我价值肯定、自尊心的满足并获得他人的认同。个体在成长过程中需要自我接纳、自信、自爱和自我尊重,被他人尊重,对社会充满热情,并体验到自己的价值;自我实现需求指道德、自我觉悟、创造力和问题解决能力,以及理想、抱负、潜能发挥等。个体要成为理想中完整的人,需要做与自己能力相称的事情,才会使自己感受到最大的快乐,并通过努力使自己成为所期望的人。在五大需求中,只有当个体低层次需求得到满足后,才会转而寻求较高层次的需要,进而追求真、善、美,最终导向完美人格塑造。获得或满足五大需求的个体,在人际关系、社会智力和

① [美]阿瑟·S·雷伯.心理学词典[M].李伯黍,等译.上海:上海译文出版社,1996:314,457,886.
② 杨鑫辉.西方心理学名著提要[M].南昌:江西人民出版社,1998:121—122.
③ 同上书,123.
④ 场表示整体环境,包括个人和所有有意义的他人,逐渐成为生活空间。[美]阿瑟·S·雷伯.心理学词典[M].李伯黍,等译.上海:上海译文出版社,1996:314.

全人发展等方面会有较好的表现。①②

当幼儿在生理和安全需求得到满足后,有情感和归属、尊重的需求,进而追求知识经验和审美、自我价值体现。这也是心理环境营造的依据。如教师面对初入园的幼儿,首先要给予他生理和安全上的呵护、关怀与满足;给予认可、关注、理解与尊重等情感上的支持和勉励,建立信任感和良好师幼关系,让幼儿适应新环境。在此基础上,接纳幼儿成长过程中的试错或不当言行,积极鼓励幼儿的互动与探究行为,获得爱与被爱、自我觉悟和成功体验,在充满爱与尊重的集体环境中,发展勇于探索、主动学习、不畏困难、乐于助人、有责任感的个性和行为。当然,教师的言传身教、规律的生活作息、有序的集体环境氛围、适时地给予幼儿能够独立完成的任务(同伴互助、材料整理)等心理支持,对幼儿日后成为自我实现、对社会有贡献的人,同样具有重要的价值和意义。

图 4-1　轮流值日

图 4-2　协商合作

图 4-3　照护种植角

图 4-4　有序排队

（三）格式塔心理学

格式塔心理学(完形心理学)侧重于环境对个体发展的影响研究,对环境和行为的内涵进行了新的思考:人的行为主要受环境影响和制约,既强调环境的影响,又重视人对环境的知觉态度,并从直接经验和行为研究入手,强调经验和行为的整体性,整体大于部分之和。直接经验是主体当时感受或体验到的一切,即主体在对事物或现象的认识过程中所把握到的经验;行为是一种"场"或在某一行为环境中的活动,受行为环境的约束。其代表人物考夫卡在《格式塔心理学原理》一书中,将场分为环境和自我两大系统,环境是自我的环境,自我是环境里的自我。他将环境划分为地理的环境(独立于人而

① 魏美惠. 近代幼儿教育思潮(第三版)[M]. 台北:心理出版社,2014:345—346.
② 庄耀嘉. 马斯洛-人本心理学之父[M]. 台北:桂冠图书出版社,2004:55—65.

存在的自在的环境，是外在的、间接的）和行为的环境（被人所觉知和理解的环境，是内在的、直接的），以此说明心理、行为和环境之间的关系。同时将行为分为细微的行为和显明的行为，前者是有机体内部的活动，后者是一种行为环境中的活动。行为被整个心物场的各种性质，以及自我活动结构和心物理环境结构所决定，也就是行为问题实际上转变为自我与场之间的大完形的变化问题，及其副系统之间的关系所经过的变化，[①]以此强调主动的理解，而非被动的反应。

这一理论对心理环境营造的启示在于，为幼儿提供各种互动和交往的情境，树立教育环境创设的整体观和幼儿健康发展的整体观，让幼儿通过实际操作、直接经验来认识理解环境、建构意义，支持发展。例如：室内外环境及其布局、结构、功能、色彩，教师的保教态度与行为，同伴交往及其互动意愿，家园共育平台与途径，餐点的营养搭配等，这些都是构成心理环境的因素，也是幼儿园整体环境的构成部分，幼儿正是从其中的一点一滴对幼儿园及其教师、同伴产生基本认知的。同时强调，幼儿主动认识和理解所处客观环境，及其对环境的心理感受、经验把握、归属感的重要意义。

相关心理学理论和研究表明，心理环境在个体心理发展过程中极具重要价值。机能主义心理学强调心理意识是有机体适应环境的工具，认知、行为是个体适应环境的手段，所以关注个体与集体关系的研究，主张学前教育环境应基于幼儿理想的、积极的、纯洁的成长而创设；新行为主义心理学认为，人的一切行为都是在后天环境影响下形成的，坚信任何行为都可以在严格控制的教育环境中形成和改造。人格塑造的主要方式就是创设特定的成长环境，并据此提出了一系列关于强化与控制行为的原理，从而更充分地利用环境来塑造人的行为、习惯与态度；精神分析理论尤其是新精神分析理论认为，人格发展的动力是个体与他人之间的相互关系，幼年的生活经验和人际关系、心理环境，对其一生的心理和人格发展极具影响力，进而强调亲子关系、依赖信任、温暖和谐的幼年生活环境和心理环境，对健康人格的形成具有重要作用；环境决定论者认为环境决定性格、决定行为、进而决定命运，特别是幼儿期习惯的形成通常受后天环境的主宰，确信后天的生活经历和环境对其发展所起的决定性作用，所以更加关注幼儿期的成长环境及其调整。

上述心理环境理论和研究表明了生活空间、人际交往、态度行为、直接经验、环境改造等，对幼儿成长和发展的重要作用，对幼儿园心理环境创设的意义。需进一步指出的是，理论学习与借鉴并非照单全收，其中的有关理论或观点也有受到质疑或挑战的，如环境决定论在强调环境对人的心理发展具有决定性作用的同时，不仅夸大了其功能，也忽视了人对环境的能动性。因此，学习过程中应充分发挥独立思考和批判性思维能力，结合幼儿心理发展特点、学习特点与学习方式，将重点放在良好心理环境营造和精神乐园的打造上。

第二讲　幼儿园心理环境及其创设

良好的心理环境不仅对幼儿身心健康成长具有支持和促进作用，也有利于教师心理健康和专业发展，对于幼儿园的内涵发展具有重要价值。

一、幼儿园心理环境与幼儿发展

幼儿正处于心理发展的关键期，良好的心理环境能够为幼儿提供一个安全温馨、健康快乐、支持发展的心理氛围，确保幼儿生命安全和健康成长，从而实现全面发展的保教目标。

---

① 杨鑫辉.西方心理学名著提要[M].南昌：江西人民出版社，1998：108—110，115.

（一）幼儿园心理环境及其特点

1. 幼儿园心理环境

依据勒温拓扑心理学理论，幼儿园心理环境是指存在于幼儿园的，对幼儿心理产生作用的一切心理因素和行为事实。包括人际关系、精神氛围、园所文化、保教态度与行为等，其中围绕幼儿所构成的人际关系、教师的保教态度与行为是主要因素（参见第二单元第一讲二、三部分）。

幼儿园心理环境虽然没有明确的存在形态，但广泛地存在于幼儿在园一日生活的全部空间和时间，影响身处其中幼儿的认知、情感态度、个性和社会性发展等诸方面，加之保教对象的特殊性，其影响重大而深远。

2. 幼儿园心理环境的特点

幼儿园心理环境具有隐蔽性、复杂性等特点。

（1）隐蔽性。较其他场所，幼儿园心理环境具有一定的隐蔽性。首先，这是由保教对象的幼稚性及其所处环境的相对封闭性决定的。幼儿心理处于发展敏感期，思维具有直觉行动性，控制和调节心理活动与行为的能力有限，情绪、行为易受外部事物或环境的影响，加之受语言表达和理解能力的限制，即使受到外部事物的影响也往往不能准确言表或理解，而且这种影响在更多的时候非集体成员往往是不可见、不可感的；其次，是与之朝夕相处的保教人员和同伴间的潜移默化，无论是正面的还是负面的影响都具一定的潜在性。因此在心理环境创设中，需要教师充分发挥榜样示范作用，建立良好的师幼、同伴交往关系，让幼儿感受到安全与舒适、温暖和愉悦，以此影响幼儿的认知和行为。

（2）复杂性。幼儿心理发展的不平衡性和个体间的差异性，以及影响因素的多元性构成了幼儿园心理环境的复杂性。一方面，幼儿的心理发展是一个持续、渐进而复杂的过程，其进程不是千篇一律的，个体间的发展速度和到达某一水平的时间也不相同；另一方面，影响幼儿心理发展的因素是多方面的，不仅需要调动或整合幼儿园、社区和家庭教育资源，处理好师幼、同伴、同事之间的相互关系，还要有明确的办园理念、班级秩序与规则，建设具有良好职业道德、执业态度和行为的保教团队，形成共育合力，创设富有教育意义、良好班级氛围的心理环境。

此外还具有影响幼儿情绪情感、个性和自我发展的深刻性，以童年经历为诱因的给未来生活带来影响的持久性，以及影响幼儿方方面面健康发展的广泛性特点。

（二）幼儿园心理环境对幼儿发展的影响

良好的心理环境有利于幼儿情感、认知、人格和社会性的发展。

1. 有利于幼儿情感发展

心理环境直接影响幼儿是热情、快乐的抑或是消极、悲伤的情绪情感。长此以往甚至会影响幼儿未来会成为一个充满热情而乐群向上的人，还是成为一个态度消极、冷漠孤僻的人。教师亲切和蔼的保教态度、耐心细致的保教行为，能够满足个体爱与归属的需要，有利于幼儿情绪稳定，能有效缓解幼儿的负面情绪，帮助幼儿树立自信心和求知欲；有利于良好保教文化与氛围的形成，有助于幼儿感受快乐情绪、传递幸福情感，体验集体生活的乐趣。

2. 有利于幼儿认知发展

幼儿是主动的学习者，他们"有吸收力的心灵"，好奇、好问、好探究，且十分敏感。当幼儿处于信任、尊重、支持的心理环境中，就能激起自主性和创造性；当他们的探究行为得到关注、困难得到克服、疑问得到解决，就能有效激发深度学习的动机，进一步对生活和环境充满好奇心、探究欲，愿意了解认识更多的事物，参与各项活动，促进认知发展，形成良好学习品质。

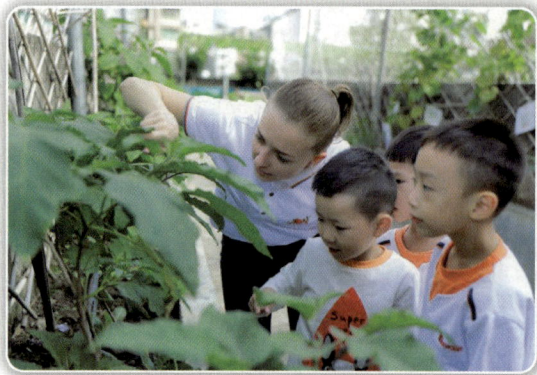

图 4-5　共同探究

图 4-6　鼓励支持

3. 有利于幼儿健康人格塑造

人格的核心是自我意识,是个体在社会化过程中逐渐形成和发展起来的,是一个从无到有、从低级到高级逐步发展的过程。发展过程中如果受不良环境因素影响,会使自我意识出现偏差,导致人格发展不良。3~6岁幼儿处于自我意识发展关键期,对自我的认知、体验和控制依赖于他人的评价和反馈。幼儿园是幼儿第一个集体生活的重要场所,教师如何评价或营造怎样的班级氛围,对幼儿自我意识的形成和发展具有重要意义。在宽容、和谐、安全、充满爱和肯定的心理环境中,幼儿会形成自信、乐观、开朗、热情、主动的个性品质;反之,处于紧张、压抑、呵斥或否定的心理环境中,则容易出现自卑、焦虑、孤僻、消极等个性特征。

4. 有利于幼儿社会性发展

社会性是个体进行社会交往、建立人际关系,理解、掌握和遵守社会行为准则的心理表现。幼儿园心理环境影响幼儿人际关系及其未来社会关系的建立。开放民主、公平公正、接纳包容的心理环境会让幼儿愿意与他人交往,乐于互助、客观分享、团结协作,进而表现出更多的亲社会行为。尤其是与教师、同伴的交往体验与经验,对于提高幼儿社会适应能力、习得社会行为规范等,具有实践性指导意义。

二、幼儿园心理环境构成要素

幼儿园心理环境体现在幼儿生活、游戏和学习过程,同伴间、师幼间、家长和同事间的交往过程,以及幼儿园文化风貌、班级气氛营造等过程中。根据其构成要素,这里从教师素养、人际关系和幼儿园文化三个主要影响因素展开分析讨论。

(一) 教师素养

《纲要》指出:教师的态度和管理方式应有助于形成安全、温馨的心理环境,言行举止应成为幼儿学习的良好榜样;幼儿园教师资格考试大纲要求:要"了解心理环境对幼儿发展的影响,理解教师的态度、言行在幼儿心理环境形成中的重要作用"。如班级心理氛围是接纳的还是拒绝的、放手的还是高控的、积极的还是消极的等。可见,教师作为关键性因素成为心理环境创设的主角、特别是班级心理氛围的营造者。

1. 专业理念与师德是心理环境创设的基础

《专业标准》提出,教师应具备"幼儿为本、师德为先、能力为重、终生学习"的基本理念,深刻理解保教工作的意义,热爱学前教育事业,具有职业理想、敬业精神和良好职业道德修养,为人师表;充分尊重幼儿的权益,关心、关爱幼儿,尊重、理解、支持、鼓励和赏识幼儿,遵循幼儿身心发展特点,发挥教育机智,为幼儿提供适宜的教育环境。只有具备这些保教理念和职业素养,教师在心理环境营造过程中才会自觉践行以幼儿发展为中心,理解幼儿保教工作要义,并通过自身言行举止及行为,为幼儿营造健康、积极向上的心理环境。

2. 专业能力和教育机智是心理环境创设的保障

《专业标准》对教师专业能力的基本要求之一是"环境的创设与利用"。如何建立良好的师幼关系,帮助幼儿建立良好的同伴关系,让其感到温暖和愉悦;怎样在一日生活中建立班级秩序与规则,让幼儿感受到安全、舒适,营造良好的班级氛围等具体要求,直接考量教师的专业能力。

教师在与幼儿的朝夕相处和交往互动过程中,能否敏锐地察觉幼儿的身心变化,合理利用资源,采取灵活而有效的教育行为与方式;能否及时发现幼儿感兴趣的事物、游戏和偶发事件中所隐含的教育价值,并把握时机、作出反应、积极引导等,既体现教师的专业能力,也体现教师丰富的保教知识和教育机智。具备良好专业知识和能力的教师,意味着在班级管理方式上表现出更为积极、宽容和尊重的保教态度与行为,意味着更高的专业化水平和专业自信,同时也表明建立了良好的师幼关系和同伴关系,支持幼儿获得身心、认知、语言和社会性等多方面的发展,有助于尊重、信任、支持和宽松的班级心理氛围的营造与维护。

图4-7　分享成功喜悦

图4-8　师幼水乳交融

图4-9　共同讨论游戏规则

图4-10　安抚有情绪的幼儿

3. 自身的人格魅力和心理健康是心理环境创设的前提

(1)人格魅力为先。人格是构成个体思想、情感及行为特有的统合模式,包含了一个人区别于他人的稳定而统一的心理品质,反映其内心世界和精神面貌。包括知识、能力、情感、意志、兴趣、动机和信念等因素。① 前苏联教育家苏霍姆林斯基说,教师的人格是进行教育的基石。教育是讲环境、重环境的,幼儿园里一景一物皆具教育意涵,对幼儿具有潜移默化的功效;教师的一言一行、一颦一笑都会在幼儿那里得到放大。教师的保教态度与行为具有强烈的示范性,只有以身作则、以高尚的人格感召幼儿才是品格高尚的人。从这个意义上说,教师对幼儿的影响是任何教科书、任何道德箴言、任何奖惩制度都不能替代的教育力量,教师的人格是良好心理环境创设的前提。

具体而言,教师的人格至少包括"爱、德、才"三方面的品格。爱,是对学前教育事业和幼儿的爱,这是教师人格魅力的灵魂;德,即师德,是教师以自身美好的职业品德对幼儿的教育和影响,并以此点亮幼儿的"心灯",这是教师人格魅力的核心;才,是教师在知识经验和创造精神上的才华体现,对真、善、美尺度的把握,这是教师人格魅力的保证。② 教师的人格魅力体现在一日生活、工作和学习中,显现在保教活动、班级管理、沟通协作等教育实践中,其价值观念、学识才华、言谈举止、仪表风度会让幼儿耳濡目染。那些热爱生活、热爱学前教育事业和幼儿,自尊自律,心存敬畏、公平友善,开朗活泼、善于合作,勤奋好学、耐心细致,崇尚真善美、追求卓越,善于实践与反思,具备终身学习与持续发展意识和能力的教师,会成为幼儿人格发展的"参照系",有助于班级良好心理氛围和幼儿良好人格的形成与发展。

(2) 心理健康为要。教师心理素质与心理健康是关系密切的一对概念。教师心理素质是决定教育教学效果、对学生身心发展有显著影响的,在心理过程和个性心理特征方面所表现出来的本质特征。这是一个结构和过程相统一的系统,系统的内部包含行为、知识、能力、观念、人格等成分。教师的心理素质作为一个系统,若其结构完整,在与环境、他人互动的过程中各个成分能协调有效地运行,那么,教师的心理就是健康的。③ 在这种状态下,个体具有生命的活力、积极的内心体验、良好的社会适应,能够有效地发挥个人的身心潜力与积极的社会功能。④ 就幼儿园教师而言,其心理健康表现在良好而稳定的保教质量,对幼儿身心健康发展具有显著影响的、持续的心理状态和感召力,以及悦纳自我、情绪稳定、积极乐观,善于与人相处的交往状态。在一定程度上决定班级管理成效和心理氛围,决定自身的专业发展,尤其对幼儿身心发展具有重要的影响力。一方面,教师心理健康是一种持续的状态,且会发生动态变化,即心理状态会随自身情况、环境、意外事件等因素发生动态变化,所以教师要自觉开展心理调适、及时调整自身心理状态;另一方面,教师心理健康包括良好的认知品质、稳定的情绪状态、坚定的意志品质,健全的人格和良好的行为习惯,知、情、意相统一,且能基于自身的专业性和独特性,处理好各种人际关系,尤其是师幼关系,保持良好的心理状态,积极看待幼儿的各种行为与表现。

之所以关注教师心理健康,是因为教师心理健康状况决定班级心理环境的质量、影响幼儿心理健康发展。

一是关于教师心理健康的标准。这一标准既包含一般心理健康标准的共性,同时也体现教师的职业特点,主要包括以下六点。⑤⑥

第一,对教师角色的认同。热爱学前教育事业,认同幼儿园教师职业的专业性和独特性,具有职业情怀和理想。能积极主动地进入职业角色,在保教实践中使自身的才能得到充分发挥和体现,并由此获得成就感和满足感,避免不必要的忧虑。

第二,具有健全的人格。性格开朗,胸襟开阔,意志坚定,言行一致,表里如一。具有积极的人生

① 张冠文. 论教师的人格魅力在教育中的示范效应[J]. 当代教育科学,2003(14).
② 同上.
③ 俞国良,曾盼盼. 论教师心理健康及其促进[J]. 北京师范大学学报(人文社会科学版),2001(1).
④ 刘华山. 心理健康概念与标准的再认识[J]. 心理科学,2001(4).
⑤ 俞国良,曾盼盼. 论教师心理健康及其促进[J]. 北京师范大学学报(人文社会科学版),2001(1).
⑥ 张怀春. 教师心理健康[M]. 北京:北京大学出版社,2016:6.

观、世界观和价值观,积极稳定的教育心境,以及正确的教育观、儿童观,为人师表、行为世范。

第三,有良好的人际关系。了解交往双方的权利和义务,能够将交往关系建立在互惠的基础上,个人的思想、目标、行为与社会要求相适应;客观地了解和评价他人,不以貌取人,也不以偏概全;与人相处时,尊重、信任、赞美、喜悦等正面态度多于疑惧、妒忌、厌恶等反面态度;积极与他人真诚沟通,能够理解并善于引导、支持幼儿,师幼关系融洽、互动良好,不满、惩戒、犹豫等行为减少,与同事、家长友好合作。

第四,能正确了解自我、体验自我和悦纳自我。辩证地看待"我"的问题,不与他人攀比,对现实有正确的感知,能平衡并处理好自我与现实、理想与现实的关系。具体而言,能根据自身的实际情况确定工作目标和个人抱负,专业发展方向和途径清晰;具有较高的个人教育效能感;能在保教实践中进行自我监控与反思,并据此完善专业理念、知识结构,提升专业能力,表现出支持的保教态度与行为;能通过他人认识自己,同事评价与自我评价比较一致;具有良好的自我体验、自我控制和自我调适能力。

第五,具有教育独创性。具体表现在保教过程中的不断学习、进步和创造。能够根据幼儿的一日生活、学习特点和学习方式创造性地开展各种因材施教活动;创设并利用教育环境,以幼儿为本,充分发挥并调动幼儿的积极性,支持幼儿主动的、创造性的探究行为。

第六,在工作岗位和日常生活中,能真实地感受情绪并恰如其分地控制情绪。教师的保教对象是处于成长关键期的幼儿,应保持乐观积极的心态,在任何情况下,都能恰当表达或控制自己的情绪,且反应适度、行为有序而规范;克制偏爱情绪,一视同仁地对待每个幼儿;不将生活中不愉快的情绪带入工作岗位,不迁怒于幼儿,也不将工作中的不良情绪带回家庭。

二是关于教师心理健康的自我维护与调适。伴随经济社会发展和工作节奏的加快、教师专业化水平和职业要求的提高,教师心理压力逐渐增大,一些教师会出现精神不振、情绪不稳定、注意力不集中、烦躁焦虑、职业倦怠等状况或不适。如果这些心理不适或身体机能没有得到及时调整和调养,必然会对每天接触的幼儿产生不利影响,也会在一定程度上影响自身的工作和生活,不利于良好心理环境的营造。对此,教师应自觉维护心理健康并具一定的自我调适能力。主要包括以下五点:

第一,正确认识自我,建立恰当的自我意象。理性开展自我评价,对自己的能力、性格、发展目标、潜能进行优缺点客观分析,平衡自己与他人、理想与现实之间的关系。不与同事或他人作横向对比,能够发现自己的成长与发展,调整、完善心态或不足,建立良好的自我形象。特别是在"理想的我"与"现实的我"以及"别人眼中的我"和"我眼中的我"之间出现差异或不一致的时候,不纠结、不苦恼,敢于面对,主动分析自我、调整自我、接纳自我、完善自我,进而促进自我发展。

第二,善于与人沟通交流,建立良好的人际关系。和谐的人际关系对教师的心理健康具有调节作用,要不断历练和提升"内功",基于和谐的人际关系,获得正面的生活、工作体验,建立良好的合作支持系统,疏解生活和工作中所面对的压力。一方面,遵循平等尊重、真诚合作的原则,达成合作共赢的交往目标,形成关爱互惠的人际关系,特别是与幼儿及其家长间的互动分寸;另一方面,加强自身的学习和能力提升,不断提高与人沟通、合作的交往艺术。

第三,合理宣泄和疏导,自觉调控情绪。教师要充分意识到自身的情绪状态对幼儿所产生的可能影响,善于控制或克制负面情绪,保持积极稳定的情绪情感。保教实践中,不尽如人意的事情和现象,以及各种突发的、意外的事件等时有发生,对此教师要保持冷静与克制,决不当幼儿的面发脾气,不将自己的不愉快、挫败感或负面情绪带入班级,避免幼儿感受消极或压抑的情绪体验。

据美国心理学家艾利斯的合理情绪疗法(情绪 ABC 理论),引起情绪反应的直接原因并非客观事件本身,而是个体对事件的认知和评价。所以,对于发生在幼儿身上的事件,教师要从积极的方面来评价和看待。一方面,不断调整自身的价值观、评价观和幼儿发展观;另一方面,做必要的事后分析与反思,客观分析造成自身情绪波动、出现不良情绪的原因,反思自身情绪反应是否适度、合理,以此作出调整。当然,教师首先是人,有对事件的基本判断和与之相应的情绪反应,然而作为身处工作岗位的教师是专业人员,受职业操守的约束,所以要对自身的情绪加以控制而不能放任。事后可以通过朋友、同事聊天或听音乐、运动等途径来合理宣泄;自我暗示也是一个有效的疏解途径,如告诫自己遇事不冲动、发火于事无补等,以此缓解消极情绪或压力。总之,既要大胆、心细,更要防患于未然、坚强振作起来,尽快走出"低气压"情绪圈。

第四,及时觉察自身亚健康状况并寻求帮助。亚健康是介于健康与疾病之间的一种临界状态。这种状态下的人虽然没有明确的疾病或器质性病变,但会有焦虑、不安、无助或睡眠障碍、疲劳乏力、情绪不稳定等现象,会让人感觉适应或应对能力下降,缺少生活和工作热情,力不从心、效率降低,如果不及时干预和调理,容易引起身心疾病。教师一旦觉察有亚健康苗头或现象出现,应主动应对和改善,若通过自身调整而不能得到改善时,应及时寻求专业人员的帮助。

第五,以职业生涯感悟为切入点,确立职业情怀、体验职业乐趣。幼儿园教师与其他教师有共性,也有自身的职业独特性,不仅要认同自身的职业角色、地位和作用,还要对保教对象的幼稚性、家园的合作性与共育性,以及保教原则的高度认同。比如:在与同事的共同努力下,幼儿爱上幼儿园,喜欢与老师、同伴互动,逐步养成良好的生活、行为习惯,他们活泼可爱、一天天长大,自己的努力得到幼儿及其家长、幼儿园和社会的认可等,从职业生涯的点点滴滴感受和体验自己的价值与意义,不断获得职业成就感和幸福感。[①]

(二) 人际关系

人际关系是在人与人交往过程中逐步建立和发展起来的,能够表明与他人交往的心理关系的亲密性、融洽性和协调性水平。幼儿园的交往范围相对较小但其人际关系具有多重性和交叉性,包括师幼关系、同伴关系、同事关系及家园关系等。积极正向的人际关系及其所形成的心理氛围,在幼儿成长过程中具有重要的示范、支持意义。

1. 民主平等的师幼关系

师幼关系是幼儿园最基本、最重要的人际关系,是教师开展保教工作的基础和保障。良好的师幼关系能够有效促进幼儿积极稳定的情绪情感和社会性发展,为良好同伴关系的建立起到示范和榜样作用。

在幼儿园一日生活中,耐心倾听,主动理解幼儿的想法与感受,支持、鼓励他们大胆探索与表达;以关怀、接纳、尊重的态度与幼儿交往,成为幼儿学习活动的支持者、合作者、引导者;尊重幼儿在发展水平、能力、经验、学习方式等方面的个体差异,因人施教,努力使每一个幼儿都能获得满足和成功,是

图 4-11　和谐的师幼关系

图 4-12　友好的同伴关系

---

① 七十三. 中小学教育心理学[M]. 北京:北京师范大学出版社,2017:249—251.

《纲要》对教师的基本要求。尊重、接纳、支持、鼓励和平等地对待每一位幼儿,不仅是专业理念和专业要求,也是教师保教态度和行为的实践性、专业性体现;不仅要通过语言引导,也要通过行为示范。可见,在正确认识和理解教师在心理环境创设中角色、作用的基础上,建立民主、平等的师幼关系是重中之重。

2. 互助友爱的同伴关系

同伴关系是幼儿间或心理发展水平相当的个体间建立和发展起来的相互关系,对于幼儿身心健康成长和班级氛围的营造十分重要。教师应通过各种方式引导、推动幼儿间建立互助、友爱的同伴关系。一是在一日生活中,通过各种活动增加幼儿之间的交往、合作机会和互动频率;二是在各种活动中让幼儿习得建立良好同伴关系的具体方法,并在活动和游戏中积累交往体验,提高交往能力和交往质量;三是鼓励幼儿通过协商妥善处理交往过程中的冲突或矛盾,必要时协助幼儿形成解决方案,同时引导他们学会控制自己的情绪和换位思考,理解他人感受。幼儿早期积累的友爱、互助的同伴关系体验,不仅有利于社会性发展,还有利于良好个性的塑造。反之,可能会导致退缩、孤僻、自卑等心理障碍或社会适应困难等现象的发生(见第三单元第二讲第三部分精神环境营造策略)。

3. 团结融洽的同事关系

相对于其他教师,幼儿园教师职业的独特性之一是团队协作。一方面,教师和保育员是一个保教合作小组,不仅要共同研究制定班级保教计划和工作方案,分享保教资源与经验,还要经常互通幼儿成长与发展、班级管理、家园共育等信息,通过默契的分工与合作达到保教要求和效果;另一方面,园内教师、保育员和其他人员构成一个协作集体、学习共同体。成员间的互相帮助、团结协作,包容、接纳、和谐的人文氛围,不仅能够实现交流分享、取长补短,达到共同进步、共同提高、共同发展的目的,也为幼儿的交往提供直接而有效的示范。

4. 合作互信的家园关系

幼儿园"应当建立幼儿园与家长联系的制度","主动与幼儿家庭沟通合作,为家长提供科学育儿宣传指导,帮助家长创设良好的家庭教育环境,共同担负教育幼儿的任务"。[①]"家庭是幼儿园重要的合作伙伴。应本着尊重、平等、合作的原则,争取家长的理解、支持和主动参与,并积极支持、帮助家长提高教育能力"。[②] 可见,在家园之间建立多种沟通方式和渠道实现双向交流,"共同担负教育幼儿的任务",既是《规程》《指南》对幼儿园的要求,也是幼儿健康发展、实现家园共育的基本保障。

(三) 幼儿园文化

幼儿园文化是在长期的办园实践中,逐步形成并发展起来的具有保教特色的文化形态。它渗透在保教人员的思想观念和保教行为之中,存在于物质环境和群体精神氛围之中,作为潜在的精神力量全面影响幼儿在园生活、学习和游戏的质量,以及教师的工作状态。一方面,它体现幼儿园的文化品位、教育品位和审美品位,潜移默化地影响教师的保教态度与行为、幼儿社会性发展和幼儿园内涵发展;另一方面,优秀的幼儿园文化会使教师、家长和幼儿发自内心地认同、实践这一文化,进而又使其得到不断丰富、完善和发展。概言之,幼儿园文化借助有形的物质载体和无形的精神陶冶,引领、规范师幼同成长、共发展,以此推动幼儿园保教质量的提升。

1. "以人为本"的幼儿园制度文化

幼儿园制度文化建设,包括园规园纪、保教流程与规范、一日生活制度、保教制度、饮食卫生制度、安全与健康制度、家园合作共育等内容。是幼儿园正常运行和规范发展的规制保障,也是办园指导思想和规范管理的体现。

① 教育部.幼儿园工作规程[Z].部令第39号,2016.
② 教育部.幼儿园教育指导纲要(试行)[Z].2001.

《幼儿园管理条例》《规程》从幼儿园举办、行政事务、奖惩，到幼儿入园、编班、卫生保健、安全、保育教育和教职工岗位与职责等方面，以行政法规的形式提出规范和要求，并与《纲要》《指南》《专业标准》《幼儿园园长专业标准》等规范性文件，共同构成幼儿园管理、保教、岗位职责等专业规范与指导体系。幼儿园应以此为据，坚持以人为本的制度文化建设，始终为幼儿和教师的身心健康发展提供制度保障，支持他们愉悦地生活、工作和成长。

（1）幼儿为本，促进发展。《专业标准》开宗明义地提出，教师应坚持以"幼儿为本"，尊重幼儿权益，以幼儿为主体，充分调动和发挥幼儿的主动性；遵循幼儿身心发展特点和保教活动规律，提供适合的教育，保障幼儿快乐健康成长。这就要求教师基于《纲要》《指南》精神，依据幼儿年龄特点和身心发展规律，从幼儿健康成长出发，制定科学合理的安全与健康制度、班级管理常规、保教制度、卫生保健制度，以及符合季节变化和幼儿发展要求的一日生活作息制度等，促进幼儿快乐成长。

（2）师德为先，提升能力。教师专业发展制度建设，既要以"幼儿为本"，还要坚持师德为先、能力为重。引导教师履行职业道德规范，树立职业理想，践行社会主义核心价值观。关爱幼儿，尊重幼儿人格，富有爱心、责任心、耐心和细心；为人师表，教书育人，自尊自律，做幼儿健康成长的启蒙者和引路人。

教师专业发展制度的建设要突出保教实践能力，支持教师将学前教育理论与保教实践相结合；引导教师研究幼儿、观察幼儿、支持幼儿，逐步提升专业化水平；坚持实践、反思、再实践、再反思，不断提高专业能力；在学习先进学前教育理论，了解国内外学前教育改革与发展的基础上，优化知识结构，提高文化素养，具有终身学习、持续发展的意识和能力。

保教制度和管理制度建设，应本着面向全体、充分民主的原则，发挥教师的能动性、专业性和幼儿参与活动的主动性，把班级常规建立、幼儿一日活动安排、组织、实施的主动权交给教师和幼儿。这样，教师既有一定的自主权，又有利于班级幼儿的发展，可谓一举两得，使教师工作和幼儿活动的主动性及其能力得到充分展现。制度的制定与实施，还应关注教师的工作生活，以及非权力因素在制度落实过程中的作用，让教师在自觉遵守规章制度的同时，亲身体验组织与集体的关怀，与幼儿和睦相处，重视和谐工作氛围的营造，使工作过程充满快乐与职业幸福感，以此感染幼儿，把快乐和幸福传递给幼儿。

2. 和谐向上的幼儿园精神文化

幼儿园精神文化是教育观、文化观、价值观和精神风貌最本质的、最具个性的集中体现，也是幼儿园发展的内在驱动力。幼儿园应努力培植团结向上、积极进取的精神文化和团队合作精神，挖掘全体教师的潜能，不断提高办园水平和保教质量。

（1）教师发展文化。营造教师专业化成长的文化氛围，丰富教师文化底蕴和专业精神。教师专业化成长意味着职业道德水平更高，专业知识更丰富、专业能力更强，及其职业的不可替代性。首先，全面分析教师专业发展状况，以《专业标准》为依据制定切实可行的教师专业发展规划；把握教师职业情意和职业认知，厘清教师专业发展基础和优势，制定富有个性和针对性的个人职业发展规划。其次，根据教师发展阶段及特点，结合保教实践中的问题、困惑和不足，确立园本教研的方向和主题，开展富有实效的研修活动，达到发现问题、深入研讨、提高认识、共寻对策，注重实践、共同发展的目的。第三，贴近教师发展实际，为不同发展阶段的教师提供课程建设、小课题研究、研修坊、跟岗实践等专业提升途径和平台，逐步形成富有园本特色的教师专业发展文化，展现以人为本的科学发展观，彰显幼儿园精神文化建设的实践意义。

（2）班级发展文化。班级是幼儿园最基本的组成单元，是幼儿交往合作、情感体验、播种与收获的"园地"、社会化最初的"舞台"。如果说幼儿是一粒粒饱满的富有生命力的种子，在园一日生活是富含各种营养素的土壤，班级则为每颗种子提供生长所必须的阳光、空气和水。班级发展文化建设的实效如何，直接关系到幼儿成长与社会化发展的广度与深度，关系到保教质量和幼儿的健康成长。如某园小一班提出"让每一粒种子都要发芽并获得茁壮成长"的班级发展文化创建目标,希望每位幼儿在班集体阳光、空气和水的沐浴下,积极交往、主动参与、阳光向上、不怕困难。教师基于丰富的教育环境和教育活动,引导幼儿逐步建立行为规则、体验群体活动的乐趣,引领幼儿合作探究,激发学习兴趣,养成良好生活、行为习惯,进而使快乐温馨、和谐阳光的小一班成为幼儿的第二个家。

　　班级发展文化的创建不仅要有文案,更要付诸实践。要根据幼儿年龄特点和保教目标,彰显保教文化和幼儿发展内涵,教育活动、班级环境的目标和内容以幼儿发展为基础,体现班级发展文化;班级活动单元窗明几净、整洁美观、温馨典雅,不仅给人赏心悦目之感,还应让每一个角落和每一面墙壁都蕴含文化气息并发挥应有的作用;家园共育内容丰富,时效性强,家长充分理解并配合班级发展文化及其创建。

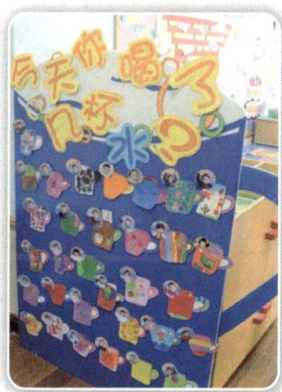

图4-13　体现习惯养成

图4-14　彰显养成文化

图4-15　教师发展论坛

图4-16　小课题研究

　　(3) 保教改革文化。改革是教育永恒的主题,幼儿园教育内容形式、方法途径等均应顺应时代要求。2018年11月7日,《中共中央 国务院关于学前教育深化改革规范发展的若干意见》提出,幼儿园要"鼓励支持幼儿通过亲近自然、直接感知、实际操作、亲身体验等方式学习探索,促进幼儿快乐健康成长"。对此,教师如何为幼儿提供适宜的生活和学习环境;如何将以游戏为基本活动和保教并重落在实处;如何在关注幼儿整体学习与发展的同时,尊重个体差异;如何在理解幼儿学习方式和特点的基础上,创设与之相适应的环境,提升幼儿的学习品质;如何有效预防和纠正"小学化"倾向等问题,都是需要在实践中不断探索和研究的命题。一方面,保教改革要结合自身实际,切实解决保教实践中存在的具体问题,让师幼享受到教改带来的实惠与福祉;另一方面,保教改革不是朝夕能够达致的,它是一项艰巨而任重道远的任务,教师必须有充分的思想认识和心理准备。

三、幼儿园心理环境创设原则与要点

（一）幼儿园心理环境创设原则

基于幼儿认知和心理发展特点、保教原则，幼儿园心理环境创设有其自身的规律和原则。

1. 科学性原则

这一原则是指正确儿童观、科学保教观的树立与实践。要求教师充分理解并尊重幼儿，遵循幼儿身心发展规律和保教规律，建立平等和有效沟通的师幼关系，了解他们的需要和想法，根据《纲要》《指南》目标和要求合理安排幼儿一日生活，通过亲近自然、直接感知、实际操作、亲身体验等学习方式和途径，让幼儿在轻松愉悦的探究氛围中理解保教内容和要求，进而获得全面发展。

2. 发展性原则

这一原则是指心理环境创设要基于幼儿的年龄特点和身心健康发展的需要，尊重幼儿发展进程中的个体差异，支持和促进每一位幼儿按照自身的速度和方式实现和谐发展。

3. 参与性原则

这一原则是指心理环境创设过程中，教师对幼儿主体意识的关注和培养，引导他们主动与保教人员共同合作，积极营造、维护心理环境的体验与实践过程。

4. 开放性原则

这一原则要求教师要以开放、包容的心态理解幼儿，提供充分表达、表现的机会，调动并利用家庭、社区环境中的积极因素和资源，创建一个开放的、相互信任、相互支持的合作共育系统。

（二）幼儿园心理环境创设要点

1. 创设具有幼儿园特质的心理环境

良好的幼儿园心理环境具有安全与信任、爱与尊重、鼓励和赏识、自由平等与自主互动的特点。这是心理环境营造的目标和方向，也是其重要内容和途径。

（1）安全与信任的心理环境。安全感、信任感的建立与获得，有利于幼儿情绪情感、人格和社会性发展。在安全、信任的环境中，幼儿更愿意与同伴交往、积极探索、亲身体验，表现出更充分的分享和互助行为。

幼儿的安全感和信任感源于舒适自然、有序而稳定的环境，以及教师的保教态度、行为和同伴关系。

一是环境的有序性和稳定性。有序性表现在班级各种物品摆放秩序井然、干净整洁。这样的环境会让幼儿心绪稳定、提高专注度、自我约束能力增强。反之，物品摆放杂乱无章、操作材料随意堆砌，会让幼儿感到空间窄小、拥挤，表现出散漫懒惰、焦虑不安；稳定性体现在班级物品摆放位置特别是生活用品、常规要求以及保教人员配备等在一定阶段的相对稳定或保持。频繁改变物品摆放位置、活动室布置反复无常、常规要求朝令夕改或保教人员流动性大等，都会导致幼儿的安全感或信任感降低、无序感增强，容易引起情绪波动，不安全因素增加。

二是教师的保教态度和言行举止。一方面，教师是幼儿身心发展过程中除父母以外最为重要的"他人"，在其情感和心理发展过程中发挥着至关重要的示范和潜移默化作用；另一方面，幼儿处于心理发展和人格形成的关键期，心智尚不成熟，易受周围环境影响，特别是与其朝夕相处教师的影响。乐观向上、热情开朗、有亲和力，善于自我调节，保持平和心态，举止言行文明礼貌的教师，有利于幼儿安全感和信任感的获得与建立。反之，会给幼儿带来紧张感、挫败感，形成心理压力。

三是同伴关系。良好的同伴关系是幼儿亲社会行为发展的基本途径、心理健康的必备条件。和睦相处、互助友爱的同伴关系有利于幼儿形成安全感和信任感,有益于自我概念的形成与发展,进而支持乐群、积极、团结、友爱的态度与行为的形成和发展,为其未来社会生活打下良好基础。

图 4-17　整理幼儿着装

图 4-18　检查幼儿汗巾

（2）爱与尊重的心理环境。教师为幼儿营造的心理氛围能够让幼儿感受到被爱、认可和尊重,能够让幼儿亲身体验到接纳,能够激发幼儿心智,开启精彩人生之门。教师的爱与尊重不仅表现在对待幼儿的态度和行为,还体现在对生活、身边事物的爱与尊重,以身教来启迪、传播、培育爱与尊重,让幼儿在亲身体验中,习得自尊自信、乐观活泼、宽容友善,并让爱与尊重弥散在整个集体氛围之中。

爱与尊重不仅是理念,更是具体的心理环境内容和营造方式,广泛地存在于幼儿一日生活的全部空间和时间。例如:教师蹲下来与幼儿交流、彼此间心灵与心灵的沟通和"意会",以及恰如其分的赞扬与肯定等,都会拉近与幼儿的心理距离,使其直接感受到爱与尊重;教师能够从幼儿的视角考量班级环创的支持性与互动性,环创形式与高度的合理性和接受性等,就是爱与尊重的具体表现。

（3）鼓励与赏识的心理环境。根据斯金纳的强化理论,善于发现幼儿一日生活中的闪光点和优点,及时给予恰当、适度的肯定和支持,能够有效强化其学习和良好行为,继而树立自信心,建立积极的自我意识,获得愉悦感和良好学习品质。尤其是在幼儿完成具有挑战性的任务过程中,"相信你能行"的鼓励、"你的表现真棒"等赏识,会让幼儿不断累积成功体验,而且所体验到的积极情感和探究精神也会在其他活动中得到广泛迁移。

鼓励、赏识要适度,重点关注幼儿在事件中的具体表现和针对性,注意尺度和分寸把握。如某幼儿完成了对于他来说有一定难度的系鞋带时,教师就要及时肯定。但"你做的好""你真棒"笼统而简单的赏识,会让幼儿迷茫或不清楚自己哪里"好"、哪里"棒",起不到应有的强化效果。对此,一方面,教师要明确提出鼓励的具体内容:"你自己会系鞋带了,要是再系紧一点会更好!"这样会让幼儿真切地感受到老师的赞扬,而非敷衍了事,会使其按照更高的行事要求进一步提高独立系鞋带行为发生的概率。另一方面,当"你真好""你真棒"成为教师惯用的口头禅时,幼儿就会产生一定程度的"免疫"现象而不会在意,甚至会让幼儿的认知发生偏差,导致赏识价值与作用降低。

教师只有用心观察、深入分析和掌握幼儿的行为或表现,才能做到"言之有物",这是适时、有度鼓励和赏识的前提,而且不仅要具体化还要多样化,可以通过语言来鼓励和表扬,还可以通过表情、肢体动作,如微笑、点头、拥抱等强化幼儿的良好行为。事实上,恰如其分的鼓励和赏识不仅是心理环境创设的重要手段,也体现出教师的教育机智和专业能力。

图 4-19　鼓励与呵护

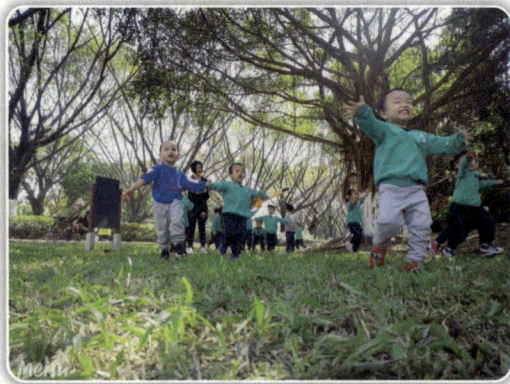

图 4-20　自由与快乐

（4）自由平等的心理环境。幼儿是独立、自由的个体，在人格尊严上与教师处于平等地位。无论男孩还是女孩，无论个性内向还是外向，无论是主动参与集体活动还是喜欢独自探索，都应该平等对待。

幼儿园是传播和践行社会主义核心价值观的主要基地之一，是幼儿健康快乐成长的摇篮。作为教师应恪守职业道德规范，秉持专业理念与师德，以敏锐的观察分析能力，丰富的保教经验，行之有效的保教措施促进幼儿健康成长。但实践中也有教师以"爱"的名义过度"管教""束缚"幼儿，不自觉地做出一些不利于幼儿身心发展的事情，伤害幼儿自尊，使其产生某种心理压力，甚至造成一定程度的心灵创伤，影响幼儿个性发展。所以心理环境创设实践中，教师应认真学习有关法律法规和专业规范，做一名尽职尽责的"护花使者"。

首先，教师应遵循"幼儿为本"的基本理念。幼儿是发展的主体，是自由的，师幼是平等的，教师的职责是支持全体幼儿获得全面发展。一日生活中，只有教师具有最基本的平等与尊重意识并付诸实践，幼儿才能获得真正的自由；师幼间、同伴间的平等不仅包括机会的平等，还包括最重要的人格平等，每个幼儿都有参与活动的权利、使用各种保教资源的权利、选择玩具和图书的权利、合作分享的权利、师幼互动的权利等，且是建立在自由民主基础上的。需进一步明确的是，这一过程中自由与规则相伴，但二者并不矛盾，因为自由不等于放纵或放任，自由的前提是底线和规则，规则的习得与遵守能够获得更大的自由。一方面，幼儿的言行只有符合一定的常规要求，才能得到成人和同伴的喜爱或欢迎，其行动也就更为自由；另一方面，班级常规、游戏规则等是幼儿在操作实践、亲身体验过程中逐步内化而形成的，自由平等的心理环境能够有效支持幼儿发挥主观能动性，并愿意遵守班级常规或游戏规则，进而形成基本的社会规则意识，得到成人和同伴的尊重。

其次，教师应一视同仁，避免因偏见或偏爱所导致的不平等、不公平现象的发生。事实上这是一个微观教育公平问题。比如：有教师对聪明伶俐、个性乖巧、能力较强或长相可爱幼儿的"偏爱"，就是不平等、教育不公平的具体表现，是不可取的。俗话说，"十个手指伸出来不一般长"，说明人与人之间存在个体差异。一个班级有几十名幼儿，他们所处的家庭、生活环境及自身发展水平不同，其生活、行为习惯和表达表现也会有所不同。换言之，现实生活中不是所有幼儿的表现都令教师满意或喜爱，但是基于职业规范和《专业标准》，教师要用公平、公正的职业态度与行为对待每一位幼儿，即使他有这样那样的缺点、不足甚至错误行为。因此，教师应将每一位幼儿视为独立自主的个体，从内心接纳他们不同的个性特征、情绪情感和原有生活经验，给予自由地心理空间，建立民主平等的师幼关系。

（5）自主互动的心理环境。自主的本义是主动和有主见，对自己的行为负责。教师通常说的"自己的事情自己做"、"自己做的事情自己负责"，其前提是幼儿要有自主权。自主不仅是一种权利，也是一种能力表现。

图4-21　自主探究

图4-22　同伴互动

埃里克森的人格发展八阶段理论认为，人的自我意识形成和发展八阶段顺序是由遗传决定的，但每个阶段能否顺利度过是由环境决定的，任何阶段的教育失误或环境不适，都会给个体的发展造成不良影响。在幼儿阶段，幼儿要检验各种各样的限制，经历哪些言行在许可范围、哪些是不许可的过程，主要发展任务是自主性和主动性，避免羞怯、疑虑和内疚感，形成意志和行为目的体验。这一阶段的幼儿有了自己穿衣、收拾整理、参加活动等独立自主的要求，或主动做一些力所能及的事情。这是一个尝试、学习和积累经验的过程，而学习是学习主体"自己的"事，是他人不可替代的，而且每个学习主体都有求得自我独立的愿望，也是主体获得独立自主性的内在根据和动力。因此，教师应当满足幼儿的诉求并支持他们学习，培养意志力，以获得初步的自主感和成功体验，避免包办代替和过度保护。伴随年龄的增长，幼儿身体运动能力和言语能力迅速发展，对身边事物和现象充满了好奇心，好问"为什么"，常常摆弄生活或周围环境中的物品，容易"闯祸"。好奇心是幼儿的天性，既引发学习需求，又是一种学习内驱力。对此教师应充分理解并加以引导和支持，注意保护幼儿的好奇心，支持他们的探究行为，鼓励他们借助意识、观念的中介作用预先设想行为目标，进而通过亲近自然、直接感知、亲身体验、实际操作探索问题答案或结果。长此以往，在积极主动的心理氛围中、教师的支持下，幼儿自主能力会进一步提高，探究能力和自主学习能力随之增强。

互动的本质是人与人、人与群体的沟通交流关系或彼此间的相互依赖关系。幼儿的互动对象既有教师、家长、同伴，还有生活环境等，且是多维度的。它要求教师创设适合幼儿年龄和发展特点的丰富的物质环境，支持幼儿与周围环境的相互作用。引导幼儿参与到具体的班级环境创设过程之中，鼓励幼儿提出自己的想法和建议，并采纳合理意见和建议，让幼儿产生"主人翁"意识和集体归属感；鼓励幼儿与同伴游戏、交往，自主解决冲突，在交往互动中学会等待、接纳、合作与分享，逐步提高认知、言语表达、人际交往、社会适应和自我自控能力。

总之，幼儿园及其教师应与家庭、社区共同努力，为幼儿创设温暖关爱、平等互动的家庭和集体生活氛围，建立良好的师幼互动关系、亲子互动关系和同伴互动关系，让幼儿在积极健康的人际关系中获得安全感和自主感，发展自信心和主动性，在积极健康的心理环境氛围中，逐步形成良好的心理品质。

2. 创设有益于幼儿心理健康的物质环境

（1）足够的生活空间和活动场地。空间及空间密度、活动场地及其适宜性，直接影响幼儿心理发展和在园生活质量。《幼儿园建设标准》规定，室外地面游戏场地人均面积不应低于 4 m²。其中，共用和分班游戏场地人均面积均不应低于 2 m²。分班游戏场地宜邻近活动室布置，其数量至少能容纳 n - 2 个班（n 为全园班级数）同时游戏活动。室外地面游戏场地宜为软质地坪，保证 1/2 以上游戏场地冬至日日照时间不少于 2 小时；为满足幼儿活动空间需求，班级活动单元中的活动室和寝室可合并设置，也可分开设置。合并设置采用面积指标低限，人均使用面积为 3.50 m²，每班使用面积为 105 m²，其中床具摆放占用约 $15\ m^2 \sim 30\ m^2$，幼儿活动面积约为 $90\ m^2 \sim 75\ m^2$。分开设置采用面积指标高限，活动室人均使用面积为 $2.40\ m^2$，每班使用面积为 $72\ m^2$。寝室人均使用面积为 $2.00\ m^2$，每班使用面积为 $60\ m^2$。[①] 总之，以活动空间最优化、效益最大化为宜。

全日制幼儿园人均建筑面积指标，是根据办园规模（含班级数、每班额定人数和总人数）、教育目标与要求、保教流程和班级管理需要、幼儿的发展出发，结合不同区域及经济发展水平确定的。面积指标是幼儿园保教活动得以正常开展的基本保证，有足够的室内外活动面积，意味着幼儿享有阳光、新鲜空气和开展游戏活动的自由空间。

除上述要求外，应对班额严加控制。幼儿园擅自扩容、超班额托收幼儿属违规行为，超班额不仅会导致人均面积不达标，还会埋下安全与心理健康隐患。研究表明，人均空间密度 $2.32\ m^2 \sim 7.0\ m^2$ 最为适当，其中 $2.32\ m^2$ 是临界值。空间密度值小意味着拥挤程度大、舒适性降低，还会导致幼儿大动作活动减少，幼儿间发生冲突、攻击性行为的机会可能增加。[②] 此外，班级保教设施设备摆放不合理、物品杂乱或不及时收纳，也会导致空间狭小、拥挤、环境无序、缺少安全感，幼儿会表现出烦躁不安、容易疲惫或焦虑等。所以宽敞的生活空间、活动场地、有序的物质环境，不仅会让幼儿拥有充分的活动空间，获得舒适感和安全感，也会增强其与环境的互动，使在园生活更加有序，情绪情感更加稳定。

图 4-23　宽敞的游戏场地

图 4-24　丰富的游戏材料

（2）丰富的活动内容和操作材料。幼儿的思维具有直观行动性和具体形象性特点。如果活动室除桌椅外操作材料和保教资源匮乏，幼儿就会被毫无生机的环境所束缚，在无所事事中产生厌烦、不安的情绪。反之，多样的活动形式和内容，丰富的操作材料和保教资源，能够增强其动作与思维的协调性，促进大脑潜能开发，激发想象力和创造力，获得积极愉快的情绪体验。在这里，丰富多样的活动是幼儿心身发展的平台，操作材料是师幼、同伴之间心灵沟通的媒介。

操作材料与保教资源的多寡，是否满足幼儿活动需要、支持交往互动等，都会对幼儿产生直接影响。保教实践中主要存在两种情况，一种是把活动材料与保教资源当摆设，把具有区域特色的筲箕、小背篓、民族包和帽子等都高挂起来作为装饰，幼儿想背一背、戴一戴、玩一玩，只能是"望梅止渴"。一些幼儿园有操作材料、自制玩具和保教资源，但怕幼儿损坏或怕出事，仅仅停留在"我有"的层面，没有发挥其应有的作用；另一种情况是，班级环创、活动区设置以及材料投放的种类和数量长期固定不变。环境创设手段及表现形式单一，墙壁上是排排粘贴的幼儿作品；活动区设置和材料少变化，操作材料数量、种类不足，材料投放的针对性较差，幼儿自主选择和操作的机会少；操作材料中购买的多，自制的或身边的生活中的材料少。有资源怕用坏、有材料不让用，长此以往会导致活动内容和形式单

---

① 住房和城乡建设部、国家发展和改革委员会. 幼儿园建设标准[S]. 2016.
② 董旭花. 应重视幼儿园游戏环境规划[J]. 幼教园地，2009(4).

一，幼儿发展机会减少，也会让幼儿产生畏首畏尾、消极等待等心理。因此教师应创设良好班级环境，提供必要的条件，鼓励幼儿自主选择，支持幼儿按照自己的想法独立自主做事，帮助他实现自己的想法，让他们在做事中增强自信心和探究欲，在操作实践中发展解决问题的能力。

图 4-25　环境怡人

图 4-26　户外廊亭

图 4-27　童趣小景

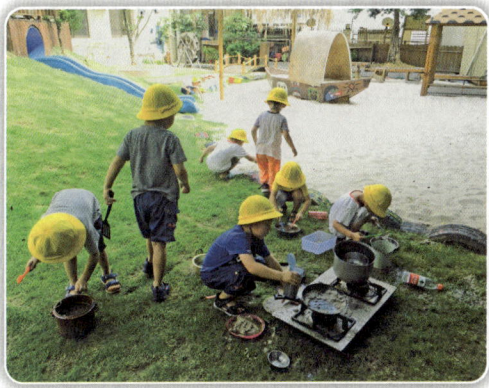

图 4-28　支持探究

（3）安全、友好的园所和周边环境。园区建筑物、构筑物应与绿化、美化融为一体，构成优美的育儿环境和人文景观，为幼儿创设一个安全怡人的游戏、生活和学习空间。具体到园区规划和环境创设，幼儿园应通过园舍的外观、色彩，内部的空间结构、布局，雕塑、园林小景，文字和图片等物化形象来彰显其办园思想和精神文化氛围，从而展现幼儿园特有的即景生情的保教意味。创设有经典的艺术形象、主题雕塑或相应的富有童心童趣的环境小景，有形式、结构、功能、作用多样的游戏设施和材料，有种植园、养殖角、沙水池等探究资源和设施，让幼儿在审美的、文明秩序的、放飞心灵的文化浸润和熏陶中，学会学习、学会生活、学会做人。

幼儿园或周边环境中的物理和化学等污染源，对幼儿身心健康也会产生较大影响。街道上喧闹、刺耳的嘈杂声响会使幼儿感到烦躁，分散注意力，影响正常活动和休息。特别是强烈的噪声不仅会使幼儿感到刺耳难受，还会影响心血管系统，进而使动脉血管收缩、心跳加快、心律不齐、血压升高，引起头痛、头晕、消化不良等生理反应和烦躁、易怒等心理反应。据研究，PM10 和 PM2.5 指数与每日死亡率、心血管和呼吸系统死亡率之间存在独立相关性。[①] 空气中悬浮粒子浓度每增加一倍，死亡率增加15％；室内空气混浊或铅、甲醛、一氧化碳浓度超标，会使幼儿的血液携氧量下降，使肌体组织缺氧、受损，导致幼儿精细动作和大脑发育受到影响；光线不足或通风不畅的室内环境，也会使幼儿产生不良

---

① 杨文静.652 个城市的大气颗粒物污染与每日死亡率的关系[J].中华预防医学杂志，2020(3).

情绪,受到影响。

从教师的岗位职责和作用来分析,一是心理环境创设应当促进幼儿健康全面发展。《纲要》强调环境应有利于引发、支持幼儿的各种活动,"引发"和"支持"指明了教师理解环境和创设教育环境的方向。"引发"即引起和触发、激发的意思,强调了幼儿的主体地位和教师正确、有效的引导作用;"支持"体现了从精神上对幼儿的鼓励,营造宽松的心理环境,也要求教师为幼儿提供必要的物质条件,并尊重幼儿的选择。操作材料和保教资源选取、投放,既要基于幼儿心理发展特点,能够引发、支持幼儿自由、自主、自发的操作与体验,还要考虑其质量和安全性,定期排查、检修或清洁、消毒,排除安全隐患。二是决定心理环境质量。教师的教育观决定保教方式,儿童观决定师幼交往方式,教育环境观决定引发和支持的程度,以及家园共育和资源利用的有效性,这些都直接影响心理环境质量。因此,教师应以稳定的职业情感、科学的专业理念、丰富的专业知识、良好的执业态度与行为,营造安全优美,和谐舒畅,健康成长的心理环境,打造引发、支持幼儿活动的精神家园。

思政论坛

主题:幼儿园教师是履行幼儿园教育工作职责的专业人员

内容:中共中央 国务院关于全面深化新时代教师队伍建设改革的意见;幼儿园教师的基本理念:幼儿为本、师德为先、能力为重、终身学习,幼儿园教师的专业理念与师德、专业知识、专业能力。幼儿园教师的专业性和独特性、保教态度与行为在实践中的具体体现。

形式:课堂讨论、主题发言、"课前五分钟"、优秀毕业生宣讲等。

思考与实践

1. 运用心理环境的相关理论对以下材料进行分析。

发展心理学研究人员在某幼儿园的中一和中二班进行幼儿心理发展研究。这两个班的幼儿数量、保教人员配备相同,班级活动单元中的保教设施及配置、环境创设等没有明显差别,小班初入园时两个班的幼儿也无明显差异。经研究人员一年多的系统观察和跟踪研究发现,到中班阶段时,中一班的幼儿活泼开朗,交流互动良好,活动中幼儿间的合作分享有序。而中二班的幼儿表现比较拘束,活动中虽然没有吵闹声,但互相推拉、争抢玩具或操作材料等行为却时有发生。

2. 简述幼儿园心理环境的特点及心理环境对幼儿发展的影响。

3. 分析幼儿园心理环境的构成要素,并对教师这一主因做重点分析和论述。

4. 简述教师心理健康的标准及心理健康维护。

5. 论述幼儿园心理环境创设要点,并通过实例加以说明。

资源文献

中共中央 国务院关于全面
深化新时代教师队伍建设
改革的意见

第五单元

创建安全友好童院

学习目标

1. 掌握幼儿园公共环境创设的基本流程,能够在实践中加以理解和运用;

2. 在学习户外环境特点和构成的基础上,能够根据户外活动场地条件和空间,对户外游戏活动区域进行规划和创设;

3. 根据门厅、走廊、楼梯的基本功能,开展相适宜的环境创设活动;

4. 能够依据功能室(厅)的功能作用,有针对性地进行空间规划与环境创设。

案例导入

基于"儿童意识"和"课程意识"的户外环境创设[①]

首先,户外环境创设应具有"儿童意识",即对幼儿独特性及其价值的认识与体悟,主要表现为对童年价值的肯定、对幼儿生活的关注和基本权利的追求。幼儿是自然的存在,是"自由自在的孩子"、"自由自在生活"的人,幼儿的样子就是在自然中欢乐嬉戏,就是畅快地与同伴一起玩耍、看蚂蚁、捉迷藏……其天性好玩好问、天真活泼、好游戏好模仿,教师就是要守护他们天真、纯洁、美好的天性,按照幼儿的需要来创设和构建户外环境。因此,幼儿园应该是好玩的、有趣的地方(是幼儿觉得好玩、有趣而不是成人),能够引发幼儿的注意和喜爱;应该是自然的,有树、木、花、草、沙、石、藤、泥土等元素;应该是一个能够保障幼儿生命安全、满足幼儿探索需要,蕴含发展价值的环境。只有充满儿童意识,体现儿童喜好、儿童需求、儿童特性的户外环境才会赢得儿童的心!

其次,户外环境创设应具有"课程意识"。幼儿园户外环境不是装饰品,也不是硬件设备的堆砌场,而是与教育相互联系、相互依赖、相互影响、相互支持的教育环境,二者是一个不可分割的整体。对于幼儿来说,户外活动蕴含大量的学习机会,为幼儿提供各种观察、操作和探究的空间,提供体能发展、社会交往、生活自理的机会,丰富幼儿的认知和情感体验等。只有高质量的户外环境才能使户外活动发挥真正的价值。因此,教师应把户外环境创设当成幼儿园课程的重要组成部分,基于幼儿发展和课程需要来规划、设计、创设户外环境,使之成为"有利于引发、支持幼儿的游戏和各种探索活动,有利于引发、支持幼儿与周围环境之间积极的相互作用"的教育环境。

幼儿园良好的公共环境对幼儿健康成长具有重要价值。一方面,对幼儿全面发展具有不可替代

[①] 甘丽琼. "以儿童为本"理念下幼儿园户外环境创设的思考与实践[J]. 广西教育,2018(1). 文章有删节.

的支持和保障作用；另一方面，设施齐备、充满童趣、优美和谐的公共环境，最大限度地实现园内资源共享，为幼儿亲近自然、实际操作、亲身体验等学习活动提供了最为广泛的基础和路径。同时为广大幼儿家长正确认识学前教育，直接感知幼儿园的样貌、保教理念和精神文化氛围等，提供了最基本的、形象直观的条件。

第一讲　幼儿园公共环境创设的基本流程

"实践取向"是教师教育的基本理念，在实践中铸就师魂、求真学问、练真本领，是国家对教师教育及课程实施的基本要求。基于前述学习，本讲将在学习讨论幼儿园公共环境创设的基础上介入实操练习，引导师范生关注环创实践中的具体问题，强化实践意识并在实践中不断提升环创能力，体现教师教育和课程改革的新要求。

不同的专业课程和内容有其自身的实践特点与规律。幼儿园公共环境创设主要由空间环境和场地考察、功能设计和创意规划、合理布置与创设实施、应用评价与持续改进等基本操作环节构成。

图 5-1　幼儿园公共环境创设实操流程

空间环境和场地考察是有目的地通过实地测量与查验、综合评估和功能权衡，对公共空间或场地位置与状况、数据与结构（包括长、宽、高等基本数据和场地、空间形态，并以照片、视频或空间方位、结构平面草图等形式呈现）、功能和作用发挥最大化、最优化等，所做的调查分析和综合统筹工作。这一环节是后续工作的基础、环创实施的前提。

功能设计和创意规划是基于对空间环境的实地考察，从整体性、安全性、基础性和可行性出发，明晰某一公共环境创设意图和目的，进而设计功能性和创新性、支持发展与多元共享兼具的创设规划或实施方案的重要环节。具体创设规划或实施方案，需要从创设项目名称、创设意图与目的（功能价值）、需求论证与可行性、创设流程与要求（创设途径与表现形式、设施设备及技术参数、材料种类及要求等）、资金预算（明细）、效果预期等方面加以论证和说明，同时通过平面效果图、立体模型等直观呈现布局结构和创设效果。

合理布置与创设实施是一个落实创意规划或实施方案的实际操作与具体行动过程。包括对某一公共环境所需设备、器材和工具材料的安排与布置,整体环境色调与艺术风格、表现手段与方式的实施,参与对象(幼儿是否参与、如何参与)、支持对象特点(幼儿年龄段)的预先考量等,都需依据方案或规划来进行。

这一环节的关键是要处理好空间功能性与环境创设的艺术性之间的关系。当然,创设实践中视具体情况对原方案进行部分或局部完善和优化也是有的,但应坚持目标功能不变效能更优、综合成本不变共享率更高、关键内容不变形式上更加贴近实际需求的原则。其中创设布置、呈现方式、功能展现既是主要环节,也是创设过程中需要重点关注和解决的问题,它不仅关涉空间布局与功能发挥,更关涉幼儿与之互动和发展支持。

应用评价与持续改进是基于幼儿在公共场所和活动空间的实际体验与感受,对公共环境创设所作的综合性评估。环创的最终目的是支持和促进幼儿发展,所以评价的核心是它能否引发、支持幼儿与环境之间的相互作用,同时针对出现的具体问题或不尽如人意的地方加以改善。主要包括实践效能、过程性反思和持续改进三个环节。

事实上,幼儿园公共环境创设流程也是其他环创需要遵循的基本流程或操作步骤,希望通过这一流程的学习达到举一反三的目的。为帮助师范生获得相应的环创实践体验和能力,取得良好的实践教学效果,在初步了解公共环境创设基本流程的基础上,后续将结合具体环创,从环境创设的内容与形式、规范与要求、方法与措施等方面加以阐述并给出创设建议,同时通过书面作业和实操练习,帮助师范生有效形成教育环境创设能力。

第二讲　幼儿园户外环境创设

充满诱惑和无限遐想、意味着自由和快乐的户外总是幼儿向往的地方。合理规划、科学设计、精心创设户外环境,开展丰富的户外活动,对幼儿的成长和发展具有重要意义。《规程》规定:"在正常情况下,幼儿户外活动时间(包括户外体育活动时间)每天不得少于 2 小时,寄宿制幼儿园不得少于 3 小时;高寒、高温地区可酌情增减"。《纲要》《指南》对户外活动组织与实施及其环境创设作出相应要求,足见国家的重视程度。

图 5-2　幼儿园户外环境规划(1)

图 5-3　幼儿园户外环境规划(2)

一、幼儿园户外环境的特点

幼儿园的户外环境,能够让人从视觉和情感上感受到它的教育信念和人文关怀。这些感受和体验集中反映了幼儿园户外环境的独特之处及其价值所在。

（一）安全性

幼儿园户外环境是安全的、友好的。户外环境中的设施设备、操作材料、植物等不会对幼儿造成身体伤害，环境中的他人也不会对幼儿造成身体和心理伤害。这是幼儿园将保护幼儿生命安全和健康成长放在首位的具体体现，是幼儿园户外环境最本质、最显著的特点。

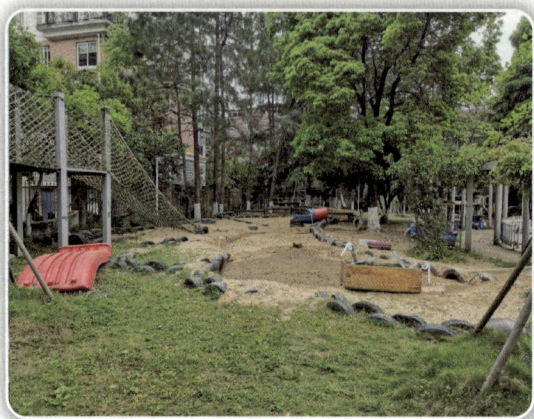

图 5-4　幼儿园户外环境

（二）自然性

幼儿园户外环境是自然的、花园般的。灿烂的阳光、清新的空气、洁净的水源和花草绿植是其必不可少的元素。户外环境构建充分利用园区地形、当地自然资源，设置体育运动、戏水、玩沙、土丘、步道、树林、花卉、草坪等设施和场所，让幼儿在运动场奔跑撒欢、强身健体，在林间、花丛中观察蚂蚁搬家、蝴蝶纷飞，在草地上追逐嬉戏，在小桥上欣赏莲蓬荷花、蜻蜓点水，在绿植间漫步、享受阳光和新鲜空气，在藤萝架下、小木屋里交流分享……幼儿园总是以贴近童年生活的自在与自然，解放幼儿大脑和四肢、放飞心灵，支持幼儿亲近自然，满足他们对大自然的好奇心和探究欲。

（三）趣味性

幼儿园户外环境是有趣的、丰富多样的。户外环境的诱惑与魅力，源自它的自然性和开放性、游戏资源的丰富性，会使幼儿感到愉快，并引起活动兴趣。无论是滑梯、攀爬、蹦床等综合性游乐设施，还是推车、建构材料、滚筒等小型玩具和设备，都会诱发并刺激幼儿自由玩耍的天性。在没有太多约束与羁绊的户外环境中，他们可以自由自在地玩玩具，找自己喜欢的伙伴，并以自己喜欢的方式游戏；抑或追逐嬉戏、欢呼雀跃，使自己的身心得到充分的自由与舒展。在户外，游戏中的幼儿似乎永远都不知疲惫。这一行为表现同时说明，活动兴致和专注度越高，意味着游戏在逐步深化、广度在逐渐扩展，幼儿在不断成长。因此，幼儿园多致力于游戏资源的丰富性和趣味性的挖掘与利用。

（四）挑战性

幼儿园户外环境是具有一定"野趣"和挑战性的。对于幼儿，户外游戏无论是过程还是结果、肢体感触还是心理感受上，都充满了刺激与挑战。攀登树屋有登高探秘的刺激，从滑梯高处顺势而下有风驰电掣的刺激，荡秋千有飘忽天地、升腾起降的刺激，过索桥、滑索道、钻山洞对胆量和体能都是一种挑战，攀爬架、攀登墙不仅考验协调力、平衡力，对专注力和观察力也是一种考验，等等。富有"野趣"和挑战性的户外环境能够唤起幼儿游戏的欲望，激发他们战胜自我的信心和潜能，磨炼其意志和挑战

图 5-5　有趣的树屋

图 5-6　野趣和挑战性兼具的户外环境

意识,而且游戏中的考验和挑战会再次激励他们不怕困难、勇于探索,在一次次尝试中克服困难、解决问题,获得发展。

这一特点是基于户外环境的安全性和幼儿最近发展区所呈现出来的。因此,"野趣""挑战性"既要符合教育环境的给定性特点和安全要求,也要考虑到不同年龄阶段幼儿或个体的参与程度在可控范围之内。

(五) 动态性

幼儿园户外环境是发展的、变化的。自然性特征使户外环境具有鲜明的动态性和多样的感受性,春有百花、夏有林荫,秋有硕果、冬有白雪,四季交替,自然景致不同,审美意境和感受有别。动态性更体现在幼儿的参与性上,幼儿户外活动或参与户外环创的过程是一个学习和经验积累过程、一个健康发展过程。这一过程会使户外活动空间、场地规划、设施布局、材料投放等根据活动和幼儿的发展而发展变化。可见,动态和变化特点是幼儿与环境相互作用的结果。

二、幼儿园户外环境构成与创设

幼儿园户外环境包括园区规划、园舍建筑、户外游戏场地和集中绿地等。户外环境对于幼儿健康成长、增强体质、友好交往等至关重要,其重要性不亚于室内环境。

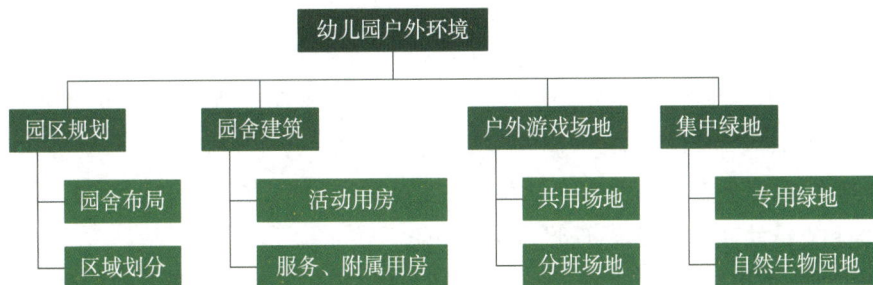

```
                    幼儿园户外环境
        ┌──────────┬──────────┬──────────┐
      园区规划    园舍建筑   户外游戏场地   集中绿地
        │           │           │           │
      园舍布局    活动用房    共用场地    专用绿地
        │           │           │           │
      区域划分   服务、附属用房  分班场地   自然生物园地
```

图 5-7　幼儿园户外环境构成

(一) 园区规划

园区规划是在科学选址的基础上,坚持"幼儿为本",本着节约用地的原则,对幼儿园园舍布局、内

部道路、游戏活动场地及其区域功能划分所作的统筹规划与科学布局。其目的是建设安全适用、经济美观的幼儿园,满足幼儿在园一日生活对科学保教、空间场地、户外活动、设施设备等方面的基本需求。

园区规划应因地制宜、分区合理、功能明确,符合幼儿身心发展特点,便于科学保教活动的开展和幼儿人身安全管理。建筑物、构筑物与绿化、美化融为一体,构成优美的育人环境,为幼儿创设一个安全友好的生活、游戏和学习空间;园区道路的规划应满足通行便捷、人车分流,避免相互干扰。主干道宽度和转弯半径符合消防通行要求;游戏区域和休闲步道应根据园区坡地、沟渠等自然地形地貌,合理设计曲直平缓或凹凸起伏的不同形态,采用土木、沙石等多种材质建构,满足幼儿对各种地形、材质的感知体验和游戏情趣需要。

园区应规划设置旗杆和旗台。升旗是对保教人员和幼儿进行爱国主义教育的重要形式,旗杆和旗台应位于室外公共游戏场地的显要位置。如无合适位置,应在主要建筑物上设置附墙旗杆。[①]

（二）园舍建筑

园舍建筑由幼儿活动用房、服务和附属用房构成。建筑组合应紧凑集中,单体建筑间宜有连廊互联互通。园舍外观造型及色彩设计富有童趣和时代感,符合国家现行幼儿园建筑设计规范与要求。

根据幼儿身体发育和运动特点,建筑层高不宜超过三层,活动用房宜朝阳设置且室内光照充足,冬至日底层满窗日照应大于 3 小时。结合建筑布局、园舍外观、设施设备、空间场地等特点,对建筑周围、园区及围墙进行统一规划、绿化和美化,坚持安全、适用、绿色、节能、环保、经济、美观的原则,营造功能完善、适合幼儿身心发展、寓教于乐的教育环境。[②]

（三）户外游戏场地

户外游戏场地是幼儿开展体育运动、游戏活动、与环境互动的空间场所,同时适用于师幼其他户外活动和集会。地面应宽敞、平坦,配置相应区域所需的运动、游戏设施和条件;场地面积人均不低于 4 m²,1/2 以上场地冬至日日照时间不少于 2 小时。其中分班游戏场地应根据班级数按照年龄班合理划分,人均面积不低于 2 m²。设置相对独立、分类明确的游戏材料储藏设施和安放区域。

根据幼儿身心发展特点和幼儿园教育任务、内容,幼儿园户外普遍创设体育活动区、游戏区、游乐器械区、沙水区、涂鸦创意区等活动区域。

1. 体育活动区

《纲要》要求:"培养幼儿对体育活动的兴趣是幼儿园体育的重要目标。"幼儿阶段是身体发育和机能发展极为迅速的时期,也是形成安全感和乐观态度的重要阶段。发育良好的身体、愉快的情绪、强健的体质、协调的动作、良好的生活习惯和基本生活能力,是幼儿身心健康的重要标志,也是其他领域学习与发展的基础。前提是提供体育运动条件、创设相应的体育活动环境,并以幼儿喜欢的方式开展,才能激发他们参加体育活动的兴趣,养成体育锻炼的习惯。

体现功能与作用,是体育活动区环创最本质、最直接的目的。场地的规划设置、器械和材料投放等,应具有激发和支持幼儿体育锻炼、增强体质的功能。

首先,创设宽敞、平坦、适宜的体育运动场地,合理设置运动设施。这是幼儿体育运动和身体锻炼的基本保障。规划和创设应突显运动的功能性与锻炼的目的性,既要考虑作用发挥,也要适于其他活

---

① 住房和城乡建设部、国家发展和改革委员会. 幼儿园建设标准[S]. 2016.
② 同上.

图5-8 宽敞的体育运动场地

图5-9 多样的体育活动环境

动开展。地面不可铺设花岗岩、水泥地或有化学、放射性污染的材料,提倡铺设适于幼儿运动、易于养护的草坪或无污染的软质地坪,且面积不小于整个场地面积的70%,最大程度地减少对幼儿膝、踝关节发育的影响,预防空气污染、摔伤等事故的发生;场地应宽敞、平坦,无障碍物,能够满足幼儿走、跑、跳等体育运动需求。根据大班幼儿"能快跑25 m左右"[①]的发展目标,应设置30 m直跑道,且终端无障碍物和安全隐患;提供适于幼儿的足球、篮球等相关体育器材、设施和活动场地。此外,满足分班或共同活动以及运动会、集会等基本需要。

其次,创设丰富多样的体育活动环境。幼儿体育活动开展有其自身的特点和规律,既要发展幼儿身体平衡、协调能力,还要关注动作的协调性、灵活性发展;既要符合具体活动对场地、器材的要求,也要满足幼儿身体动作全面发展的要求。有实践者在研读《纲要》《指南》体育活动目标与内容的基础上,因地制宜地挖掘利用户外活动场地,创设与走、跑、跳、钻、爬、平衡、投掷等相应的平衡区、投掷区、钻爬区、跑跳区、球类区、拓展区,并将宽敞的运动场、园区主干道变身为钻爬、平衡、推小车、踩高跷的运动场所;将自然草坪开辟为幼儿快乐足球场;在小树林里创设趣味投掷区[②]……整个幼儿园里都能看到幼儿体育锻炼的身影。这一实践成果为体育活动环境创设提供了可借鉴的有效途径。

2. 游乐器械区

游乐器械区是借助各类游戏设备或器械,供幼儿开展健身运动、娱乐活动的综合性功能区域。包括儿童城堡、滑梯、蹦床、攀登架等大型组合设施,秋千、跷跷板、转椅等中小型设备。大中型设施可根据

图5-10 集中设置游乐设施

图5-11 分散设置游乐设施

---

① 教育部. 3—6岁儿童学习与发展指南[Z]. 2012.
② 吴冬浩. 幼儿园分区体育活动的环境创设[J]. 教育(周刊),2015(14).

第五单元

创建安全友好童院

图 5-12 秋千

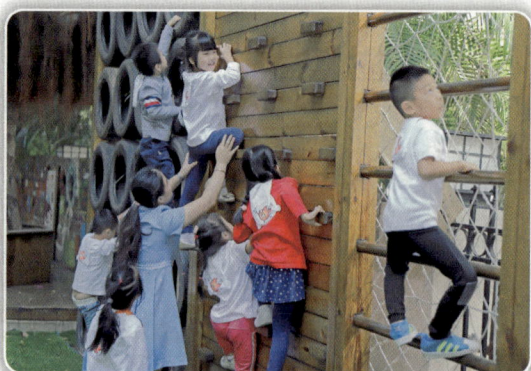

图 5-13 攀爬设施

户外空间、场地面积大小及幼儿活动需要分散或集中设置，宜安放在草坪或软质地面上，设施之间需保持一定的安全距离，周边 3 m 以内不宜安置有碍活动的其他物品。

幼儿大多喜欢攀爬，特别是中大班的幼儿。可在园舍建筑外墙、坚固的围墙墙面创设攀岩墙，或独立设置软索爬梯、轮胎攀爬墙等；滑梯、攀爬设施等落地处应铺设安全软垫、细沙或其他缓冲材料；户外空间、场地面积不足时，可考虑将攀登架、滑梯与沙池等组合配置，为幼儿创设功能多样的健身、娱乐区域，既安全又节省空间和成本。所有设施或器械应符合安全、环保要求，安装稳固且无尖锐角或螺钉突出。

3. 沙水区

玩沙玩水是幼儿最喜欢的活动之一。由于沙粒硬度大、密度高、不溶于水的物理性质，使其既具固态性又有流动性；液态的水无色、无味，能溶解许多物质，具有流淌性和一定的表面张力。它们多变的形态和无常的玩法，从本质上满足了幼儿对游戏和快乐的追求。尤其是当沙与水相遇，游戏的乐趣更是无穷，极大地激发了幼儿的想象力和探究欲。事实上，玩沙玩水不仅是游戏，对幼儿感知觉、情绪情感、手部肌肉、肢体动作、空间关系等发展也是有益的。

沙区用沙宜采用细腻洁净的海沙、河沙，天然黄沙也可使用，蓄沙深度为 0.30 m～0.50 m。沙区周边可用废旧轮胎作软化防护处理，轮胎护边可做为"平衡木"供幼儿使用。水池大小适宜并作防水处理，使用生活用水。池水须定期更换或保持良好的流动性，确保水质优良。经济条件较好或气候适宜的地区还可设置游泳池、喷泉、观赏池等。须明确的是，无论是玩水区还是喷泉、戏水池等，水深不可超过 0.3 m。

图 5-14 玩沙区

图 5-15 戏水池

图 5 - 16　沙水组合

图 5 - 17　沙与攀爬设施组合

水池通常与沙区毗邻设置,或在沙区周边提供水源,以便幼儿沙水共玩。沙区水池四周最好有高大的树木,或设置遮阳棚(伞)。户外场地面积不足或受地域气候限制的园所,可设置玩沙箱和玩水箱。

4. 涂鸦区

户外涂鸦有别于室内桌面绘画活动,能够极大地激发幼儿的美术表现欲和绘画乐趣。尤其是当户外活动与表现活动相结合,不仅引发了幼儿创造的热情、表现和表达欲望,也使其绘画形式得到丰富。涂鸦区可以利用园舍外墙或其他适宜空间来创设,选择易于擦洗或重复使用的材料做面板,提供种类多样的绘画工具和材料,营造自由开放的美术活动空间和氛围,支持幼儿运用多种形式和材料表现美、创造美,有效提升幼儿的表现力和审美能力。

图 5 - 18　色粉笔涂鸦

图 5 - 19　水粉颜料涂鸦

5. 游戏区

科学、适宜的游戏及其环境不仅能使幼儿获得快乐愉悦的情绪体验,还能激发其探究欲、思考和解决问题的能力,发展运动和协调能力,支持幼儿再现生活、表达自己的想法和感受、学会交往与合作,丰富其社会体验和思想。[①] 户外游戏区创设,就是要为幼儿提供一个多样化的游戏活动空间。

首先,创设一个让幼儿有地方玩、有东西玩、玩得有意义的游戏环境。游戏场地与空间、玩具与材料提供、充分的游戏时间,是幼儿游戏的前提。在此基础上,提高游戏质量,让幼儿玩得有意义、有价值。根据课程内容与要求,结合幼儿发展诉求,充分利用户外环境开放、场地空间开阔、活动自由度较高的特点和优势,创设超市、集市、美食街等社会体验游戏区,或与教育活动主题相关的角色表演区、

---

① 王晶,刘思好,沈建洲."安吉游戏"与"利津游戏"比较及启示[J].陕西学前师范学院学报,2018(1).

图5-20　特色小吃店

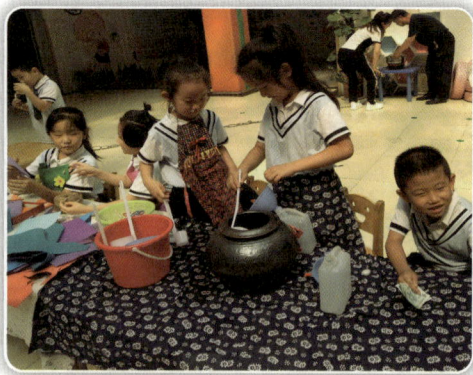

图5-21　集市小摊点

图5-22　幼儿作品义卖区

图5-23　综合建构区

图5-24　户外游戏小屋

图5-25　野战区

图5-26　具有野趣的绿荫钻网

图5-27　富有挑战意味的攀爬与滑索组合

建构区等,使室内外活动贯通,成为生活活动和学习活动的延伸与拓展,有效激发幼儿主动游戏的兴趣和专注度,增加不同年龄段幼儿社会交往与实践体验的机会,在游戏中逐步形成良好学习品质。

其次,创设具有探究性和挑战性游戏区。爱探究、好挑战是幼儿与生俱来的潜质。结合当地社会生活、自然物产、区域文化等特点,利用园所地形地貌,采用当地易得的竹木土石等自然资源,在浓荫蔽日、充满野趣的树林或竹林、小土丘和小水池等处,创设具有探索性和挑战性的游戏场所,如游戏小屋、树屋、多种材质的步道、索桥、滑索等,满足幼儿观察、探究和挑战的需求,发展幼儿的跳跃、攀爬和肢体协调能力,逐步形成坚韧、顽强、自信、智慧、勇敢等良好意志品质。

幼儿园及其教师就是要为幼儿创设一个在阳光沐浴下,处处都有幼儿快乐游戏、撒欢、跳跃身影的户外运动和游戏环境,让幼儿园真正成为幼儿释放天性、放飞梦想、创意无限的乐园……

(四) 集中绿地

集中绿地是幼儿园美化净化环境、隔音减噪、改善小气候,幼儿认识植物及室外游玩的场所,不仅起到美化、优化保教环境的作用,还具有陶冶幼儿情操、引发探索、拓展思维的功能,[1]包括专用绿地和自然生物园地。[2]

1. 专用绿地

专用绿地包括面积较大的草坪、林木等绿化区域。按照有关要求,幼儿园绿地率不低于30%,人均面积不低于 $2\,m^2$;应充分利用园区自然地形,依貌设置专用绿地。植物、树木应无毒、无刺、无飞絮、无刺激气味、无病虫害,品种、高矮、大小等多样,尽可能做到四季观叶、三季有花。既要起到绿化美化空间、净化空气和赏心悦目的作用,还要发挥引发、支持幼儿认知和探究的作用。

园区应注意保留面积较大的土质地面,种植易于生长和养护的草坪、花木,其中设置适合幼儿游戏的器械或小景观、休闲设施,投放游戏材料。草坪四周植有高大乔木,保证幼儿在夏季户外活动时有绿荫。有条件的应规划种植一处小树林或竹林,设置秋千、摇椅及各种材质和形态的林间步道,既可为幼儿观察、探究活动提供条件,也为其纳凉和小憩提供悦目娱心的环境;茂盛的藤蔓类植物在春夏季可以形成绿荫长廊,依此设置爬索、攀爬网、吊挂摸高或相应的活动区,也可设置长椅、小桌等,发挥其休闲娱乐功能。

此外,除通行必须的主干道外,园区不宜大面积使用水泥硬化或人行道砖铺设地面。道路两旁可种植树木、花草和绿篱。

图 5-28 绿地与小景

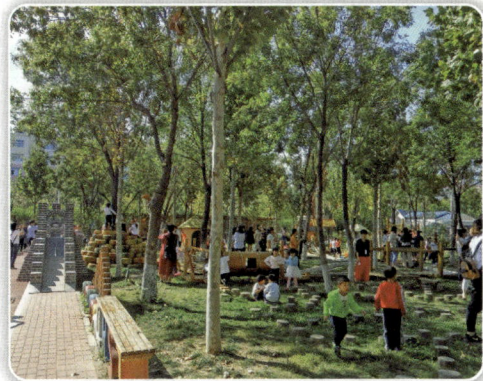

图 5-29 小树林里的游戏活动

① 教育部、联合国儿童基金会.幼儿园安全友好环境建设指南(试行)[Z]. 2012.
② 住房和城乡建设部、国家发展和改革委员会.幼儿园建设标准[S]. 2016.

图 5-30　石材步道　　　　　　图 5-31　木材步道　　　　　　图 5-32　轮胎步道

2. 自然生物园地

幼儿园的自然生物园地由种植区和养殖区构成。户外空间场地宽敞的，可分别、分区设置幼儿直接参与管理的种植区和养殖区，并设立班级标牌。种植区通常种植易生长、周期短、方便管理的向日葵、牵牛花、花生、大蒜、芹菜、萝卜、西红柿、黄瓜等蔬菜、花卉和瓜果。配备小铲、洒水壶等劳动工具；养殖区可饲养鸡、鸭、鹅、兔子、羊驼、鹦鹉、鸽子等家禽、鸟类或比较温顺的小动物。户外空间场地相对较小的园所，可在园舍建筑周边、边角空地、围栏、窗台等处，利用盆罐、盒子、饮料桶、旧轮胎等作为

图 5-33　种植区　　　　　　　　　　　图 5-34　养殖区

图 5-35　种植角　　　　　　　　　　　图 5-36　养殖角

盆栽或养殖器皿,因地制宜地创设种植角和养殖角,激发幼儿观察动植物生长、探索生命奥秘的兴趣,培养新时代幼儿的劳动意识、责任感和认真负责的态度。

三、幼儿园户外环境创设的注意事项

幼儿园的户外环境有别于小学校园,其环创也有本质区别,既要基于幼儿年龄特点、发展需要和保教规律,还要结合幼儿园自身情况,合理化布局空间和设施,提供丰富的环境资源,为幼儿创设一个有利于激发学习探索、安全友好、健康成长的发展环境。同时要厉行节约、不浪费财物,防止盲目攀比和不切实际的行为与做法。创设实践中应注意以下几点。

(一) 科学规划、整体设计,体现功能、发挥作用

户外环境不只是提供活动空间和游戏场所,而且是实现教育目标、支持幼儿全面发展的重要场所,是幼儿园课程资源和教育资源的重要组成部分。它的创设应体现教育观、儿童观和课程观,彰显办园理念与特色。因此,应对户外环境进行科学规划、合理布局、精心创设。

首先,依据环创基本流程,设计户外环创规划和实施方案。采用反向设计、正向施工的基本路径,遵循幼儿身心发展特点和规律,按照保育与教育相结合的原则,以幼儿全面发展的要求和需求为出发点,贯穿以游戏为基本活动的理念,因地制宜地创设一个自然、多元、和谐、安全、动态的户外环境空间,一个绿色的、生态的、多样化的、可选择的、具有挑战性和探究性的游戏场所,一个具有亲近自然、直接感知、实际操作、亲身体验意义和支持发展的教育环境,支撑幼儿身心和谐发展目标的达成。同时,有效预防和纠正重形式轻内涵,目标、功能定位不准,随意性大、不切实际,盲目效仿或相互攀比的行为与做法。

其次,周到思虑户外环创的整体性和功能性。幼儿的学习与发展是整体的、全面的,这是《纲要》《指南》的核心精神。在环境安全的前提下,挖掘园所已有空间资源与条件,既要创设充满童心童趣、有欢乐花园般的户外环境,还要注重科学规划、合理分区,满足幼儿活动的多样性和功能性需求,在幼儿充分享受户外活动乐趣的同时,从不同角度促进幼儿身心、情感、态度、能力、知识、技能等方面的发展;充分考虑全面发展目标和课程实施的整体性与系统性,基于教育活动和活动区创设,以幼儿阶段性目标、核心知识或经验为节点,在室内外活动之间建立一定的内容联结或形式上的延展,创设与室内保教环境相关联的户外环境,发挥其应有的功能和作用。

(二) 合理设置,支持不同年龄段幼儿发展

户外活动场所为开放性空间,要满足不同年龄段幼儿对场地、设施、器械和材料的需求,创设部分封闭或半封闭空间,支持不同年龄段幼儿自由活动、交往活动或游戏活动的开展。

小班幼儿肢体动作发育尚不完善,容易摔跤,观察及应变能力有限、易受外力冲撞和外部因素干扰。为确保活动安全,应为小班专门设置相对封闭的户外活动区,投放适宜的皮球、沙包、木马、跷跷板、拱形圈等小型玩具或游戏材料,促进其肢体协调发展、提高体能和体质;基于中大班幼儿自由活动、交往活动的需要,可设置游戏小屋或社会体验区等半封闭空间。为避免不同年龄班或活动区之间的干扰,可依据不同年龄段幼儿活动内容、形式和规律,利用绿篱、围栏、积木等对活动场地做功能或大小区划与分隔,并设方便幼儿集散的出入口。

户外活动区划要充分考虑其功能及幼儿活动特点,避免并排除安全隐患,尤其是开放性的自由游戏区以及有关滚动、跑跳、投掷等大动作运动区等,应与小班活动区、其他相对安静区域保持安全距离。园区主要干道是一个半封闭的通行区域,相关运动场地,秋千、滑梯等设施和玩具不能与之混设或相邻。[①]

---

① 董旭花. 幼儿园户外游戏环境规划[J]. 山东教育,2009(15).

（三）挖掘并利用场地空间，合理化空间密度

不同园所的户外场地形状各异，场地面积大小不一；幼儿数量不仅与园舍建筑面积有直接关系，也和户外场地面积密切相关。为确保幼儿户外活动的正常开展和活动时间，合理化空间密度，应有效利用现有场地空间创设户外环境，特别是户外场地面积较小的园所。一是控制班额。不同年龄班幼儿数应严格控制在额定范围内，依法依规办园是空间密度合理化最有效的措施；二是班级轮替。为避免局部区域幼儿密度大、活动拥挤，可以通过班级轮流、错时开展户外活动；三是小型多样。户外场地面积较小的园所不宜设置综合性大型游乐设施，宜采用小型、功能多样的设施和自制游戏材料来改善空间密度、活动条件。四是空间利用。通过在墙壁创设攀岩墙、篮球筐，利用树木创设树屋，在树木之间悬挂游戏绳网等，巧妙利用户外每一处空间，创造性地开辟户外游戏场所，有效缓解空间密度大的问题。

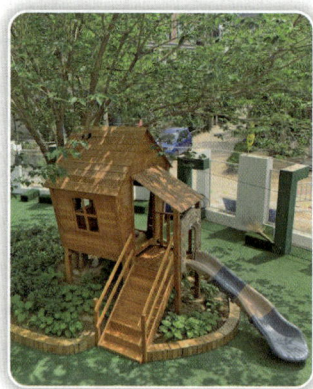

| 图 5-37　巧用小空间(1) | 图 5-38　巧用小空间(2) | 图 5-39　巧用小空间(3) |

（四）处理好地下工程与地面设施的关系

在创设户外环境和活动区域时，应处理好它们与各类地下构筑物、公共管网等设施的关系，在确保幼儿活动安全的同时，避免不必要的财物浪费。园区地面运动场地、游乐设施、小型雕塑、景观装置等规划与创设，应避开排污、天然气(煤气)、水电、供热、通讯等地下管线和设施。特别是戏水池、游泳池、雕塑、景观等造价成本较高的地面设施建设一定要避开地下工程。

第三讲　幼儿园室内公共环境创设

门厅、走廊、楼梯、功能室(厅)等公共区域是除班级活动单元外，使用频率最高的室内空间。这里既是联系户外的场所，也是班级活动单元的外延，二者共同构成室内教育环境的整体。

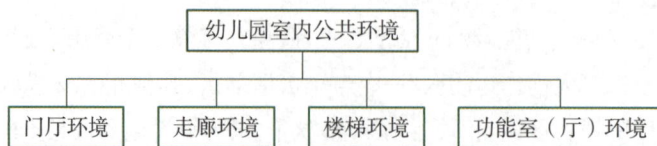

图 5-40　幼儿园室内公共环境构成

由户外进入园舍，首先接触和感受到的就是室内公共环境。其环境创设不仅展现园所的保教文化和精神风貌，也反映其办园理念和保教品质。因此，应根据教育任务和要求，结合办园理念、地域文化和教育资源，充分利用室内公共空间，创设符合教育目的、支持幼儿全面发展的教育环境。

一、门厅的功能与环境创设

（一）门厅的功能

门厅，是进出建筑物的交通咽喉，是园舍建筑的首个通行门户，是幼儿、教职员工、家长和来访人员往来户外与室内的集散处。门厅同时兼具晨检、展示和信息传递功能，在此晨检可保证无漏检发生；公告、通知、幼儿作品或文化墙等也会呈现在这里，发挥着"窗口"作用。

园舍门厅具有宽敞明亮、视线开阔，采光效果和通透性良好，有利于人流通行和短暂停留、集散的特点。

（二）门厅的空间设计

综合相关幼儿园建筑设计规范和要求看，门厅空间尺度应避免大而无当，其面积可根据幼儿园规模和主体建筑中幼儿数量合理控制。通常大、中、小型幼儿园门厅建筑面积要求分别为 $80\sim100\,m^2$、$50\sim70\,m^2$ 和 $30\sim40\,m^2$，净高以 $2.6\sim2.8\,m$ 为宜。门厅内的人流路线要简捷、通畅，通向不同区域的流线分明。幼儿出入的门厅不应设台阶，地坪有高差时应设置防滑坡道。

门厅的门扇双面均应平滑、无棱角，距地面 $0.60\sim1.20\,m$ 高度内不宜安装玻璃等易碎材料。严寒天气较多和风沙较大的地区，门厅北向出入口应设置门斗。

（三）门厅的环创

1. 环创既体现建筑功能又发挥保教作用

在确保门厅宽敞明亮、无障碍，发挥通行分流、集散功能的基础上，适度、合理地体现晨检、信息传递和短暂停留的作用。

图 5‑41　空间形态有别的门厅环创(1)

图 5‑42　空间形态有别的门厅环创(2)

2. 创设展现园所精神文化、符合幼儿审美特点的环境

门厅环创宜简不宜繁，尽可能利用墙面空间、不宜占用地面空间，并有所侧重。可根据办园理念、发展目标、季节变化等，结合门厅空间结构，通过材料、组合、布局、尺度等艺术加工手段，在主墙面创

设展现园所文化与精神氛围的文化墙、园所成就或教师风采等展示空间；副墙面可采用新颖别致、生动活泼、色彩明快的幼儿美术作品或适宜的经典美术作品点缀。艺术风格和空间设计应符合幼儿审美要求，体现幼儿喜爱的造型和色彩元素，让幼儿有亲切感和舒适感。主色调配置和谐、明快，以呼应、烘托园所文化与精神氛围，同时与相连的走廊、楼梯等环境相协调。概言之，门厅环创应在保障集散、畅通功能的基础上开展，并体现集散通行、简约敞亮的特点。

二、走廊的功能与环境创设

（一）走廊的功能

走廊即有顶的过道，建筑物的水平交通空间，用来联系同层各门户。在园舍内部的同层，幼儿和保教人员就是通过走廊到达班级活动单元和其他功能室的。同时，通过环创走廊兼具展示、教育引导、信息传递和临时性活动场所的功能。

走廊空间具有狭窄深长，直接连接各分户门，满足人流双向水平通行的功能特点。走廊有中内走廊、单面走廊和外廊等类型。

图 5-43　中内走廊及环创

图 5-44　单面走廊及环创

图 5-45　外廊及环创

（二）走廊的空间设计

走廊的宽度与长度需要根据建筑物内部空间的交通联系、人流量、防火安全疏散和其他使用功能综合考虑。通常单面走廊的净宽应大于 1.8 m，中内走廊净宽应大于 2.4 m。走廊的长度须满足建筑物防火要求，距楼梯或出口最大距离不能超过 25 m。园舍走廊内部不应有突出壁柱，以防幼儿磕碰。厨房和幼儿用餐地点不在同一建筑物内时，应有外廊相连接。外廊安全栏杆宜采用通透式金属栏杆，既保证通风效果，也保障幼儿在外廊活动时有较好的视野。为确保幼儿的绝对安全，栏杆的高度不能低于 1.3 m，并采用不便攀爬的垂直型线饰，线饰净空距离不能大于 0.09 m。栏杆下距地面 0.10 m 范围内以实体遮挡，不能留空，以免灰尘下落或高空坠物造成伤害。

（三）走廊的环创

1. 创设体现通行功能和有安全感的走廊环境

走廊的首要功能是保障水平双向通行。之所以在园舍走廊进行必要的、有条件的和有限度的环创,是考虑身量矮小的幼儿在空旷、狭窄而深长的走廊通行,会产生害怕、心理不适或心理羁绊。因此走廊环创必须考虑幼儿感受并满足通行功能。

宣传、吊饰

家园互动栏
活动图片

幼儿作品
墙面玩具
互动交流

280~300cm
180~250cm
120~180cm
100~120cm
60~100cm
30~60cm
0~30cm

长期宣传
引导环境

中期家园
互动空间

短期幼儿
互动空间

图 5-46　走廊空间尺度规划示意图

2. 整体规划、创设走廊墙面和顶面

结合幼儿和成人身高、通行情况及环创内容,将走廊墙面和顶面空间划分为不同高度和内容的区域,以对应不同的受众,针对性地发挥环创作用。

为有效降低走廊心理高度、增强走廊视觉空间的舒适性和情趣性,可通过简约吊顶或吊挂饰品点缀,营造适合幼儿身高尺度的心理空间;也可利用灯光、色彩、造型等元素改变原有走廊墙面和顶面空间的视觉感受,让幼儿感到适意、有趣,进而产生亲切感和安全感。

按照不同班级所处位置,结合保教目标和内容、幼儿发展需求,可在走廊墙面创设互动区、作品展示区、行为习惯养成标志或提示;在班级门户墙面上创设家园共育、温馨提示、科学育儿等小栏目。

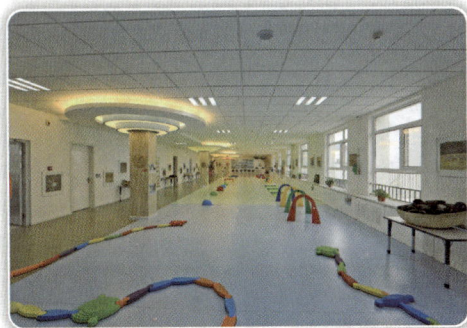

图 5-47　空间形态有别的走廊环境创设(1)

图 5-47　空间形态有别的走廊环境创设(2)

3. 有限度地利用走廊创设临时性活动区

当下,许多新建幼儿园的走廊宽敞、明亮,并创设有涂鸦墙、乐高墙、幼儿作品展示区,或在班级门户处设置活动区或种植角,成为活动室的外延和拓展,供幼儿开展活动、交流互动使用。须明确的是,净宽在1.8 m以内的走廊,除不影响通行的走廊尽头外,其他区域不能设置活动区或种植角,只能利用墙面和顶面做适宜的环创。即使是较宽敞的走廊也只能创设临时性活动区,活动结束应及时收纳,确保走廊正常功能发挥。

走廊色彩配置,应以其空间结构、内部光线、楼层班级活动单元结构等特点为基础,统一色彩基调,以知性、雅致的中性色,清新、明快的浅色系为宜,营造轻松爽朗、温情优雅的视觉效果。为增添些许活跃、灵动的空间氛围，可辅以少量鲜艳色彩加以调节、点缀，但要严格控制色彩面积，且不可繁复或过于跳跃。色彩对比强烈或鲜艳多变化，容易引发幼儿过度兴奋和浮躁。

此外，环创应避开走廊疏散指示标志、摆放或安装的消防设施设备，更不要覆盖或移动。

三、楼梯的功能与环境创设

（一）楼梯的功能

楼梯是建筑物上下交通设施之一，由梯段、平台和围护结构组成。其主要功能是保障楼层之间的通行，同时还具有承重、安全疏散和外观装饰作用。园舍的楼梯除保障师幼上下通行和安全疏散等日常生活需求之外，兼具行为引导、环境美化功能。

（二）楼梯的空间设计

园舍的楼梯设计既要考虑幼儿年龄特点和安全防护要求，还要在设置的数量、宽度、位置、形式等方面，在满足幼儿使用的基础上兼顾成人使用，如楼梯踏步高度及宽度、梯井宽度、楼梯扶手、垂直安全栏杆等。除符合消防规范要求外，还应满足下列条件和要求。

（1）楼梯间应有直接、良好的自然采光。

（2）楼梯踏步梯级高度和宽度应同时满足幼儿与成人使用规律和特点。幼儿迈步幅度和抬腿举高都比成人小，踏步高度 0.13～0.14 m 较为适宜，宽度不应小于 0.26 m。踏步面前缘做防滑处理，踏步宜用防水、防滑、易清洁且具有一定缓冲作用的材料铺设或覆盖。园舍建筑不宜采用踏步面宽度不等、易造成踏空、危害幼儿行走安全的螺旋形楼梯和扇形踏步。

（3）楼梯两侧应设置幼儿扶手（同时设置成人扶手），其高度距踏步面不应大于 0.60 m，宜采用端部和转弯部位无棱角的木制扶手，特别是地处北方的园舍不宜采用抓握感冰凉的钢管或不锈钢管扶手。

幼儿生性好动、喜攀爬，自我保护和约束能力不足，因此楼梯安全防护栏杆的高度、间距必须符合要求，构造应采用不可攀登的垂直线装饰形式，垂直栏杆间的净空距离不应大于 0.09 m，净高不应小于 1.30 m。园舍内部防护栏杆应透空，不应采用封闭挡板。

（4）利用园舍外展平台做室外滑梯时，其坡度应小于 30°，并采用有效的安全防护措施。

图 5-49　园舍外挂滑梯

图 5-50　室内楼梯与滑梯结合

（三）楼梯的环创

1. 环创应突出幼儿使用楼梯的安全性

园舍内部楼梯井宽大于0.20 m时，须采取绳网覆盖、结绳或封堵等安全防护措施，以防幼儿攀爬坠落；楼梯平台供幼儿上下楼时稍作休息使用，不宜创设引发幼儿驻足停留观赏的内容，更不能在平台地面摆放盆栽或展示台等，避免幼儿通行时发生拥挤或意外。室外疏散楼梯内侧栏杆可为镂空金属直栏杆，外侧可用实心栏板围护，既可避免楼梯由双侧实心栏板造成的狭窄感，也可在一定程度上防止雨雪导致的湿滑，增强使用的安全性。

2. 环创宜简不宜繁，重在良好通行习惯养成

在保障幼儿上下楼梯和通行安全的基础上，结合楼梯所处位置及环境因素做必要的环创。如显露于门厅或中庭空间的主楼梯环创，应力求通行功能与良好行为习惯养成相结合。在楼梯入口处设置相互礼让、靠右行走等指示和警示标志，或在梯段的第一踏步面前缘设置黄色警示条或简洁明了的标志、提示等，引导幼儿单行排列有序上下楼梯，不推搡、不跑跳、不攀爬，养成良好通行习惯。

楼梯墙面可做适当的、有限度的美化装饰，以增强空间美感，但环创应一目了然，少细节、大色块、简洁明快，也可适当点缀幼儿或名家美术作品，但不宜多，更不能在楼梯踏步或立面上做纹样装饰或粘贴文字。

图5-51　楼梯及墙面整体环创

图5-52　楼梯平台及墙面环创

3. 有效利用楼梯间创设幼儿喜欢的活动区

一楼楼梯下部的楼梯间是一个容易被忽略的角落，虽然面积较小、自然光线不足，若能合理利用，

图5-53　楼梯间创设皮影小剧场

图5-54　楼梯间创设游戏小屋

第五单元

创建安全友好童院

113

也能发挥物有所长的特点。可根据办园特色、结合幼儿兴趣，创设游戏小屋、休闲小屋或皮影小剧场等，使之成为园舍中狭小空间高效利用和环创的亮点。

四、功能室（厅）及其环境创设

（一）功能室（厅）的基本功能

功能室（厅）是满足幼儿、教师、家长等使用者现实需求或潜在需求的室内公共活动场所。主要为教育、游戏、娱乐活动提供空间保证，同时满足亲子活动、科学育儿、学术交流、教师专业发展等活动需求。按照其使用功能，分为多功能厅或综合活动室（以下统称多功能厅）和专用活动室。

（二）功能室（厅）的空间设计

按照幼儿园建筑设计规范和相关要求，功能室人均活动面积不应小于 $2\,m^2$，层高一般为 $2.8\sim3.0\,m$。$3\sim12$ 个班规模的幼儿园应配建室内净高不低于 $3.9\,m$、面积在 $63\sim288\,m^2$ 的多功能厅，6 个班以上规模的幼儿园至少设一间，且能容纳两个班及以上幼儿开展各类集体活动使用。一些不易移动的室内共享活动设施可放置在多功能厅。

1. 空间规划科学合理

做为全园师幼和家长共同使用的公共活动场所，功能室（厅）应具有宽敞明亮、安全集散的特点，科学合理、功能突出、灵活便捷的区域划分，以及相关活动所需的设施设备等基本条件。

根据功能室（厅）活动项目和内容、设施设备所处位置，作合理的功能区划，避免相互干扰，区域间应设有通道并保持畅通。区域隔断的高度不宜超过 $1.20\,m$，确保所有幼儿都在教师的视线范围之内。为避免不必要的人力、物力和财力浪费，功能室（厅）特别是专用活动室应做到相对固定。

2. 配套设施相应完备

根据功能室（厅）的作用和使用功能，配备相应的设备和操作工具与材料，如科学探究室、美术活动室等应配备上下水设施；多功能厅面积大于 $150\,m^2$ 时，可设置满足演出需要的小舞台，多媒体、电声、照明、服装、道具等设备和储物间，满足节日集会、师幼表演、观摩教学、家园互动等不同形式的活动需要。

（三）多功能厅的环创

多功能厅是供分班或集体开展音乐、舞蹈、体育活动和亲子活动、科学育儿指导、教师专业发展等活动用房，是集幼儿、教师、家长为一体的多人、多功能活动场所，且以幼儿使用为主。在这里，幼儿活动量普遍较大，大肌肉动作较多，应充分考虑地面材料的安全性和舒适性，选择弹性和保温效果、足部触感较好的材料铺装地面；顶部可结合建筑自身构造凸显结构美，辅以局部色彩和灯具点缀处理。若需悬挂吊饰，应注意吊饰高度和大小，以安全、不影响正常活动开展为宜；建筑结构突兀处或立柱应加以软包，保证幼儿活动安全；墙面不宜大面积装饰，若确需，应在视线较集中的区域有限度地创设色彩明快、形象生动、内容简约的装饰物，切不可繁复。

从功能作用及审美感受来讲，多功能厅的色彩以清雅的浅黄、浅蓝或浅绿等色调为宜。浅黄色给人以温暖、柔美、快乐和希望的心理感受；浅蓝色表现出一种理智、安详与广阔，令人心情安静而放松；浅绿色具有清新、安全、生机等寓意，给人以宁静、自然、希望之感。这些色系均有调节情绪、安抚和放松心情的作用，有利于同伴、师幼、家长与师幼之间的交往互动。为调节室内氛围和营造良好心理感受，可辅以少量对比色，并以流畅的线条或纹饰加以装饰，强调整体审美效果。

图 5‑55　多功能厅环创(1)

图 5‑56　多功能厅环创(2)

图 5‑57　多功能厅环创(3)

图 5‑58　多功能厅环创(4)

（四）专用活动室的环创

专用活动室是基于幼儿成长和保教资源，引发、支持幼儿全面发展而创设的功能突出、特色鲜明、专业性强的学习场所。常设有音体活动室、美术活动室、科学探究室、游戏室、生活体验馆、美食坊、创客空间、陶吧、绘本馆等。

1. 音体活动室

图 5‑59　音体活动室环创(1)

图 5‑60　音体活动室环创(2)

音体活动室是供全园幼儿分班或分组开展音乐、舞蹈和室内体育活动的专门场所。面积较大的音体活动室可以分别设置音舞活动区和体育活动区，也可依据具体活动或活动计划区分设置，但区域划分不宜多；面积较小的不划分区域，可分别开展活动。其中音舞活动区供幼儿舞蹈、律动或开展音乐活动使用，需配备钢琴、幼儿打击乐器及音响设备等；体育活动区配备相应的室内体育器材或操作材料,供幼儿提高身体素质使用。鉴于幼儿在此活动量较大,一些活动也需要幼儿更换衣服和鞋子,建议设置更衣处(衣柜、鞋柜)。

根据音体活动室的功能和学习内容,建议在墙面一侧装设落地形体镜,并安装木质把杆,方便幼儿舞蹈、律动学习和活动开展,又能预防幼儿接触镜面,确保活动安全。除必要的乐器、器械和储物需要外,应保持室内场地宽敞无障碍、地面无杂物或堆砌物。地面、顶部和墙面处理及整体环创可参考多功能厅环境创设建议来进行。

2. 美术活动室

美术活动室是供全园幼儿以班级为单位开展绘画或手工制作活动的场所。其创建优势和特点在于,有足够的活动空间和完善的设施,能够集中提供多种多样的绘画、手工制作工具和材料,营造良好

图 5-61　美术活动室(1)

图 5-62　美术活动室(2)

图 5-63　美术活动室(3)

图 5-64　美术活动室(4)

图 5-65　美术活动室及其操作区、材料区和展示区

的美术活动氛围,有效激发幼儿造型和审美活动的深入进行,并以展示区的幼儿作品、经典作品为媒介,支持不同年龄段幼儿间的学习交流和美术教学活动的开展。

美术活动室应选择采光、通风条件良好且有水源和清洁设施的房间,其环创主要有四个方面。

一是做必要的功能性分区。根据活动室空间结构和面积,视情划分操作区(绘画区、手工区)、作品展示区、材料区,以突显功能性和环创的目的性。其中,操作区一定要选择在活动室自然光线最佳、最敞亮的位置。当然,有条件的园所可分别设置绘画活动室和手工制作室,为幼儿提供更大的活动空间。

二是根据实际需求创设适宜的操作区。操作区的关键是操作台,无论是购买还是制作,建议每个操作台能够供8～10名幼儿面对面同时使用。操作台数量、大小可视室内具体面积确定,至少能够保证班级或分组活动需要。绘画用操作台面以木质材料为佳,台面中央可配置深5 cm左右、宽10～15 cm之间的凹槽,方便搁置颜料、调色和绘画工具。开展水墨画教学还需配备画毡。基于幼儿手工制作内容和形式的丰富性、制作材料的多样性、制作过程的工具性,手工制作台面可选用耐磨、易清洁的塑石或木质材料,台面边缘做圆滑处理。若活动室面积足够大,也可考虑提供机动、方便的画架和画板。

操作区应提供干性(油画棒、彩色铅笔等)、湿性(毛笔、排刷等)和半干性半湿性(棉签、马克笔等)绘画工具,及安全剪刀、泥工工具、双面胶等常用工具,支持不同年龄段幼儿的造型活动。

三是材料区创设并提供丰富多样的操作材料。材料区宜临近操作区设置,幼儿绘画材料有普通纸张,也有专用纸张,如画纸、复印纸、水粉纸、宣纸等;手工材料相对复杂多样,如软硬、颜色有别的各类纸张,纹样、色彩不同的织物类,胶泥、陶泥、纸浆等泥类,竹木、植物的叶、花、茎以及石头、贝壳等自然物,秸秆、玉米皮、果壳等农作物副产品,其他无毒无害的纸袋、包装盒、瓶罐等废旧物品。各种画材和材料应分门别类地储放。使用储物柜(架)储放时,可与作品展示架结合使用,即上架下柜,也可使用储物箱或储物筐。

四是幼儿作品展示(区)应与活动室整体环创相结合。可利用墙面创设幼儿作品展示墙,其高度在0.60～1.50 m之间、适合幼儿视线范围或自己动手布置作品的高度为宜。同时这些作品能够为其他幼儿的美术表达、灵感激发和艺术创意提供思路。为有效利用活动室空间,可设置作品展示架,用来展示幼儿手工或优秀手工艺品,也可将手工作品通过吊挂来展示,以烘托活动室的艺术气息和氛围,这也是美术活动室环创的显著特点。

此外,幼儿在美术活动中,调色、清洁工具、洗手等都需要用水,这也是一日保教流程不可或缺的重要环节。因此,活动室须设置清洁池和污水池。为保持室内地面的干爽与清洁,可在清洁池与活动区域之间设置半开放隔断,并在清洁池周围留有足够空间,避免拥挤发生。

总之,美术活动室的环创在强调满足幼儿造型活动和审美功能的基础上,应充分发挥艺术想象力和创造力,通过大胆的造型、夸张的色彩、丰富的艺术表现力,来营造浓郁的艺术氛围,以激发幼儿美术创作的激情和审美热情。

3. 绘本馆(图书阅览室)

绘本馆或图书阅览室(以下统称绘本馆)是幼儿在园期间的读物海洋,人生之初最为重要的阅读场所。"热爱书、尊重书、崇拜书的气氛,乃是学校和教育工作的实质所在。"[1]早期阅读对于幼儿成长乃至一生的发展具有举足轻重的作用,创设一个舒适温馨的阅读环境,意在读物创作者和幼儿之间建立对话交流的桥梁,培养幼儿阅读兴趣和良好阅读习惯,进而达成身心与精神的和谐发展。

绘本馆环创应从以下四个方面着手。一是选择宽敞明亮,所处位置相对安静,空气清新、流通的,具有良好的自然光和照明条件的房间作为绘本馆。为保护幼儿视力健康,选择和布置灯具时,可采用

---

① [苏联]B. A. 苏霍姆林斯基. 帕夫雷什中学[M]. 赵玮等译. 北京:教育科学出版社,1983:28.

图 5-66　绘本馆环创（1）

图 5-67　绘本馆环创（2）

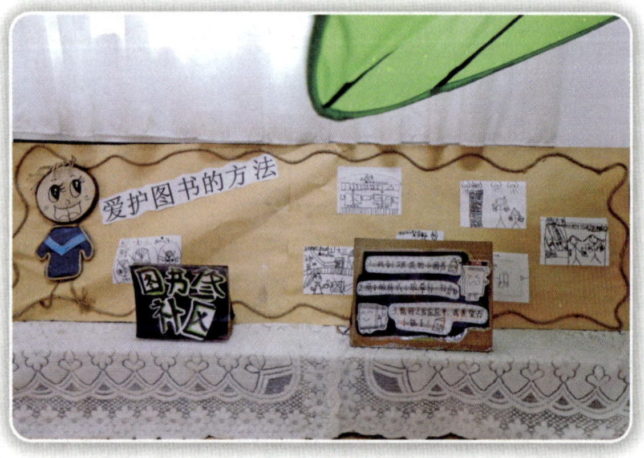

图 5-68　图书修补角

图 5-69　幼儿自制绘本区

电子镇流器的多光源、格栅灯或带透明罩的灯具，以消除光源频闪效应和眩光问题。

二是配备与幼儿身心相适应的阅读设施和图书，并依幼儿需求摆放图书。配备适应不同年龄段幼儿身量和尺度的桌椅，其形状和摆放形式可多样，以满足个体和小组阅读需要；书架高度不宜超过1.40 m，适合幼儿自主取放图书，可选用图书架、台或布袋等多种形式，也可因地制宜利用壁橱（柜）作书架；幼儿图书上架方式与成人的书脊向外（朝向读者）、本本立正摆放的方式不同，而是封面向上或向外（封面面向幼儿）摆放，而且适合小班幼儿阅读的图书要摆放在图书架相对较低的层面或位置，以便幼儿选择和取放。

三是图书投放符合幼儿认知和阅读特点，满足不同年龄段幼儿的需求。根据幼儿认知发展特点选择形式和内容丰富、开本多样或有声、立体图画书。给小班幼儿提供画面简洁、形象具体、情节简单、无文字或少量文字的，贴近其生活且不易破损的图画书。为引发其阅读兴趣可适量投放异形开本或有声的、立体的图画书，而且同一种图画书的数量要足够，避免幼儿争抢。针对中大班幼儿可考虑投放人物、事件、情节相对复杂、图文并茂的图画书，或关涉动植物、科学与科幻、军事与兵器、亲情与友谊、身体与成长等内容更为广泛的图画书，同时注意不同艺术表现方式、风格的图画书的投放，满足幼儿自主阅读和阅读兴趣。其核心是鼓励幼儿获得相关阅读经验和体验，建立广泛的阅读兴趣。

空间面积较大的绘本馆可创设图书修补角和自制绘本区，投放透明胶、夹子、剪刀等修补工具，以及绘制、印制、装订等自制图书的工具材料。一方面，培养了幼儿热爱阅读、爱护图书的意识；另一方面，在认识、自制图书的过程中，幼儿的前阅读和前书写能力也会得到有效提升。

四是营造良好阅读环境和氛围。与成人阅览环境不同，幼儿阅读环境里应有地毯、沙发、坐垫或靠垫，以及与其阅读内容相关的卡通毛绒玩具（角色形象）等，并以此构成大小各异、组合不同的阅读区域,让幼儿在宽松、舒适的环境里自由选择、快乐阅读。

幼儿喜欢与同伴一起阅览,而且边看边讲或边看边议论、相互交流阅读心得或感受,也希望老师讲图画书中的故事,且边听边问,因此应有组合摆放的桌椅或区域。同时备置几个单独座椅或坐垫,满足习惯独自看书幼儿的需求。为方便幼儿选择和取放图画书,图书架、图书台、图书蓝、图书布袋等,可根据室内空间结构分别摆放或悬挂,也可按照图画书种类或适用年龄段分组摆放。总之既要开放且方便快捷,还应避免幼儿扎堆。通常幼儿得到自己喜欢的图画书时,便不会管是什么地方坐下来就看,而且很入迷,不妨把室内一角设计成图画书陈列与阅读一体的阶梯式地台,铺上地毯、配备靠垫或坐垫,供幼儿阅读使用。

此外,绘本馆的色彩不宜复杂、夺目,以清新、雅致的浅淡色调为宜;墙壁可创设有关阅读的图文规则或图书推荐等,但不宜过多;地面宜铺装木质地板或地毯,投放些许软坐垫或软积木供幼儿不时之需,书桌和小几上铺上漂亮的台布、摆上插花,营造温馨而清新雅致的阅读环境。

4. 游戏室

幼儿园常设社会体验游戏室和建构游戏室,是幼儿分班或集体开展游戏活动的主要室内空间。

图 5-70　江南茶馆创设

图 5-71　超市体验区创设

图 5-72　建构游戏室创设

图 5-73　游戏中的幼儿

（1）体验游戏室是为幼儿创设的与社会生活、幼儿经验紧密相关的游戏场所。游戏主题多样、材料丰富、氛围浓郁,幼儿参与的积极性高,他们通过游戏主题、角色、事件或情节、材料运用等创造性地再现社会生活,以此认识各种社会职业,获得不同的角色体验,习得相关技能和经验。

首先,创设支持幼儿发展的游戏环境。室内所有设施和家具要安全、轻便,便于移动区隔、组合重构;1.2 m 以下墙面建议做软包或木制墙裙;在室内主墙面、幼儿有效视线和操作范围内,创设游戏成果展示区或活动分享互动区,呈现幼儿游戏和学习情况,特别是创造性的游戏成果或良好游戏行为与表现,为低年龄段幼儿游戏提供有益经验和榜样示范;激发幼儿以绘画、形符等方式分享游戏体验、游戏故事或所见所闻。

其次,灵活创设游戏区,投放相应材料并不断更新。游戏室的空间布置和环创相对比较灵活,自主程度高,若室内空间较大,可根据不同年龄段幼儿发展目标和兴趣,同时创设多个游戏体验区,若空间较小可视具体情况创设某一游戏区或具有地域特色的体验区,如"绘本小剧场""新闻图片社""高铁站""家乡集市""儿童医院""超市""美食街"等。为满足幼儿自主游戏和不同体验需求,也可随机隔出柔性空间来创设相关体验区。当幼儿对某一体验区不感兴趣或参与程度不高时,需考虑投放新材料或设置新的区域。需关注的是,当创设多个区域时,动、静区之间应保持一定距离,避免相互干扰。如"新闻图片社"与其他区域同设时就要考虑这一因素,因为小"记者"和"编辑"们需要一个相对安静的环境来处理采编工作。

体验游戏的材料提供和投放通常与所创设的区域密切关联,如"新闻图片社"须提供照相机、计算机、打印机、"记者证"、绘画工具材料和其他相关材料。当然,个别材料投放不一定与区域直接相关或对应,若教师为提高游戏质量或出于游戏深化的目的投放了与其不密切或不相关的材料,通常会激发幼儿探究兴趣,或尝试改变游戏情节或推进游戏发展。当然也可能会出现视而不见的现象。比如:在"新闻图片社"原有材料基础上,为增强幼儿交往互动、提升解决问题的能力,教师投放了"话筒"这一新材料,幼儿会作出相应的反应,改变原有游戏结构和进程。

整体来看,体验游戏室的环创要遵循引发性、支持性、互动性和发展性原则,体现游戏性和教育性相融合,区域设置凸显灵活性和多元性相结合,材料提供与投放关注操作性与层次性、丰富性与低成本相结合。

（2）建构游戏室是供幼儿按照自己的意愿或计划,通过材料操作与组织重构,以一定的形态和结构呈现物象(身边环境面貌)或反映心中遐想世界的一种构造活动的场所。融规则性与发散性、艺术性与科学性、空间性与创造性、认知与感知觉发展于一体,深受幼儿喜爱。对于幼儿思维品质、身体动作的协调性、空间与材料质地的感知能力、科学与艺术的沟通和迁移能力以及交往能力的发展具有积极的意义。

建构游戏室材料种类、质地多样,可反复创建、随意变换。其中材料和操作结果(作品)是建构游戏的两个核心要素。因此,环创首先要提供丰富多样的游戏材料。通常大、中、小型积木,空心或实心积木,各种大小、长短不一的竹木片、竹筒等,各种材质的片、块、棒和有孔材料,以及包装盒、塑料管、一次性纸杯等安全、无毒的废旧材料等都可作为建构材料。其次,创设关注游戏过程和操作结果的环境。幼儿在操作小型建构材料时,通常会坐或跪在地面上,为避免幼儿下肢受凉,室内地面宜铺装木地板。游戏过程中,竹木、塑料类材料掉落或撞击地面会产生较大响动和噪声,最好在地板上铺设地毯或地垫。同社会体验游戏室一样,建构游戏室也需创设游戏活动展示区和分享互动区。

游戏室环创是师幼共同实现和完成的。教师既要关注幼儿的参与性和参与程度,还要重视规则意识和自我管理、自我服务意识的实践养成,在引导幼儿不争抢并爱护玩具、操作材料的基础上,给幼儿分配一些力所能及的任务,要求他们按类归纳、整理玩具和游戏材料并给予表扬,培养其任务意识和认真负责的态度。

5. 科学探究室

探究是幼儿通过生活环境和给定的教育环境,主动观察事物与科学现象,历经发现、尝试解决问题的经验积累和学习过程,这是一个感悟科学精神、体验科学研究的过程。探究既是幼儿科学学习的目标,也是科学学习的方法。科学探究室就是幼儿园给定的、专门的科学学习场所,不仅能够引发幼儿科学发现、科学探究,满足好奇心和学习兴趣,逐步养成积极主动、认真专注、敢于探究和尝试、乐于想象和创造等良好学习品质,也是支持幼儿学习与整体发展的所在。科学探究室的内容和创设由四个板块构成。

图5-74　科学探究室环创(1) 　　　　　　　　　　图5-75　科学探究室环创(2)

一是科学发现。环创从幼儿身心发展特点和认知理解水平出发,通过科学仪器、实验设备及其条件,以直观呈现、科学演示等方式,展现日常生活、科学领域中的科学事实和现象,是一个融科学知识与真实呈现、眼见与操作、归纳与描述为一体的板块。

二是科学探索。创设与物质和材料性质、物体的位置和运动、自然力、能量的形式、生命与生命过程、数学认知等相关的科学探究环境。让幼儿通过观察、比较、操作、实验等方法,感知和发现常见材料的溶解、传热等性质或用途、结构与功能之间的关系;探索并发现常见事物和现象,物理现象产生的条件或影响因素,如影子、沉浮等;感知并了解季节变化的周期性和顺序;有关生命的生长变化及其基本条件,人们的生活与自然环境的关系;生活中数学的有用和有趣,感知和理解数、量及数量关系,空间与空间关系以及数学中的分类、排序等。这一板块的创设就是要将幼儿科学认知与学习过程,转化为探究尝试和行为操作过程。其创设重点是材料资源与幼儿探究行为支持,一方面,幼儿的思维方式决定了材料是实现科学学习的主要媒材,探究是科学学习的方法;另一方面,科学教育的特点决定了材料在幼儿探究过程中的重要性,而且创设中既要关注幼儿生活和兴趣,体现内容的广泛性与典型性,还要反映时代特征。

三是科技创新。科学家与幼儿科学探究的区别在于,前者面对的是人类的未知,后者面对的是成人已知而自己未知。尽管幼儿不能完全懂得科技创新及其含义,但对有关科学技术、科技创新为人们的日常生活带来的便利和影响是有一定感受和体验的。这一板块就是将成人已知而幼儿未知的知识创新、技术创新和现代科技引领的管理创新,以及具体的科学技术产品,如高铁、5G技术等,通过模型、图片、多媒体技术、演示等手段展现出来,供幼儿直观认识与了解,激发幼儿科学探索精神和科学学习兴趣。

四是模型展示。通过实物、模型、图片等,让幼儿直观了解科技展示物的外部形状、空间结构、功能作用和科学原理,如神舟系列、蛟龙号载人深潜、祝融号火星车、航空母舰、电动汽车、无人机等,激发幼儿的求知欲望和科学探究兴趣、想象力和表达能力。

四个板块涵盖科学现象、科技创新与产品、环境科学与生命科学、数学认知等内容。伴随经济社会发展、党和政府对学前教育的高度重视,一些地方教育行政部门相继出台了幼儿园科学探究室资源配备标准,环创时可据此进行。如《××市幼儿园科学发现室配备标准》就是从生命科学(动物、植物、人类等);环境科学(空气、风、地球、生态平衡等);科学现象(声音、磁铁、弹性、沉与浮、火、力、电、光与影等);科学技术与产品(四大发明、物体运动、火箭、电影、通讯工具、交通工具与特种车辆等)方面,以图片、声像、标本、模型、操作等资源类型提出配备要求的。

幼儿科学学习的核心是激发探究兴趣,体验探究过程,发展初步的探究和解决问题的能力,也就是通过科学学习使幼儿形成受益终身的学习态度和能力。[1] 所以,科学探究室环创也必须围绕

---

[1] 李季湄,冯晓霞.《3—6岁儿童学习与发展指南》解读[M].北京:人民教育出版社,2013:112.

这一核心。创设过程中注意从幼儿身边取材、贴近幼儿生活,使其能够体验和感受科学技术和科技发明对日常生活的影响。既要提供科学认知资源,又要配置实验器材和材料,提高幼儿探究和解决问题的能力;关注科学探究过程,从物质和心理两个层面支持幼儿科学探究活动,体现合作、表达与交流,让幼儿带着问题或任务去发现、去探索、去尝试,亲历"提出问题—探究内容指向获得关键经验—方法选择—推理与假设—实证研究(观察、比较、实验、测量、调查)—分享交流"的科学探究过程。因此,具体创设过程中重点关注两个方面。一是强调并凸显"做"科学,而非"讲"科学,"做"科学既包括观察、体验,也包括实验、操作、表达和交流;二是创设互动分享区,科学探究室的创设并非宣称"我有",也不是供他人参观的,而是供幼儿科学探究和学习使用的,应创设幼儿科学观察、观察记录、材料运用、实验操作、推理与假设、实证研究,以及问题解决过程的交流分享区。此外,配置与科学内容、探究活动相关的展示区或展示台、实验台或操作台、电源、水源等基础设施和设备。

综上,专用活动室及其创设远不止这些,实践中可结合幼儿园条件、空间资源和幼儿兴趣与发展需要,创设美食坊、陶吧、创客空间或具有区域特色的其他专用活动室。然而,须明确的是,各种专用活动室的设置应结合实际、因地制宜,不过分追求数量多和空间大,环创不追求"美观"、豪华,更不能随波逐流、相互攀比,而是要关注使用、实用、适用及其内在质量。

表5-1 室内公共空间基本功能与环创要点

名称	基本功能	空间特点	环创要点与建议
门厅	门户咽喉、出入集散地、暂留小憩;晨检、外宣窗口	宽敞明亮、视线开阔,采光和通透性好,相对开放;疏散要道,瞬时通行人流相对集中	确保出入门户畅通无阻。简约大方,体现办园理念和保教文化;有机融入幼儿喜爱的造型和色彩元素,让幼儿有亲切感和舒适感;环创宜简不宜繁,且与走廊、楼梯等直接相关的环境相协调
走廊	联系同层各分户门的通道;分享、展示、共育	空间狭窄深长且高,结构形式有别,连接各分户门;不宜长时间停留	保证双向水平通行。节制利用墙面和顶面,创设具有安全感和良好视觉感受、适合幼儿身高尺度的心理空间;设置必要的标志或提示,有限度地利用和创设相关环境。不可移动或覆盖疏散指示、消防设施和设备
楼梯	建筑结构要件、楼层间上下通行设施,具有承重作用;行为引导与习惯养成	空间高而狭小、视线受限,相对开放;上下通行和安全疏散通道,瞬时通行人流相对集中,不宜驻足	保障幼儿上下楼梯无碍和通行安全。设置幼儿扶手和垂直线装饰的安全防护栏杆,净高和净空距离符合要求,楼梯井宽大于0.20 m时,须采取安全防护措施;可设置礼让、右行提示和梯段第一踏步警示标志;楼梯墙面可有条件的加以美化、优化利用,但要少细节且简洁明快;平台处不摆放盆栽或展示台;一楼楼梯下楼梯间可充分利用
功能室(厅)	多功能厅作用多样,专用活动室专业性强、功能突出、特色鲜明;是幼儿直接感知、实际操作、亲身体验等活动的空间保证	多功能厅宽敞明亮、视线开阔,通风条件好,相对封闭;专用活动室按需设置、基础设施和条件齐备,针对性和目的性强,有效整合与共享资源,具有开放性、引发性、支持性和多元性特点	满足幼儿、教师、家长等使用者特别是幼儿使用的现实需求或潜在需求。从作用发挥和支持幼儿发展出发,体现功能性和地域特色;根据活动室具体作用和使用功能配备相应的基础设施(如水源、电源、操作台、展示台)及操作工具材料;合理规划空间,满足不同年龄段幼儿成长与发展需要;地面材料应安全、舒适,顶部、墙面环创和色彩运用与活动室基本功能相匹配;主墙面、幼儿有效视线和操作范围内,创设相应活动展示区或分享互动区;物质环境与心理环境创设并重,营造引发、支持幼儿深度游戏和深度学习的功能性环境

室内公共环境能够集中展现幼儿园的办园理念与教育品质。动态、开放、共享、高质量的室内公共环创,不仅能够体现保教目标和全面发展要求、不同年龄段幼儿身心发展特点和需求,支持幼儿在温馨、多元、合作、探究的活动中与环境的有效互动,还能有效整合并综合利用教育资源。

思政论坛

主题： 办好学前教育、实现幼有所育

内容： 中共中央、国务院关于学前教育深化改革规范发展的若干意见；党的十八大以来我国学前教育事业取得的跨越式发展成就（以学校所在地或师范生家乡为例）。加强师范生教育实践的意义和内容要求。在推进学前教育普及普惠安全优质发展过程中，幼儿园教师的岗位责任与义务。

形式： 课堂讨论、主题发言、"课前五分钟"、优秀毕业生宣讲等。

思考与实践

思考练习

1. 简述幼儿园公共环境创设的基本流程。

2. 简述幼儿园户外环境的特点与构成。

3. 户外环境创设应注意那些事项？

4. 材料分析：今年暑假我们就要搬入新园了。新幼儿园的门厅宽敞明亮，每个楼层都有宽敞的走廊和公用平台，三楼还有一个全景式玻璃景观房。这些地方都是幼儿常来常往的场所。如何利用好这些空间，创设适宜的公共环境呢？请你就门厅、走廊和观景房，从内容、形式和手段等方面给出具体的创设建议。

5. 按照公共环境创设实操流程，撰写科学探究室环创实施方案。

实训项目

百闻不如一见，百见不如一干。同学们，让我们带着任务清单亲自做一次吧！

项目一：幼儿园户外环境考察与分析（分工合作项目）

在教师指导下对某幼儿园户外环境创设进行实地考察，在此基础上开展实训项目并完成相关任务和作业。

1. 实训方式。实地，分组、分工开展。每个小组按照内容分别制定"任务清单"，明确小组和个人项目任务。

2. 实训内容。观察、分析幼儿园户外环境与学校（小学）环境有何不同；以列表或图文并茂的方式对体育运动区、游乐器械区、沙水区和游戏区做环创分析。重点是优点或亮点的归纳总结，同时针对不足（问题）提出切实可行的改进措施或建议，并以平面图示或立体模型的方式加以呈现（见图 5-76、图 5-77 示例）；为户外环境考察报告收集并提供第一手资料。

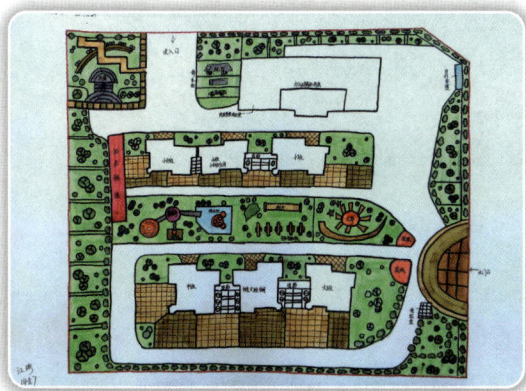

图 5-76　直观呈现示例（1）

图 5-77　直观呈现示例（2）

3. 交流分享。每个小组根据"任务清单"制作PPT开展实训成果分享(见图5-78示例,也可结合具体内容自行设计)。建议在教师指导下开展分享交流,同时邀请幼儿园教师或园长对实训成果进行评价和指导,使实训的方向性和目的性更加明确,进而促进环创能力和环创质量的有效提高;进一步修改完善户外环境考察报告。

图5-78 幼儿园户外环境考察成果分享

4. 提交作业。以小组为单位提交户外环境考察报告。

项目二:楼梯环境创设分析与改进(个人实训项目)

1. 实训方式。实地或实景图片分析。

2. 实训内容。观察图5-79、图5-80楼梯环创图片或实地观察某幼儿园楼梯环创(提供实景图片);基于楼梯功能和环创建议,试分析其优点和不足;针对存在的问题与不足,提出具体改进措施或建议,并以平面图示或立体模型的方式加以呈现。

图5-79 楼梯环创(1)

图5-80 楼梯环创(2)

3. 提交作业。提交个人实训作业。

项目三:科学探究室环创实操练习(分工合作项目)

1. 实训方式。模拟,分组、分工轮流实施;另设一个观察小组,观察(观察表、照片、图示、短视频)比较不同实施小组的创设过程和成果,并给予评价。

2. 实训内容。选取思考练习"5.按照公共环境创设实操流程,撰写科学探究室环创实施方案"优秀作业3～4份;在实操室或班级教室模拟实施环创(可结合学校专业教学或实践条件变更实训内容);分析、查找方案设计与实际操作的差距。

3. 交流分享。每个实施小组以PPT形式展示实施方案、创设过程、问题与困惑、解决措施与手段、成果与成效等;观察小组从实施方案、创设过程和创设结果等方面分享各小组的目标达成度及优缺点。

4. 提交作业。基于自身的操作体验、观察分析,提交一份实操心得。

资源文献

1. 中共中央 国务院关于学前教育深化改革规范发展的若干意见

2. 教育部关于加强师范生教育实践的意见

3. 托儿所、幼儿园建筑设计规范(2019版)

潜心经营智慧小屋

1. 了解班级活动单元的基本构成与功能,能够自主开展空间规划及相关家具布置;

2. 理解主题墙的概念、功能、意义及主题墙创设的要求,能够基于实训掌握主题墙的创设;

3. 对活动区种类与空间规划有一定的认识和理解,能够基于实训初步掌握班级常设活动区的设置,创设与幼儿发展相适宜的、引导支持幼儿全面协调发展的活动区;

4. 结合专业课程学习,深刻理解生活空间环境对幼儿良好生活和行为习惯养成的重要意义,掌握生活空间规划、创设策略和具体方法,并能在环创实践中加以运用和实践;

5. 举一反三、融会贯通,结合作业练习与实训体验,建立班级活动单元整体教育环境创设观和幼儿整体发展观。

案例导入

怎样创设师幼共同的家园

作为学前教育专业师范生,将来我会成为幼儿喜欢的好老师,对此我深信不疑。

我心目中的幼儿园教师应该是温文尔雅、以身示范,与幼儿和谐共处,并形成同生活、同学习、同成长的师幼发展共同体,将班级空间布置成干净整洁、温馨雅致、处处充满关爱和快乐的童趣世界——一个师幼共同的家园!当幼儿走进班级就像来到自己温暖的家,喜欢这里的老师和小朋友、喜欢这里的玩具、喜欢这里的各种活动、喜欢这里的……既能满足幼儿生活、游戏和学习的需要,又能实现天马行空的梦想以及奇思妙想的创造,让幼儿充分释放天性、获得发展。

但真心说,我不知道该从何入手去创设我理想中的班级教育环境,也不知道怎样去判断见习、参观时所看到的班级环创。

这里所谓"智慧小屋"是指由活动室、寝室、盥洗室、卫生间和衣帽储藏间构成的班级活动单元。这是一个集幼儿一日生活为一体,且相对独立、功能多样的集体生活空间,也是幼儿在园期间最重要的活动场所。幼儿就餐、饮水、如厕、盥洗和午睡等生活活动,桌面游戏、活动区等游戏活动,健康、语言、社会、科学、艺术五大领域等学习活动,都在这里组织与实施。可见,班级活动单元具备的功能、作用与学校教室截然不同,在整个幼儿园教育环境体系中的地位和作用至关重要,是本课程学习和实践的重点。所以,在教育环境创设实践中要处理好室内空间与资源配置、师幼之间的互动、教育活动与生活活动、环境与幼儿发展等各种尺度关系,综合考量安全、教育、游戏、生活及活动转换和保教便利等一日生活各环节与细节，创设一个符合幼儿生理和心理发展规律，集适用性、教育性、互动性、养成性和审美性为一体的综合型、多功能活动空间。

从环创理论与实践支持体系来看（第三单元篇首部分），班级活动单元的环创与实践，将全面验证师范生对幼儿身心与认知发展、学前教育基本原理等专业理论的掌握和保教工作意义的理解程度，是对《专业标准》《纲要》等专业规范所要求的，营造让幼儿感到安全、舒适的班级氛围，创设有助于促进幼儿成长、学习、游戏的教育环境等专业能力的检验，关乎"创设适宜的教育环境"①课程目标的实现。

第一讲 活动室空间规划与家具布置

活动室是供幼儿室内游戏、进餐、集体教育活动的用房，是幼儿在园期间最集中、最重要的生活和学习场所。如果说班级活动单元在幼儿园教育环境创设体系中占据重要地位，那么活动室就是重中之重。这里的一切不仅关涉幼儿生理和心理的健康发展，而且会伴随幼儿在园 3 年的时光。

从整体上看，环创不仅要基于具体活动室的空间及结构特点，合理规划空间与场地、科学选配与布置桌椅和家具，提供安全友好的保教环境，还要便于保教人员开展保育与教育工作，支持幼儿身心健康发展，达到培育幼儿良好卫生、生活、学习和行为习惯的保教目的。

一、活动室空间规划

按照幼儿园建筑规范与相关要求，活动室应具备良好朝向，冬至日底层满窗日照不少于 3 小时；室内净高不低于 3.0 m，人均使用面积不少于 2.4 m²（与寝室合并设置的人均使用面积不少于 3.5 m²），室内采光良好；幼儿经常出入的门户宜设双扇平开门，并在门扇距地 0.6~1.2 m 高度内设置安全玻璃观察窗，靠墙处安装固定门扇装置。活动室内部通往其他房间的门洞不宜安装门扇。

活动室空间由尺度不同、结构形式有别的地面、墙面和顶面等界面构成。尽管这些界面及其构成的空间不直接产生教育作用，却是保教设施设备安放和生活、游戏、学习等活动开展的基本界面与空间，在一定程度上对保教工作尤其是对幼儿的感受会产生直接的、持续的影响。因此，应基于活动室建筑结构与空间特点，结合不同年龄段幼儿身体发育特点、生活与学习规律、活动实施与组织形式，以及幼儿视觉感受和心理适应等因素，制定活动室整体规划方案，参照环创基本流程合理规划与创设。

图 6-1 活动室空间结构示意图

---

① 教育部. 教师教育课程标准（试行）[S]. 2011.

活动室空间规划的核心是创设有温度的班级物质环境，在幼儿与环境之间建立联系，让幼儿有归属感；创设支持性的班级物质环境，体现幼儿活动的自主性、空间的灵活性和材料的开放性；创设引发性的班级物质环境，为幼儿多感官、多方位感知身边环境提供支持；创设探究的班级物质环境，激发幼儿好奇、想象及思维上的挑战；①创设养成性的班级物质环境，培育幼儿良好卫生、生活和行为习惯，同时为活动区、主题墙创设，桌椅、玩具柜、教学一体机等保教设备安放提供合理的"界面"和位置。

（一）地面处理与空间规划

1. 铺装安全健康的地面材料

活动室地面是幼儿直接接触最为频繁和密切的界面，地面处理及材料的选用关系到幼儿的身心健康和舒适度。在选择地面铺装材料时应特别慎重。考虑安全、卫生、保暖及健康等因素，提倡选用安全性、弹性、保暖性良好，符合环保要求的架空实木地板或易清洁的强化地板、抗菌复合地板铺装，避免对幼儿身体产生不良影响。

2. 根据一日生活需求和要求合理规划空间

根据幼儿保教需求和相关幼儿园设施设备配备要求，活动室通常配备有桌椅、床具（与寝室合并使用的）、玩具柜、图书架、钢琴（电钢琴、电子琴）、多媒体一体机（电视机、影像播放设备）、水杯架、磁性板等，一些活动室还配备有餐具消毒柜、直饮机、空气净化器、空调等。其中的大部分设备都需要落地安放，这就需要对室内空间和布局做合理规划。一方面为科学合理、动静交替，保障幼儿生活、游戏和学习活动的正常开展预留空间，同时为创设体现保教功能的班级个性化环境做空间准备；另一方面合理化空间规划和布局，也会给保教工作带来便利，减轻保教人员的劳动量和工作强度。

（二）墙面处理与空间规划

活动室界面中面积最大的就是墙面，由前后、左右四个方向的墙面合围而形成立面空间。包括建构或附着于墙体的门、窗、立柱、转角等。墙面也是活动室除地面外利用率最高的界面。墙面处理与规划要点如下。

1. 以柔和清新的色彩基调，营造和谐自然的空间氛围

从功能和使用者角度来讲，活动室墙面色彩基调与粉刷应遵循环保、舒适、耐久、悦目的原则，采用能够让幼儿身心得到放松，且适合幼儿生活和审美心理的柔性色彩基调，营造明亮宽敞、安静舒适的生活学习空间。

墙面色彩选用不当会在视觉和心理上对幼儿的知觉产生不利影响，也会对后期的环创有所制约，如感受不佳、视觉污染，后续环创颜色匹配受限制、杂乱无章等。因此，色彩基调的选择和处理，既要考虑幼儿的视觉和心理感受、室内光线和照明效果，还要酌量地域差异。建议选用有益于稳定幼儿情绪、室内氛围营造和谐自然，还能映衬室内空间敞亮，并为后续保教设备安放和主题墙创设相协调的、清新明快的浅色系为基调，或根据幼儿园所处地域调适天时地利人和相宜的色彩基调，如南方地区气候多湿热，色彩基调宜采用偏冷的淡绿、淡蓝等清爽浅色系；北方地区气候多干燥、冬季寒冷，宜选择浅黄、淡粉、淡紫等偏暖的浅色系。

2. 精心规划并巧妙处理墙面，预设环创空间

首先，根据幼儿和教师身高、视线高度范围（幼儿水平视线距地面约在 0.76～1.0 m，教师水平视线距地面约在 1.65 m 左右）、肢体活动规律和互动分享等因素，设计规划作用不同、功能有别的墙面空间，如适用于提示提醒、展示分享的经常更换的短期互动空间；适合于教育主题、互动区等阶段性的

---

① 刘艳金，杨雪艳.幼儿参与班级物质环境创设的内涵及其实践解读[A].全国地方高校学前教育专业学术协作联盟. 2019 年全国幼儿园教育空间建设与课程发展学术研讨会论文集[C].西安：陕西学前师范学院学报编辑部，2019.

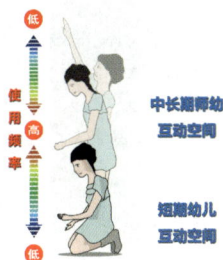

图 6-2　活动室墙面空间规划示意图

墙面互动空间,以及促进全体幼儿全面发展的、相对稳定的引导性和养成性空间,或班级文化创建空间。

其次,根据具体需要,采用经济环保、得当适宜的材料,对墙面做二次处理,为墙面环创提供底衬。不提倡将环创直接粘贴在墙面,一方面反复粘贴会破坏墙面,既有碍观瞻,更不能为幼儿起到榜样示范作用;另一方面也会增加环创成本和教师的无效工作量。对此,无论是墙面互动区还是主题墙的创设,建议创设在二次处理的墙面底衬上。依照我国 3～6 岁幼儿身高及肢体活动的高度范围,适宜幼儿触及或手臂接触的高度为 1.10 m 上下,主题墙高度可视幼儿有效视线范围、结合教师身高来确定,与之相应的互动区高度符合幼儿身高及肢体活动的高度范围。

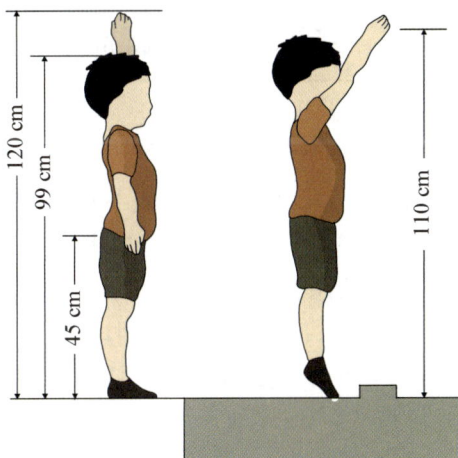

实践中可选用安全环保、经济适用、美观耐久、色彩单一少纹饰的材料做底衬,保证幼儿安全互动,为活动或展

图 6-3　幼儿肢体活动高度示意图

示作品(美术作品、游戏故事、学习故事等)上下墙提供便利条件;对墙面做二次处理时,建议选用吸音板、软木板、铝塑板、桑拿板、磁性板、泡沫板、瓦楞纸板等轻型板材做底衬,也可选用乡土材料及其他物美价廉的材料做底衬。有关材料选用与处理见表 6-1。

表 6-1　墙面材料选用与处理

底衬材料	处理方式	材料特点与应用	不足或限制
聚酯纤维吸音板	可切割成各种形状铺设于墙面,乳胶固定	吸音环保、阻燃隔热、易切割,颜色多样、可拼花。用途广泛,可用于主题墙、互动区、小栏目等,且可反复利用	需专业人员铺装,注意性价比
软木板	可切割各种形状铺设于墙面,泡钉、螺丝钉或乳胶固定	用途广泛,粘贴、插、挂或便利贴均可,既可用于主题墙布置,也可用于互动区,可反复利用	抗压性和耐水性不足,固定不当易松动。加工受限
瓦楞纸板	按所需形状切割铺设于墙面,粘贴或悬挂固定	方便易得、经济适用、操作快捷、应用广泛。大型包装箱展开可替代,可反复利用	不耐水,易变形,不易清洁
铝塑板	按所需形状切割铺设于墙面,粘贴或悬挂固定	材质轻,分类规格和颜色较多,选择余地大,表面光滑、易清洁,应用广泛,可反复利用	易老化,易破损,强度低

底衬材料	处理方式	材料特点与应用	不足或限制
泡沫板	按所需形状切割铺设于墙面,粘贴或悬挂固定	材质轻,分类规格较多,选择余地大。成本低、更换方便,多变化。可用单色少纹饰布质面料包裹使用,可反复利用	易损耗、易破损,强度低
磁性板	按所需形状、规格购置,可固定于墙面	材质、规格、大小、颜色可选。操作简便灵活,便于更新、更换和调整,易清洁,可反复使用	成本相对较高,选用时需注意色彩搭配
有机玻璃	按所需形状切割铺设于墙面,悬挂固定	透光性好、表面光滑、耐水洗、易清洁,可反复使用	加工组合不便,需配底色,形式单一
瓷面砖	贴于墙面	表面坚硬、光洁、牢固、耐水洗、易清洁,作品上下墙便利,可反复利用	成本较高,视觉、触感效果欠佳。形式和加工受限
乡土材料	竹、木、藤、草、麻等加工产品或农作物副产品,铺设于墙面,粘贴或悬挂固定	成本较低、方便易得、形式多样、特色明显,贴近幼儿生活和环境	把握不当易杂乱或形式化。受教师专业能力和审美制约
其他	所在地域的能够利用的其他材料		

　　所需底衬面积较大或受经济条件制约时,教师可发挥专业优势和才智,选用低成本的乡土材料或废旧物品,通过动手制作一样可以取得良好效果,如编织或结绳。用单色绳、线编织网孔较大的图案或形状覆盖并固定于墙面,为后续粘贴、别挂等提供便利;实践中有教师采用经线或纬线牵拉做底衬,具体做法是在墙面安装横向或纵向木质挂画线,以3～5 cm间距在木线上钉小钉子,再在钉子上牵拉经线或纬线;也有教师直接悬挂窗帘纱做底衬,不失为一个好方法,且可反复使用,不伤墙面。这些做法为我们提供了有益经验。

图6-4　毛线编织物做底衬

图6-5　经线牵拉做底衬

　　此外,活动室墙体和门洞棱角、立柱或其他突出部位,应做圆弧或安全防护处理。

（三）顶面处理与空间规划

　　活动室顶面距地面净高约3 m,是活动室利用率相对较低的界面。

　　活动室顶面与幼儿身体高度差较大,基于幼儿生理和心理特点,顶面无须做烦琐或"精美"装饰,依顶部建筑结构和形态做简单处理即可。需注意的是,顶部处理必须保证室内采光明亮、均匀,在灯光照明情况下,幼儿用桌面照度不低于300 LX,且无光源频闪效应和眩光问题。

　　为有效改变幼儿与顶面的高度差,小班活动室顶部可采用悬挂、垂吊等方式,做少而精的吊饰,以减少幼儿的不适感,但切忌繁多而杂乱。

活动室各种界面材料的选择与处理,首先要达到国家对幼儿园有关材料使用的环保标准与要求。其次,根据不同空间界面的功能、用途和风格决定适用的材料,目的是尽最大可能营造安全舒适的幼儿生活和活动空间。[①] 努力做到空间规划与界面处理科学而适宜,地面、墙面和门窗等整个室内色彩基调及其关系协调,发挥活动室的生活、游戏和学习保障功能;预设或预留必要空间,为幼儿与环境相互作用建立连结,创设安全舒适、生动活泼、富有童趣的教育环境提供充分的空间条件。

二、活动室家具配备

科学合理的活动室空间规划与布局,能够为幼儿提供一日生活所需的基本空间,而活动室各种家具和设备的选择与配置,则是幼儿身心发展和各项活动开展的基本保障。

(一)家具配备原则

为满足幼儿一日生活和各种活动需要,活动室家具配备应遵循安全环保、规格对应、美观适用的原则。

1. 安全环保原则

家具应稳固、耐用,棱角做圆弧处理,家具内、外表面和幼儿手指可触及的隐蔽处,均不得有尖角、毛刺及小五金部件的锐利尖端;制作材料、涂层、漆膜及成品达到国家环保要求,保证师幼使用安全。

2. 规格对应原则

根据不同年龄段幼儿身体发育特征和肢体活动特点(图6-3),选配符合幼儿人体工程学原理的家具,不仅关注全体还要照顾到个体,既要基于规格参数与不同年龄段幼儿的对应性,还要充分考虑幼儿使用的舒适性;一些用于储物的橱、柜应符合成人特点,方便教师使用。

3. 美观适用原则

班级适宜选用色调浅淡柔和或木质本色家具,并与活动室内整体色彩基调搭配和谐,不宜选用过于鲜艳或颜色搭配过多的家具;单体桌椅、组柜等家具应轻巧便携,便于移动、组合和清洁消毒。

家具选配应做到非必要不配置(尤其是橱、柜、架之类),充分节约活动室有限的空间资源。将家具功能作用的多元性及相互间的关联性、最大限度地减少空间面积占用等作为首选条件,有效保障幼儿生活、游戏及学习活动开展对空间场地的要求。

(二)家具配备与布置

活动室家具主要包括桌椅、玩具柜(材料柜)、图书架、水杯架、衣帽柜等。

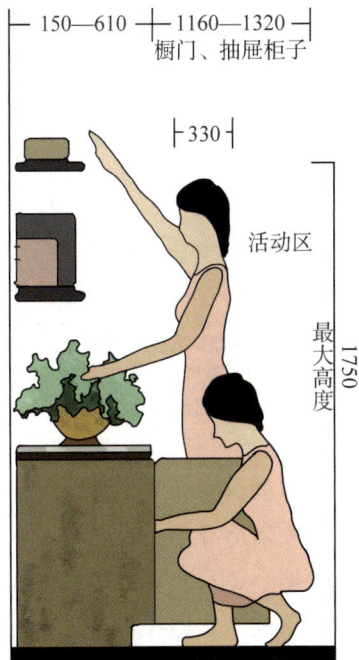

图6-6 成人使用示意图(单位:mm)

1. 桌椅

首先,根据不同年龄段幼儿身体发育特点和保教需要,配置尺寸、型号相适宜的桌椅。桌子尺寸与适度以幼儿腰背挺直坐下时不弯腰、不耸肩、不高抬肘臂为宜;椅子尺寸与适度以幼儿坐下时双脚能够自然着地、大腿与椅面保持水平状态为宜。桌椅过高或过低、制作材料和涂层不符合要求等,都

---

① 王剑. 幼儿园室内墙面装修材料篇[J]. 早期教育(美术版),2015(4).

会对幼儿身心健康带来不利影响。《学校课桌椅功能尺寸及技术要求》对幼儿用桌椅尺寸和适用身高范围提出具体要求：幼儿园桌椅应为木制品，不采用钢木结构、折叠式或翻板式桌椅；桌面不应倾斜角度，四角成圆弧形，桌面下不设放置书物用的搁板、抽屉等，桌下净空内也不设踏板及其他构件；座椅重量不超过 2.5 kg，椅座面和靠背面不加装软垫。同时对桌椅主要技术指标、参数、甲醛释放量等作出规定。

表 6-2　儿童桌椅的主要尺寸①　　　　　　　　　　　　单位：mm

指标	幼1号	幼2号	幼3号	幼4号	幼5号	幼6号
桌面高（h_1）	520	490	460	430	400	370
桌下净空高（h_2）	≥450	≥420	≥390	≥360	≥330	≥300
座面高（h_4）	290	270	250	230	210	190
座面有效深（t_4）	290	260	260	240	220	220
座面宽（b_3）	270	270	250	250	230	230
靠背上缘距座面高（h_5）	240	230	220	210	200	190

表 6-3　儿童桌椅各型号的标准身高、身高范围及颜色标志②

桌椅型号	桌面高 mm	座面高 mm	标准身高 cm	幼儿身高范围 cm	颜色标志
幼1号	520	290	120.0	≥113	紫
幼2号	490	270	112.5	105～119	浅橙
幼3号	460	250	105.0	98～112	橙
幼4号	430	230	97.5	90～104	浅灰
幼5号	400	210	90.0	83～97	灰
幼6号	370	190	82.5	75～89	白

注1：标准身高指各型号课桌椅最具代表性的身高，对正在生长发育的儿童而言，常取各身高段的中值。
注2：儿童身高范围厘米以下四舍五入。
注3：颜色标志即标牌的颜色。

　　市场供应的幼儿园桌椅材质、结构以及桌面形状多种多样，依照国标可配置方形、长方形、圆形、梯形或扇形等桌面的桌子，但不提倡选配塑钢、塑料材质和折叠、拼插组合结构的桌椅。桌子的选配应根据小、中、大班幼儿使用情况，差别配置桌面长宽不同的桌子，小、中班可选配多人使用的桌子，并保证每位幼儿拥有 0.50～0.55 m（约等于幼儿前臂加手掌长度）长度和宽度的桌面。基于大班幼儿生长发育迅速并面临升小学的实际情况，建议配置单桌或双人桌，为其适应小学生活作准备；椅子应按幼儿实际人数配置，做到一人一把。整个班级的桌椅配置应做到有余，以桌子2张、椅子5把左右为宜，以备不时之需。

　　其次，根据保教要求和活动需要安排桌椅。根据幼儿一日生活、游戏、学习活动需要，结合桌面形状在位置选择、摆放形式、组合方式上灵活布置。其核心是在满足幼儿学习、游戏、进餐等活动基础上，便于师幼及同伴互动、保教工作的开展，同时考虑场地与空间利用。建议小班或配置梯形（扇形）

① 国家质量监督检验检疫总局，国家标准化管理委员会.学校课桌椅功能尺寸及技术要求[S].GB/T 3976—2014.
② 同上。

图6-7 幼儿园桌椅形状和样式

桌面的班级，根据具体活动进行活泼有趣、形状别致、灵活多样的安排；大班幼儿的单桌或双人桌可多人、双人灵活组合，也可阶段性地按照小学教室课桌椅安排方式摆放。

2. 材料(玩具)柜

材料(玩具)柜是用于分类收纳游戏材料和玩具的家具，兼具幼儿作品展示和活动区创设时的区隔物功能。由于幼儿身量较小，为确保安全、便于幼儿取放材料和玩具，柜子通常为开放式隔断，不设柜门；柜深以0.30~0.40 m、高度1 m及以下为宜。当下市场所供柜子以系列或组合式为主，规格、形式和颜色较多，配置时注意和室内其他家具的协调性。

柜子可根据活动室整体规划和活动区设置灵活安排，既可独立使用，也可作为活动区隔断使用。柜子顶面可放置玩具、材料筐(篮)或展示幼儿作品，但不可布置玻璃、陶瓷、金属制品或其他质量较重的物品。

图6-8 材料柜

图6-9 立式和卧式图书架

3. 图书架

图书架高度不宜超过1.20 m，最下层搁板距地面不小于0.30 m。由于幼儿图书种类繁多、开本不一，书架排距应有多种规格和尺寸。选配图书架时，不能只考虑容量、形式和美观等因素，首要考量的应是幼儿使用体验，即幼儿站着(即使是最高层也不存在够不到)或坐着均能轻松取放图书，让想看书的幼儿"看到书—拿到书—读到书"的行为动作能够连贯地发生，以此引发幼儿阅读兴趣、支持幼儿阅读，提高自主阅读的几率和能力，养成良好阅读习惯。为便于幼儿看到、选择自己喜欢的图书，可选配排距尺寸稍大一些的图书架，避免上下排图书相互遮挡封面；布置图书时注意大开本放上排，小开本放下排。此外，图书架的安排应选择采光良好且相对安静的位置，同时结合阅读区的创设来安置。

4. 水杯架

水杯架是安全、卫生存放幼儿饮水口杯的活动室小型家具。按照幼儿园设施设备配备标准和卫生要求，每个活动室都要配备数量足够、有小格（隔断）的水杯架，不仅做到一人一杯一格，还须安装防蚊蝇的透气纱网门。由于幼儿水杯规格样式统一，为避免幼儿错拿或混用，可在水杯和格挡处分别粘贴对应的、便于幼儿辨识的形符。水杯架的安排以方便幼儿取放水杯和饮水为原则。

5. 衣帽柜

衣帽柜的配置主要用于没有衣帽间的班级活动单元。特别是地处北方的园所，室内外温差普遍较大，为保证幼儿身体健康，设置衣帽柜用于幼儿增减衣服，存放外衣、帽子、鞋子等个人物品是非常必要的。

图 6-10　衣帽柜

衣帽柜的尺寸应符合幼儿人体工程学原理，并做到每人一个隔断，由上至下分三格，分别放置帽子和围巾、衣服、鞋子。近年来，一些省（市、自治区）、市（州、盟）教育行政部门相继出台《幼儿园班级活动单元设施设备配备标准》，实践中可根据教育行政部门的相关标准配置。

衣帽柜的配置不仅涉及衣物存放，更关涉幼儿良好生活卫生习惯的养成（如由家庭、户外到活动室需要更换鞋子，还须配备幼儿换鞋座椅或凳子），也会使活动室内务井然有序、整洁美观。衣帽柜的摆放及位置应视活动室具体空间和结构而定，通常会安置在活动室靠近门口的位置。

三、活动室家具布置

"麻雀虽小五脏俱全"，活动室不大但保教设施设备多样、功能多元。按照活动室最小使用面积 70 m²、寝室和活动室合并设置最低使用面积 117 m²，每班 25～35 名幼儿，加上保教设施摆放所占面积推算，活动室能够用于保教活动开展的实际使用面积所剩无几（活动室使用面积是固定不变的，班级幼儿数通常高于额定数）。在使用面积上有潜力可挖的只有合理布置班级家具。换言之，家具的合理布置与安排是活动室空间优化的有效途径。

（一）合理区划，整合家具功能

活动室家具通常体量不大，但种类繁多，布置不当会显得拥挤或堵塞，容易引发不良情绪和行为发生，导致幼儿一日生活质量下降。因此应合理区划活动室空间，有效整合家具功能和摆放，满足幼儿一日生活需要。

一是空间利用力求最大化、最优化，为幼儿一日生活提供宽敞舒适的空间环境。在活动室与寝室合并设置情况下，仅床具就占用了约 21 m² 的使用面积。对此，一方面可选配叠放式或抽拉式床具；另一方面可用材料柜或其他组合家具作为教学活动区与睡眠区的隔断，既有明确的功能区划，又节省了使用面积和空间。保教实践中，一些幼儿餐具放置在班级的园所（有的在食堂或餐厅集中管理），将餐具消毒柜、分餐台、饮水设备和水杯架等进行功能性重组，

图 6-11　活动室家具安排

图6-12 活动室生活区家具组合

图6-13 桌椅摆放进区

整合为一个生活区;还有班级尝试桌椅进区的布置方式,不仅丰富、发展了活动区的功能和意义,也为合理布置与安排家具提供了有益经验,而且教师的工作量显著降低。这些做法在一定程度上整合了班级家具的功能,挖掘并有效利用了宝贵的空间,并对活动室做出必要的功能区划,使环境更加舒适而有序。

二是恰当摆放活动室家具,支持多样性保教活动开展,提供多维、多元互动机会。家具的摆放位置及形式,可根据实际情况和活动需要,进行合乎个体与整体发展规律的安排与组合。如开展歌唱、打击乐或故事讲述等活动时,可将幼儿座椅背向窗户摆放成 U 形或扇形,教师位处 U 形或扇形口面对幼儿,使他们能够清楚地看到教师的面部表情、口形变化和肢体动作,方便幼儿学习与操作;舞蹈、律动等活动时,可紧靠活动室墙壁摆放桌椅,腾出较大的活动空间;分组活动或进餐时,可将桌子组合成条状,幼儿面对分坐两排,或组合成方形、圆形等,幼儿围坐。总之,既要保证有充足的活动空间,还要便于师幼、同伴间的交流互动;教师不仅能够面对全体,也能及时、方便地照顾到个体。

(二)整体规划,有效利用建筑空间

在幼儿园改建或装修时,除桌椅、材料柜等经常移动、组合的家具外,其他橱柜等家具可根据活动室建筑空间和结构,结合幼儿一日生活与保教活动开展所需、幼儿身高尺度等因素,对活动室进行整体规划设计,进行必要的家具建筑化或整合改造,将其功能组织在隔断或非承重墙体之中。在有效扩大活动室使用面积的同时,避免后置家具过多占用使用面积,以及家具规格样式、颜色不一带来的弊端。可将室内立柱、隔断等突出的建筑构件整合设计为橱柜,上层作为物品收纳柜,中下层作为幼儿衣帽柜加以利用;也可做非承重墙内嵌式书架和陈列展示架,高层部分做陈列展示,低矮层做图书架;窗台、暖气罩与材料柜、储物柜等做融合设计,有效利用窗台上下空间。依照幼儿身高尺度,将进深较

图6-14 家具和空间利用多样化(1)

图6-15 家具和空间利用多样化(2)

图6-16 家具和空间利用多样化(3)

浅的收纳柜、图书架、衣帽柜等家具植入墙体或与其他家具功能整合，既可有效利用空间，又能使各种物品摆放有条不紊、活动室干净整洁。

活动室家具的安排布置是一个需要长期探索与实践的系统工程。根据幼儿一日生活规范、保教活动要求、幼儿发展需求等，对桌椅、材料柜等进行科学摆放与布置，并做及时调整与改进，体现的是教师的专业能力；在幼儿园装修或活动室环创实践中，结合幼儿和自身的应用体验，就发掘和扩大活动室实际使用空间、提高幼儿一日生活的舒适性等，能够提出改进意见和建议，体现的则是教师"幼儿为本"的理念和专业智慧。

第二讲　活动室主题墙创设

幼儿园教育活动是教师以多种形式，有目的、有计划地引导幼儿生动、活泼、主动活动的教育过程。活动内容的组织充分考虑幼儿的认知规律和学习特点，各领域间有机联系、相互渗透，寓教育于生活、游戏之中；教育活动的组织形式应根据需要合理安排，因时、因地、因内容、因材料灵活地运用；[1]教育活动的过程应注重支持幼儿的主动探索、操作实践、合作交流和表达表现。[2]

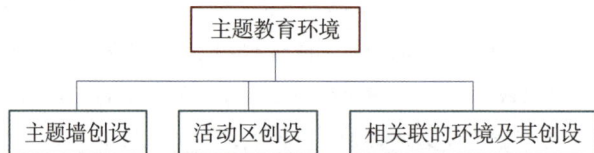

图 6-17　主题教育环境构成示意图

主题教育活动是幼儿园课程和教学活动的重要组织形式，其组织实施与环境支持密不可分。幼儿教育并非教师教的过程，而是人的本能发展的一种自然过程。幼儿不是通过听来学习，而是通过与环境的相互作用获得经验；教师的任务不是讲解，而是在为幼儿创设的环境中预备和安排一系列有目的的文化活动主题。[3]主题墙、活动区及相关联的环创（包括室内外与之相呼应的）围绕主题和内容，共同构成一个整体而系统的教育环境、一个支持幼儿主动探索的教育环境体系。其中主题教育活动预设明确的教育目标、核心知识与经验，主题墙、活动区及相关联环创作为重要媒介和手段，引发幼儿直接感知、实际操作、亲身体验，发挥着教育目标达成、核心知识与经验获得的支撑作用。

主题教育环境是一个整体，因涉及内容多而广，为便于深入学习和讨论，活动区及相关联的环创将在下一讲专门阐述。

一、主题墙的功能与创设要求

主题墙是主题教育活动顺利开展、幼儿整体协调发展的有效介质和支撑，具有激发、支持幼儿学习与发展的重要作用，是幼儿合作交流与互动、操作实践与表达、主动探索与成长过程的重要支撑与载体。因此，创设过程中既要考虑功能发挥，还要符合教育目标与要求，满足幼儿发展需要。

（一）主题墙的概念及意义

主题墙是根据教育活动主题和内容，以核心知识或经验为主线，以尺度、视界适宜的活动室墙

---

① 教育部.幼儿园教育指导纲要（试行）[Z].2001.
② 教育部.幼儿园工作规程[Z].部令第 39 号,2016.
③ ［意］蒙台梭利.蒙台梭利幼儿教育科学方法[M].任代文主译校.北京：人民教育出版社,1993：327.

面为载体,以图文并茂的脉络结构为主要呈现方式,由师幼共同创设的具有引发性、支持性和交互性的"学习导图",是主题教育及其环境的重要构成部分。主题墙创设的价值和意义体现在以下两个方面。

首先,主题墙是主题教育活动及其组织实施不可或缺的要件。主题墙依主题教育活动的产生而产生,随主题教育活动的发展而发展,伴随幼儿主动探究和心智活动的发展变化而变化。它既不是教师个人才艺的展示墙,也非供成人观赏的装饰墙、为环创而环创的"我有"墙,而是激发和帮助幼儿获得与主题相关知识经验的方法墙,与活动内容或重要经验节点建立联结的互动墙,教育活动关键环节、过程和幼儿成长的记录墙,促进幼儿良好思维品质与心智发展的引发墙,是基于幼儿认识规律、学习特点与方式,有目的、有计划而创设的,支持幼儿主动探索、实践操作、表达表现与合作交流的主题教育环境。

其次,主题墙是引发幼儿深度学习、教师创造性开展教育活动的体现。教育活动的组织与实施过程是教师创造性地开展工作的过程。[①] 这意味着教师要从阶段发展目标、幼儿兴趣和需要出发,创设与主题相匹配的有准备的教育环境,并按照教育活动进展,缜密地、创造性地将经过梳理的核心知识与经验、幼儿探究与学习过程清晰地呈现于主题墙,引发幼儿在已有和新的知识经验之间建立联系、自主建构知识经验,支持幼儿体验探究、与环境互动,逐步形成深度学习的良好品质、获得持续发展,实现主题墙支持教育活动及其自身价值的最大化和最优化,体现教师创造性的教育环境创设对幼儿发展的重要价值和意义。

(二) 主题墙的主要功能

主题墙具有梳理幼儿探索与发现,记录问题提出与解决,呈现幼儿成长过程与动态留痕,支持幼儿表达与表现,引领并帮助幼儿学会学习与成长的功能和作用。主题墙的主要功能如下。

1. 引发幼儿深度学习

主题墙是幼儿园课程实施的重要教育资源。其核心作用是主题目标指向下、经梳理整合的,能够帮助幼儿建构知识经验的"直观教材"和"思维导图"。一方面,核心知识与经验会在这一过程中通过主题脉络逐步呈现,并伴随活动和幼儿学习的不断深入,或生成新的教育内容并纳入其中;另一方面,这一过程将幼儿的尝试与探究、认知与理解、经验内化与整合、问题解决方法与途径、表达与表现等连续性学习贯穿其中,凸显主题墙的学习引导功能。

图 6-18　幸福的一家

图 6-19　抗击疫情从我做起

---

① 教育部.幼儿园教育指导纲要(试行)[Z].2001.

2. 支持幼儿持续成长

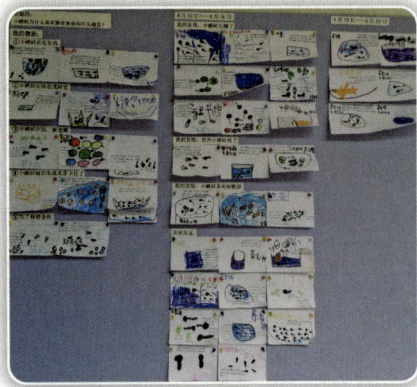

图6‑20　小蝌蚪——我的观察（局部）

幼儿是主动的学习者，并在与环境的互动过程中获得持续发展。相关学习环境理论与幼儿园教育实践表明（见第三单元第一讲）：生命力是经由各种活动表现出来的，只有通过活动并在活动中幼儿才能获得发展，为了使幼儿的生命力和个性得到满足、表现和发展，就必须创设适宜的环境。环境生成课程，课程主题源于幼儿与环境的互动。在这一互动过程中，幼儿以说游戏（观察）、讲游戏（观察）、画游戏（观察）等互动方式，建构、内化知识经验，并在后续行动或游戏（观察）过程中得到迁移，使其在原有水平上得到持续发展。

师幼共同创设主题墙的过程，就是幼儿与环境交流、对话、互动的学习过程，获得持续发展的过程。尤其是当他们认识到主题墙的存在意义并主动地、不断地参与其中，使之愈加丰富的时候，就预示主题目标、内容吻合幼儿最近发展区，能够为幼儿提供交流、互动的支持平台，引发幼儿思考、探究行为，从多角度和不同层面支持幼儿情感、态度、能力、知识、技能等方面的发展；意味着幼儿在积极主动地建构知识经验，在新旧知识经验之间建立了联系，继而获得探究体验和可持续发展。同时，主题墙对幼儿学习的过程性和复杂性的记录与呈现，也能够反映教师的职业关注和专业能力。即，对幼儿能做什么、怎样做及其在真实情景中行为的关注，对发展速度和到达某一水平的时间不完全相同幼儿的引导和支持。

3. 记录展示与环境美化

主题墙在发挥教育目标达成、支持活动开展与幼儿发展等重要作用的同时，以照（图）片、作品、形符等记录展示活动情境、探究过程与结果，不仅帮助幼儿梳理关键知识和经验，也极大地鼓舞了自信心和成就感。教师若能以审美的态度和见地、符合幼儿审美特点的方法与形式，创设集教育性、互动性、支持性与审美性为一体的主题墙，在引发幼儿学习的同时给予美的熏陶，这是最佳的、理想的结果。因为美好的环境总是能够招引幼儿驻足观察和欣赏，获得美的认知和审美享受，进而激发幼儿对美的追求和创造。当然，就该内容来讲，相对于引发支持教育活动和幼儿发展的功能，"美化"只是主题墙创设过程中的"副产品"或"绿叶"，也就是说它不是主题墙最重要的功能，不能为或者出于"好看""装饰"而喧宾夺主，避免走入"摆设"或形式化的主题墙创设误区。

（三）主题墙创设的基本要求

主题墙创设的优劣会对幼儿的学习方式、知识经验建构、探索行为、互动体验及问题解决方式等产生影响。因此，有质量的主题墙创设应基于主题活动的组织实施有序、分步进行，充分体现教育目标、内容、过程、成果和幼儿互动，以及由活动和幼儿深度学习而生成的新内容、新尝试、新探索等。主题墙创设的基本要求如下。

1. 与教育活动目标和内容相一致

主题墙创设脱离了教育活动的主题、目标和内容，就不能称之为主题墙。教育活动从主题到目标确定、内容选择、环节设计与过程组织，是以《纲要》《指南》目标和要求为指导、幼儿阶段发展目标为依据，充分考虑幼儿的学习特点和认识规律，结合幼儿已有水平、经验和需要来确定和设计的。主题墙创设应据此，与主题、目标、内容和过程有机联系、相互渗透、相互支撑，注重综合性、引导性、系统性和活动性，体现幼儿学习的整体性、持续性、互动性、体验性和创造性，激发幼儿主动建构相对完整的知识经验，支持幼儿在良好的环境作用中探究、互动和发展，体现主题墙创设对教育目标与内容的支撑度和达成度。

2. 凸显幼儿持续学习过程和主动的知识经验建构

首先，主题墙是一个有章法、分步走的持续创设过程。一方面，主题教育活动是持续而连贯进行的；另一方面，幼儿的认知与学习是伴随主题下具体教育活动的实施而不断深入的，并且活动实施和持续过程也不是一成不变的，而是阶梯性的连续与深入（或生成新内容）。所以主题墙创设须围绕主题目标，厘定主线、紧扣环节、反馈回应，有序呈现阶段和内容之间的衔接与递进关系。换言之，主题墙创设是一个过程，并非一次完成的，而是伴随教育活动进程、幼儿学习与发展的阶梯逐步丰富起来的。

其次，支持幼儿在已有知识经验和新知识经验之间建立联系。幼儿新知识经验的获得往往是在已有知识经验基础上形成与发展起来的。以"好玩的影子"主题为例，新知识经验"光的方位不同，影子的位置就会不同"，是幼儿在"有光才有影子"的已有知识经验基础上探索发现的，二者之间的知识经验"关键点"有联系、有区别。对此，主题墙不仅要呈现幼儿探索光影活动的过程、记录关键知识经验产生的过程，还要借助形符、网络结构连接并直观呈现探索步骤与环节，使已有的与新的知识经验建立表征联系。这样，既能引导幼儿借助主题墙对已有知识经验加以改造、重组，又能使幼儿清晰地看到基于已有知识经验建构新知识经验的过程，[①]为幼儿回顾自己的认知、探索过程和学习轨迹提供"导图"支持，为教师反思教学提供事实根据，为后续制定教育活动计划奠定"学情"基础。

最后，引导激励幼儿主动建构知识经验。积极主动的知识经验建构及成果，能够让幼儿充分地认识到自己在学习、发展过程中的重要意义和成就感，这也是幼儿通过深度学习逐步发展起来的良好学习品质。如幼儿在"豆芽从哪里来"这一主题下，尝试用水培和土培两种方式种植豆豆。通过实际操作、亲身体验，幼儿主动建构了"豆芽来自豆豆"的知识。教师将幼儿认知、猜想、观察、发现、操作、记录等活动过程，通过关键环节、核心经验梳理与归纳，以图片、影像记录、网络结构的形式呈现于主题墙，让幼儿直观地看到自己主动建构知识经验的过程，既增强了主动学习的自信心和成就感，又展示了幼儿不同的自主学习过程、探究方式，为同伴间的相互学习提供交流分享园地。[②]

3. 关注幼儿探究和体验过程，为生成或活动延伸留白

主题墙是幼儿学习、探究的一面"镜子"，能够映照幼儿的探究和体验过程，反映活动的逐步深化、拓展和新兴趣的萌发、新内容的生成。主题墙创设过程中，一方面要将幼儿的探究内容、探索发现、亲身体验、感想感受等适时展现于主题墙，以便幼儿建构、整合、总结知识经验；另一方面伴随主题活动的全面展开，幼儿探究与体验的逐步深入，其探究的内容和兴趣点在主题范围内也会有所拓展或延伸，或者说具有一定程度的不可预测性和生成新内容的可能性。这就要求教师在规划设计主题墙时留有余地，既要预留主题结构空间，还要为活动中的幼儿留有想象和拓展空间。如"豆芽从哪里来"主题在实施过程中，就生成了"豆豆美食我知道"的新内容。教师在主题墙创设之初预留的空白，就起到了记录、呈现新话题的价值与作用。[③]

4. 充分考虑幼儿的参与性和家长的支持参与

幼儿的参与可从两个层面来考虑。一是主题墙的设计与布置。在预设活动主题和内容之始，就要从幼儿的视角和立场出发，听取他们关于主题名称、感兴趣的内容、探究方法与途径、创设形式与手段等方面的意见和建议。事先介入有利于调动、发挥幼儿学习的主动性和创造性。二是主题墙的丰富与完善。主题墙创设伊始除了为生成和拓展留白外，也要为幼儿预设墙面互动空间，为探究行为、学习成果展示与分享提供支持（图6-20），这就是"幼儿为本"理念在环创实践中付诸行动的具体体现。

家长的支持参与可从亲子互动的角度来介入。当创设有关自然、认知、幼儿感兴趣的社会热点、新闻事件等主题墙时，家长可通过户外观察、旅游、共读、资料收集与整理等亲子活动，间接或直接地参与主题

---

① 徐佳丽. 深度学习指向下的幼儿园主题墙设计[J]. 教育导刊（下半月），2019(8).

② 同上.

③ 同上.

墙创设，为拓展幼儿视野以及多维、多层互动提供支持，有效形成有温度的环境氛围和家园共育合力。

5. 处理好主题墙与活动室整体环境的关系

活动室的墙面空间大小、形状、基本色调有别，保教设施设备安排、摆放不同，构成了形式各异的环境风格。主题墙创设应避免满墙花、乱、散的文字、符号堆砌，注意局部与整体、变化与统一等关系协调及尺度的把握，做到因"地"制宜、顺势而为，与活动室其他环境要素共融，构成统一和谐的教育环境。

二、主题墙创设的主要环节

"言知之易，行之难。"主题墙创设并非表面上看到的那样简单，有质量的主题墙创设反映了教师心中"有幼儿"且"懂幼儿"的专业理念，对幼儿保教、幼儿发展和通识性专业知识的理解与掌握，以及教育活动计划与实施、促进幼儿成长、教育环境创设等专业能力。

为避免主题墙创设与主题活动及其实施脱节或两张皮现象，防止主题脉络不清不明、内容呈现支离破碎、形式美观而无用、互动却不动等概念化、程式化、形式化的倾向和问题，主题墙创设要从支持幼儿主动建构知识经验出发，架构一个紧扣活动主题的、像"骨骼"一样的知识经验（探究体验）体系，一个师幼协同下的，能够清晰呈现主题脉络与内容、主动探究与体验、持续跟进与回应、主题不断得以深化的创设思路。在此基础上，通过厘清主题、统筹创设、注重衔接、动态跟进等创设环节，并随主题活动的实施与进展逐一加以落实和体现。

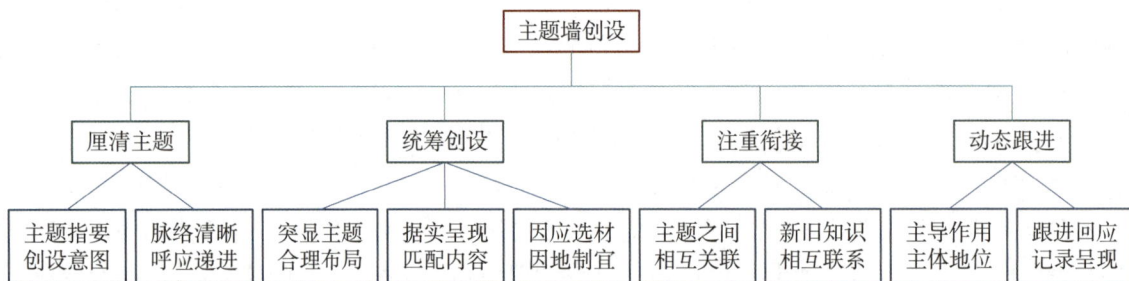

图 6-21　主题墙创设环节示意图

（一）厘清主题

主题墙的重心是"主题"，主题呈现应简明扼要、提纲挈领，直观形象、幼儿易懂；具体活动与主题脉络的匹配关系、探究过程与知识经验建构的逻辑关系、发现回应与持续发展的递进关系清晰明了，一眼看去就知晓班级主题活动进展及幼儿发展情况。

1. 从心理操作层面先行剖析主题指要和主题墙创设意图

"做什么—怎样做—做到什么程度—效果与生成趋向预判"这一分析过程，既是解析主题意图及主题墙创设环节的过程，也是高质量主题墙创设的前提条件，是对主题墙创设的"预演"或心理操作过程。具体而言，在明确幼儿阶段发展目标、要求和内容的基础上，回顾幼儿已有经验、兴趣和需要，明确为什么、做什么；确认目标和内容、问题解决的方法和策略、资源准备与途径，明晰怎样做；预判幼儿已有知识经验与新知识经验之间的联结点、问题解决的重点与难点，及其能够达致的程度（最近发展区）；从目标达成度、幼儿参与度、方法策略和环境资源支持度等方面，判断活动成效和可能生成的新内容。

2. 厘清主题下具体活动内容及其相互关系

主题网络由多个下位概念或下级主题、具体活动编制而成[①]，通常会涉及几个或五大领域的内容，

---

① 王春燕，王秀萍，秦元东. 幼儿园课程论[M]. 北京：新时代出版社，2005：196.

这些围绕并支撑主题的具体活动,就是主题墙创设的基本依据和所要呈现的内容。主题墙既要将这些具体活动的相互关联、呼应、交叉与渗透的关系交待清楚,还要将前者为后者基础的顺承关系、幼儿探究体验与知识经验建构的逻辑关系、教师发现回应与幼儿持续发展的逐步递进关系等,以形符、文字等方式加以直观呈现。

这一环节做得扎实充分,将会极大地减少主题墙创设的盲目性,避免一些常见问题的出现。

(二) 统筹创设

整体规划、呈现方式、材料运用、体验互动是主题墙创设的关键要素。

1. 突显主题,整体谋划合理布局

一是从幼儿视角及其活动特点出发,结合主题教育活动内容和形式,对墙面空间进行上下、左右及功能性、层次性、阶段性的区划,合理支配和布局墙面空间(见图6-2)。

二是整体谋划墙面布局与主题呈现形式。一方面,基于主题教育活动所包含的具体活动来思考主题脉络和呈现形式。具体包括几个下级主题或具体活动、核心知识经验是什么,可以分为几个板块、是否涵盖主题目标与内容,哪些内容和活动成果需要呈现、怎样呈现、如何体现互动、能否满足幼儿互动分享等。另一方面,主体脉络和内容组织条理化,做到主次分明、脉络清晰。从位置和布局、所占空间与比例、变化与统一等方面呈现主题内容与脉络,形成主题视觉中心,做到整体布局合理、板块与主题呼应、教育功能突出又兼具形式美。

此外,谋划主题墙空间布局时,应考虑并处理好"疏与密""散与满"的关系。疏、散会导致主题墙松散、空洞、无主次;密、满则会使主题墙产生满溢、拥堵和无序之感。只有做到疏密有致、盈亏得当才会形成良好视觉体验,有效发挥主题墙的支持作用。

2. 据实呈现,主题墙创设与活动内容相匹配

有质量的主题墙不仅有利于支持幼儿的主动学习和知识经验建构,也会让他们看明白、能理解。那些碎片化的或堆砌、凌乱、无序的主题墙,不仅无助于主题呈现与幼儿发展,甚至会产生负面影响,成为制约主题呈现与幼儿发展的因素。

从当前主题墙呈现方式来看,采用"树状结构""鱼骨图"和"板报式"的居多。前两种能够直观地呈现主题及其因果关系和逻辑关系,具有脉络清晰、层次分明、简洁实用的特点,且适用主题广泛。从本质上来讲,二者都是"心智图"或"思维导图",只是结构和呈现方式不同而已。后一种能够充分地展示幼儿的探究过程和学习成果,具有简单、实用、易操作的特点,适用主题也比较广泛,但局限性和不足之处也显而易见。

主题墙创设实践中,智慧的教师们结合具体情况对主题墙的呈现形式进行不断探索和创新,但万变不离其宗,表6-4中的呈现形式就是由"树状结构"和"鱼骨图"衍生或变化而来。师范生在学习参考时可结合具体教育主题举一反三,创设出与主题内容、幼儿发展相适宜的主题墙。

表6-4　常用主题墙呈现形式

呈现形式	基本特点与适用主题
三角形	主体墙形成近似三角形。有较强的稳定性和画面感,主题脉络、层次性和阶段性明显,主题的内在逻辑关系、知识经验获得的因果关系呈现直观明了;下部空间充分,便于幼儿互动。适宜于逐步递进和深入、参与互动、展示分享类的主题,如有关季节、动植物的主题

潜心经营智慧小屋

呈现形式	基本特点与适用主题
圆形	主题墙形成近似于圆或椭圆形。具有较强的形式感和画面感,幼儿相对比较感兴趣,易凸显主题和阶段性,由于外围空间较大,适合于逐步展开的认知类且有多个下级主题或具体活动的主题,如有关交通工具、海洋世界的主题
S形	主题墙形成近似于S形(横向或纵向)。具有较强的动感和美感,S形自身形式、方向等变化多样,拓展延伸效果好,幼儿比较感兴趣,能够较好地呈现主题脉络、主体结构、具体内容,使其条理化,且主次分明。适合于知识经验内在逻辑较强、幼儿互动与主题内容直接相关的主题,如物体的沉浮、水的三态变化等观察认知、探究类的主题
横长形	由一到多逐步形成几个纵向活动板块所构成的单元式主题墙。简单、自由、易实施,递进关系(教师发现回应与幼儿持续发展)清晰、阶段性较强,幼儿互动空间较大。但处理不当其形式感和视觉效果上会有呆板之嫌。适用范围广泛,尤其适合于逐步递进、参与互动、展示分享、阶段性较强或主题下列活动较多的展开型主题
纵长形	同横长形,只是方向上的差异

3. 因地制宜,适合的材料才是主题墙创设的最佳材料

主题墙创设离不开各种材料和教育资源,包括活动内容所需的素材资源和创设材料,如认知、操作、探究等内容和过程性素材资源,纸张、农作物副产品、废旧物品等创设材料。从原则上讲,素材和材料应丰富多样、就地取材,低成本、最优化,既要考虑主题内容和季节、所处地域和环境资源,还要贴近幼儿生活与环境。其中素材资源由师幼共同准备,为幼儿的全程参与和互动提供机会与条件,还可以通过鼓励幼儿与家长一起从各类媒体、生活环境中搜集、整理与主题相关的素材资料,发挥家长的职业优势和专业特长,形成有效的家园联动,使主题墙内容更加科学而丰富;创设材料应基于主题墙的内容、形式加以选择和利用,同时考虑身边易得的、成本低效果好的、操作和上下墙简便的乡土材料、自然物和其他材料。这些资源和材料的运用,能够激发幼儿探究和主动参与活动的欲望,作为审美元素也能够让幼儿从中感知材料的多元性、丰富性和表现力。

(三) 注重衔接

基于前述学习环境理论、学前教育理论与实践模式(第三单元第一讲)、心理环境及其相关理论(第四单元第一讲),学习是一种刺激和反应之间的联结,是对理解的探索、是知识和经验的建构、是社会的协商与建构、是信息的加工过程等论述,以及幼儿操作性学习方式的实践、幼儿的学习是基于生活体系而非学科体系、是主动的发现性学习而非被动的接受性学习、是"群学"并非"独学"等现代学习观的讨论,主题墙创设应关注前后主题内容之间的关联,幼儿已有知识经验与新知识经验之间的衔接。

幼儿新知识经验的形成,往往是在已有知识经验基础上通过不断探索和操作性学习而逐步发展起来的;幼儿的探索和学习不会因为主题活动的结束而戛然而止,也不会因为新主题的开始而忘却之前的主题内容。因此,主题墙创设不仅要反映当前的教育内容与活动,记录幼儿当下的学习、探索过程和结果,还要呈现主题与主题之间的关联,至少要在前后主题共有的某一节点上建立联结,或保留前一个主题墙中与新的主题相关联、有价值的部分(例如:豆芽从哪里来——豆豆美食我知道),支持幼儿形成相对完整的知识体系(而非片段的),以及认真专注、敢于探究和尝试的良好学习品质(见主题墙创设基本要求第 2 点)。

(四) 动态跟进

　　主题墙创设是一个动态的、持续的过程,是发挥教师主导作用和突出幼儿主体地位与发展的过程,其中:教师的作用在于"导",即指导者、引导者、激励者、支持者;幼儿的主体性体现在"能动"的学习者、探究者、体验者、实践者,落实在对幼儿权益的尊重、主动性的调动与发挥上,即"幼儿为本"。所以,教师对幼儿能动发展过程的及时跟进与回应就显得十分重要,而且教师的跟进与回应行为是师幼互动、幼儿与主题墙之间相互作用的关键环节,关涉主题活动质量和主题墙对支持幼儿发展的作用与效果。换言之,教师的及时跟进与回应更能发挥主题墙的教育价值与意义。一方面,要善于从幼儿的视角发现问题、解决问题,将困惑与问题、探索与表达、调查结果或观察发现、问题解决的途径与过程、体验与感受,以及教师的引导和回应等及时呈现于主题墙,激发幼儿学习的能动性,引导幼儿进入深度学习状态,持续推进主题不断得以深化;另一方面,充分尊重并相信幼儿、做到放手,重视幼儿在主题墙创设过程中主体作用的发挥,凡是幼儿能思会想的就让他去思去想、凡是幼儿能做的就让他去做、凡是幼儿能够参与的就让他去参与,让幼儿真正成为自己所处环境的创设者。

　　至此,应明确两点并作为小结:一是主题墙创设的功夫在内不在外,其核心是"主题"而非"墙";二是以上内容只是就主题墙创设而述及的,事实上主题活动的开展并非仅限于主题墙,还需要户外环境和室内活动区以及相关环境的支撑,特别是活动区的创设与支持,可以说主题活动下的主题墙与活动区紧密相关,二者是一种同步、相向而行、相互支撑的相长关系。这里只是为深入讨论而进行了分述。

第三讲　活动室活动区创设

　　活动区(活动区域、活动区角或游戏区)是教师根据阶段教育目标和幼儿发展水平,结合教育活动要求或幼儿兴趣而创设的,幼儿依个人意愿和能力自主选择的,以多样化材料和形式支持幼儿自主发展的场所,是一个具有游戏性、自主性和个性化特征的学习空间。实践中的具体运用有三:作为幼儿园课程模式;作为幼儿自主活动的方式;作为集体(教育)教学活动支持与延伸方式。无论哪种方式,其本质是幼儿的自主活动,是有别于学校教育的、支持幼儿主动学习与发展的幼儿园教育组织形式。

　　活动区创设是教师尊重幼儿权益和个性差异,遵循幼儿身心发展特点与学习方式的表现、专业能力的体现。应以阶段教育目标、活动要求为依据,从幼儿兴趣和成长需要出发,规划设置具有自主性、探究性、表现性、体验性的不同种类的活动区,投放多样化、生活化、多类型的游戏材料,通过实际操作、探索发现、创造表现、亲身体验等途径,从不同的角度促进幼儿态度、认知、情感、知识、能力等方面的发展,进而达成发展目标。

一、活动区的规划与设置

　　主题教育活动下的活动区同主题墙一样是教育活动实施过程中重要的构成部分,是教师精心创设的集功能性、层次性和多样性为一体的自主学习和游戏空间，即"有准备的环境"。由于活动区性质、功能有别、种类多样，其空间规划与具体设置也不尽相同。

（一）活动区的种类与安排

1. 活动区的种类

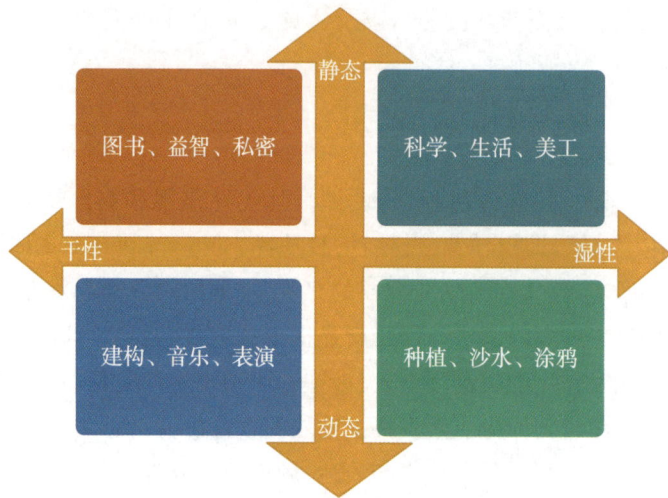

图 6-22　活动区"十字定位法"

按照美国学者布朗对活动区性质的描述，活动区可划分为四种类型：静态且用水的活动区，如自然区（角）、手工区、绘画区；动态且用水的活动区，如玩沙区、玩水区、烹饪区；静态不用水的活动区，如图书区、数学区；动态不用水的活动区，如音乐区、表演区、建构区等。国内有研究者将活动区分为表现性活动区、探索性活动区、运动性活动区和欣赏性活动区四大类[①]。

根据《纲要》《指南》教育内容与要求、教育建议，结合幼儿年龄特点和兴趣，幼儿园通常会创设社会体验区、阅读分享区、科学发现区、美术创意、益智操作区、建构游戏区、表演区等。

2. 活动区空间安排

图 6-23　活动区空间安排示意图

---

① 华爱华.幼儿园活动区活动的功能与定位[J].幼儿教育(教师版),2012(9).

活动区创设可根据活动区性质、类型,尽可能将性质相近、类型趋同的安排在相邻或相近位置,并根据活动室结构和面积、活动区特点、幼儿年龄特点等,做到动静干湿分开、相关临近,大小有别、按需布置,适度区隔、形式灵活。

通常,阅读区、棋类区较安静且须良好光线;音乐类、角色和建构游戏类区域需要方便取放材料,活动开展起来相对喧闹吵杂;美工区、科学区则须设置在靠近水源又相对安静的位置,其要求和需求不尽相同。教师可从活动区性质和活动需求两个维度出发,采用"十字定位法"对活动区进行空间定位和规划,做到动静干湿分开、相关临近。

图6-23仅表示活动区从动静和干湿两个维度,在活动室的所处位置、区域之间的相邻关系,而非一次性或同时设置的活动区。具体创设中应根据活动需要、活动室的空间结构与面积、班级幼儿数及其兴趣等因素,规划活动区的类型和数量。尽管活动区创设没有固定的模式或形式要求,但活动区的数量和空间大小要满足活动所需。一方面,性质、类型不同的活动区对空间大小的要求不同;另一方面,按照班级30～35名幼儿、使用面积为70 m² 的活动室推算,以预设5个以内、每区预计5～8名幼儿为宜。换言之,活动区所占空间以进区幼儿互不妨碍、有相对宽松的操作和行动空间为原则,既不能设置过多,太多会使活动区成为"摆设",致使功能作用发挥受限,也不能过少,太少会让幼儿无法选择,也会导致区域拥挤而不能正常开展活动。应做到数量和空间足够、大小有别、按需创设。

不同空间结构与面积的活动室,性质与类型有别的活动区的区隔物和方式不尽相同。首先,区隔活动区的物件应就近、就轻、就简,方便随机合并或分隔活动空间。如小屏风、垂吊挂饰或布(竹)帘、材料柜、积木、纸盒(纸板)等,其中材料柜比较适合做游戏和操作类活动区的区隔物,小屏风、图书架就适合做阅读区、棋类区的区隔物。其次,活动区的区隔应隔而不堵、围而不隔。隔而不堵意在"隔",只是形式上的界限,即通透的分隔,不遮、堵视线,也不妨碍幼儿必要的区域间的交流或变换;围而不隔意在"围",用区隔物从三面围合形成"U"型空间或从两面围合形成"L"型空间,而不再去"隔",使空间利用最大化。事实上,活动区的区隔方式多种多样,面积较大的活动室可居中规划创设活动区,面积较小的活动室可紧靠室内墙壁做简单的区隔;地面上不同颜色的地毯(地垫)或颜色(线条)也可作为"界限"来区分活动区。总之应尽可能留出最大、最方便的活动空间,做到区划适度、形式灵活、便于活动开展。

(二)活动区的创设

活动区设置并不求全求多,而是在准确了解并掌握班级幼儿兴趣、水平和发展要求的基础上,结合教育活动主题和内容、活动室空间、季节和资源等因素,因地制宜、因应创设。

1. 活动区的设置与命名

活动区的设置应根据班级幼儿年龄特点与已有经验、活动区的功能与作用、季节和教育资源等因素来酌量,同时对活动区进行归类和命名。归类,体现的是教师的主导作用,是为了进一步明确活动区的功能与作用(表现性的、体验性的,还是探索性的等),并与阶段教育目标、主题与内容达成一致,使活动区以不同功能、方式支持幼儿发展,而不会导致其设置偏离教育目标和内容,甚至废区;命名,是为了更好地发挥幼儿的主体作用(让幼儿来命名或征求幼儿的意见,包括角色、材料和玩法、规则等),顺应其兴趣、水平和需要,更好地自主选择、喜欢参与和表达表现,同时也会使活动区设置更具精准性和功能性。

活动区设置还需考虑幼儿年龄特点、已有经验与活动区功能之间的适切性和契合度,幼儿年龄越小活动区设置的契合度就要越高。小班幼儿以直观的、行动的思维方式为主,认知和思维离不开自身对事物的直接感知、感受,也离不开动作,加之知识经验、社会交往能力的不足,自我控制能力、规则意识薄弱,应围绕他们熟悉的生活内容和环境来设置活动区,如娃娃家、建构区等,操作材料以具体形象

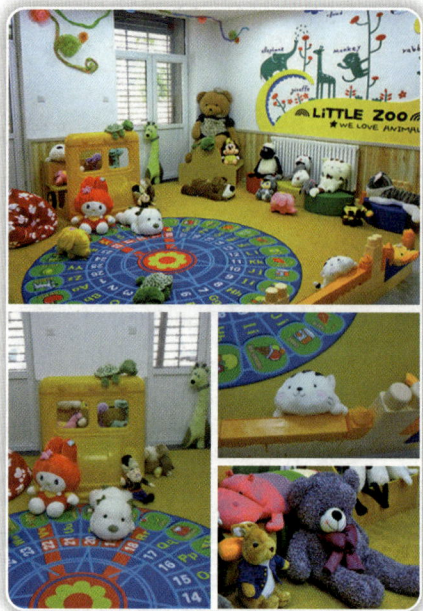

图6-24　小班毛绒玩具乐园创设

的、相对较大的、颜色亮丽且易操作的成品为主，半成品为辅；中班幼儿积累了一定的知识经验和集体生活经验，认知理解能力、手部动作的灵活性及肢体动作的协调能力有所提高，集体和规则意识初步建立，开始对合作、探究、体验、分享等活动产生兴趣，应创设超市、医院、手工、科学探究、种植角等活动区，在原有高结构、半成品材料基础上，逐步投放低结构材料，让幼儿在玩玩、剪剪、看看、做做、拼拼、讲讲等实际操作活动中获得发展；大班幼儿伴随逻辑思维的萌芽，身体和心智迅速发展，活动区创设应进一步多元化、不拘一格。当然，也可以根据阶段教育目标和内容、活动需要和幼儿诉求，创设具有地域特色或符合幼儿发展特点的绣坊、编织区、创客空间、新闻播报中心等活动区。游戏材料可以低结构为主，投放多样化的支持合作探究、科学实验（观察）、表达表现性材料，或具有一定操作难度的、本土的材料。

此外，活动区设置还要结合季节和资源情况。如春秋季节，借助花草树木、农作物及其副产品等创设手工区、创意区；设置种植养殖区和科学观察区，让幼儿观察记录种子发芽、蚕或小鱼的生长过程，感受劳动和养护体验等。结合季节变换和本土教育资源，基于幼儿熟悉的生活环境设置活动区，不仅能够有效激发幼儿参与活动的积极性，也为幼儿亲近自然，在活动中感受美、欣赏美和创造美提供更多机会与途径，对于幼儿发现问题、尝试解决问题的能力和初步的责任感的形成具有重要价值。

2. 活动区的设备、材料与材料投放

桌椅、材料柜、玩具柜等均可用于活动区。为使活动区环境更加舒适、更具吸引力，可添置地毯、地垫、坐垫、小沙发等，以及音乐、角色表演等区域所需的乐器、衣架、服饰，科学探究区所需的小型观察、探究、演示等设备。具体可根据地方教育行政部门有关"幼儿园班级活动单元设施设备配备标准"或要求选配，也可参阅第六单元第三讲专用活动室的创设建议，只是要注意选配那些对活动室环境和条件要求不高的、相对简约易操作的、可供小组或个体使用的小型（小件）设备，如科学探究区的天平、显微镜、放大镜等。

玩具和材料（以下统称材料）是活动区最为关键的构成要件，是幼儿操作、互动中不可缺少的"伙伴"和媒材。材料赋予活动区极大的功能性和趣味性，使内容和形式得到丰富，激发了幼儿的认知、操作、想象与探究行为，为幼儿发展搭建了"脚手架"。皮亚杰认知发展和建构理论强调，材料的本质特征有效促进了幼儿的操作，并通过操作发挥材料与各种探索行为之间互为推进的积极作用；幼儿的智慧来自于动作及其与材料的互动和探索行为，所以应提供具体的材料让幼儿动手去操作，让他们在自主活动中主动地去建构知识。"材料"在幼儿成长过程中具有重要地位和独特价值，在一定程度上决定活动区的质量。

用于活动区的材料和种类可谓丰富多样。依材质可分为纸类、布类、塑料橡胶类、竹木类、金属类材料等；依照应用和游戏类型，有角色游戏、结构游戏、体育游戏、音乐游戏和智力游戏材料；根据材料的结构化程度，有高结构和低结构材料之分；按材料属性有自然材料和人工材料之别；按材料功能类别，可分为语言类、数学类、探究类、音乐类、舞蹈类、体育类、美术类等材料，还可分为表征性、教育性、建构性和运动性材料。此外，还有按材料成型状况分为原材料、半成品和成品材料的，按材料来源分为幼儿园配备材料，教师、幼儿与家长搜集的材料，等等。可以说活动区材料种类多样、包罗万象，更多的材料兼具多种用途和意义，在不同的活动区发挥着不同的功能和作用。

须知材料自身虽无高低贵贱之分,但有适用、安全、卫生与否之别;材料虽为活动区的要件、幼儿智慧发展的源泉,但具体到某一活动区并非材料越多越好、越新越好,也不是越昂贵越好,而是要紧扣幼儿年龄特点、感知能力、兴趣和需要,基于活动的递进性、材料的功能性和替代性因应施策。

　　一是投放安全卫生的材料,排除一切安全隐患。幼儿的生命安全和健康成长是幼儿园的头等大事、首要工作原则。对购买的材料,一方面在选购前要从质地、重量、大小、结构复杂程度、牢固程度、涂层等方面,按照国家有关玩具安全规范或技术标准进行对标查验;另一方面,不同年龄段幼儿在正常使用合格材料时的安全性是相对的。比如:大班幼儿使用是安全的,可能小班幼儿使用就存在一定风险。应结合幼儿年龄特点和能力水平,对其使用安全进行科学判断或合理预见(是否适合该年龄段,是否会导致幼儿误吞,割伤、刺伤等)。对使用过程中出现破损、缺件的,填充物或内容物外泄等潜在威胁或有危险的材料,应及时更换、修补或废弃。

　　对自制的或在生活环境中收集的(自然物、废旧物品等)材料,要关注其卫生安全,做到环保、无污染、易清洁和及时消毒,使每一个(件)材料均达到使用安全和卫生要求。活动前应对所有材料进行安全卫生检查,确保无毒、无破损、无锐边利角、无细小零件脱落等;活动过程中需要口鼻直接接触的材料(如吸管、器皿等),应符合卫生要求且数量充足,避免幼儿交叉使用或在使用中传染疾病。在运用自然物或废旧材料时,教育幼儿树立安全和环保意识,养成良好卫生习惯和操作行为规范。农作物籽粒、塑料珠、玻璃球等颗粒状材料不入口、鼻、耳,操作后及时洗手;活动结束应主动分类整理、归纳材料,清洁活动区,避免因操作产生的边角料或废料造成活动区二次污染。

图6-25　以玉米棵为主材的活动区活动和材料投放

　　自然物或废旧物品等材料的获取,既要避开或避免选择有尖刺或有刺激性液体、气味的植物,以及有不明残留物或其他隐患的物品,还要教育幼儿不采摘生长中的树叶、花朵等,应捡拾落叶、花瓣并经清洁后使用。幼儿接触的所有自然物或废旧物品材料均应清洗消毒,反复使用的更应严格执行消毒制度。在有关科学实验或观察活动中,应禁绝接触、使用一切可能对幼儿皮肤、眼睛等器官有影响或其他潜在危害的材料。概言之,无论投放到活动区的什么材料,必须是无毒、无害、无污染的既安全卫生又环保的材料。

　　二是符合阶段教育目标和全体幼儿的全面发展需要。首先,材料选择与投放以促进幼儿身心健康发展为基础,能够有效支持幼儿发展目标的达成。根据各活动区的内容和形式,面向班级全体幼儿,兼顾认知、兴趣、意愿和能力等个体差异投放材料,引发全体幼儿从原有水平向更高水平发展。其次,根据具体区域和幼儿已有经验,按照多种类、多质地、多功能、多用途,由浅入深、从易到难、富有层

147

次、循序渐进的投放策略，做到同一区域、多种材料，同类区域、不同材料，进行科学投放、合理更换。具体活动中，视幼儿操作和游戏进展适时进行材料干预（而非教师干预），可更换材料也可补充新材料，满足不同发展水平幼儿的操作需求。恰当的材料干预、适时替换或更新材料，能够有效激发幼儿的操作和探究欲望，激活"静默"活动区或幼儿游戏进程，推动活动的不断深入。

材料的数量、种类，不同年龄段幼儿对材料的选择及其倾向等，是影响幼儿游戏和活动区质量的关键因素，应给予重视。

从数量上看，材料过少不能满足幼儿的选择和操作需要，活动开展会受到限制，甚至导致幼儿间争抢材料或攻击性行为发生；材料过多会使幼儿的交往互动行为、活动区有效空间减少，也会造成不必要的干扰或困扰，导致幼儿忙于选择、摆弄材料，而迷失活动的目的性和探究的秩序性。这两种情况都会影响幼儿活动和活动区质量。进一步讲，材料的多寡不单纯是一个"数量值"，它与幼儿人数、年龄段，以及活动的方式、频率等因素直接相关。比如：同一种材料数量少，在小班容易引起争抢或纠纷，在大班就有可能会引发社会性游戏或主动寻找替代材料；同一种材料数量多，小班幼儿会进行平行游戏，大班幼儿可能会寻求新的游戏途径或改变游戏方式。因此，材料的多与少并不取决于其自身数量的绝对值，或幼儿数量的人均值，而是要根据幼儿年龄特点、能力水平、活动区人数和活动方式等来考量和预设。

从种类上看，材料投放对幼儿选择活动区及其活动内容具有一定的引导或暗示作用。如直观形象的、逼真的或实物类材料往往会引发装扮、想象或体验类游戏；积木、积塑等材料易引发建构游戏等。对此，我们倡导依据同一区域多种材料、同类区域不同材料等原则多种类、有层次地投放材料，其核心是关注全体幼儿的全面发展与材料之间的适宜性，强调的是与该年龄段全体幼儿和个体的适宜性、与阶段教育目标和内容的适宜性、与幼儿兴趣和需要的适宜性、与幼儿已有经验和新经验的适宜性，绝不能将活动区变成材料"堆砌场"或"展销处"，而是要通过多种类、有层次的材料投放，发挥不同材料的价值与作用，提供支持发展的"脚手架"，激发幼儿自主选择、主动参与活动的意愿，满足幼儿动手操作、探究创造的愿望，提升交往合作和解决问题的能力，让幼儿在与材料的互动中得到全面而协调的发展。

三是充分挖掘并利用一切可以利用的教育资源。材料提供与投放应因地制宜，充分挖掘并利用本土材料和各种环境资源，如玉米棵（秸秆、玉米穗、玉米芯、玉米须、玉米粒等），并运用到不同领域（科学、健康、艺术等）和活动区（科学、益智、手工区等，图6-25）。因此，应广开材料来源渠道，特别是幼儿和家长的参与，仅靠幼儿园和教师提供材料既不现实，也不能有效满足活动区需要、幼儿对多样化材料的操作和认知诉求。一方面，引导幼儿在自然、家庭、社会等环境中，在活动的不同阶段搜集材料，在教师指导下建立班级材料存储区。在熟悉的生活环境中收集、整理、使用材料，会使幼儿从情感、价值等方面赋予材料新的或创造性意义，并让幼儿从一开始就明确活动所需，认识到自己就是与材料互动的主人。另一方面，调动家长参与材料挖掘与利用的积极性，鼓励支持家长与幼儿共同搜集、整理可以利用的材料和资源，并收纳到"百宝箱"，以备不时之需。材料的搜集、整理、收纳过程既是增进亲子关系和情感的过程，也是家长了解和认识幼儿园教育的过程。

3. 建立活动区秩序与规则，营造良好活动氛围

没有规矩，不成方圆。秩序与规则是活动区活动顺利开展的制度保障。活动区是幼儿基于兴趣而选择的自主性学习空间，具有较大的灵活性和自由度，但并不意味活动区是放任自流、随心所欲的，幼儿的自主性、自由性是建立在秩序与规则基础上的，而且秩序与规则意识的形成与建立对幼儿的未来生活、学习具有重要意义。

由于幼儿年龄小，自律能力较弱，需要依靠他律来建立秩序与规则意识，教师可通过协商或讨论形成活动区规则，与幼儿一起采用形符、绘画、简单文字等方式，创设规则性、要求性、养成性的标识

（卡）和提示牌，帮助幼儿理解并遵守活动规则。

一是区域选择与进区规则。幼儿选择某一活动区是其自由自主行为，但不同活动区的空间大小、人数不同，活动要求和规则有别。换言之，具体到某次活动时，不是所有幼儿的诉求都能得到满足，这就需要借助规则来帮助幼儿认识到这一点，妥善化解个体诉求与活动区要求之间的矛盾。比如：在活动区入口创设进区人数提示牌，制作不同的进区卡供幼儿选择等。当幼儿看到活动区人数要求或已经没有该区域的进区卡时就会主动放弃，转而寻求其他区域。实践证明，通过环境手段潜移默化地帮助幼儿自主建立并遵守规则，其成效要比做思想工作、协商等来得快、来得好。一些有进区要求的区域，如进阅读区要求脱鞋、安静，可在入口处设置脱鞋提示或禁止穿鞋入内的标识，区内设置保持安静标识。

二是活动秩序的建立与形成。一方面活动的时间是有限度的；另一方面活动过程中幼儿会因同伴间意见不统一而发生无休止的争论甚至冲突，但事实是玩的时间会伴随争论或冲突而流逝，致使活动中断或就此终止。例如：建构区的幼儿往往会因搭建什么而争论不休，有的说要建立交桥，有的则坚持搭建城堡，有的在旁观而无所事事。对此，首先要让幼儿明白，争论的时间越长，玩的时间就越少，同时引导幼儿迅速达成一致意见，在活动中逐步学会建立活动秩序。对此，"安吉游戏"为我们提供了有益的经验。游戏中的幼儿是游戏的决策者、实践者、思考者，是环境和材料的拥有者和创作者；教师是材料的提供者、环境的创设者、游戏的观察者和纪录者，幼儿发展的支持者。从这一理念出发，建构游戏开展之初，教师会要求不同小组的幼儿集体讨论"规划书""设计图"，包括名称、分工、材料及使用等，并依图"施工"。若遇争论，幼儿会采用举手表决、投票、石头剪刀布等方式，迅速统一意见，因为他们知道"玩的时间是自己的"。也就是说，基于已有经验，幼儿建立了一套快速统一想法、解决冲突的"机制"，活动秩序是由他们自己建立并维护的，而非教师。也正是有了这样一整套秩序"机制"，幼儿的活动才是安全的、健康的，获得发展的。

三是材料使用和过程性规则。活动区材料种类、形状、质地有别，为方便使用、规范操作，教师和幼儿可对材料进行分类和标记。既可根据材料功能进行分类，也可按照材料形状、大小分类，并在材料柜搁板或收纳箱外侧贴上标识（小班用图形、中大班用名称和图形）。分类、标记过程是一个认识、熟悉材料名称、功能、特征的过程，一个触摸、感知材料性质、分量、软硬的过程，为幼儿的操作奠定了认知基础；也是一个关于秩序、整理和责任的教育过程，能够有效引导幼儿安全使用、轻拿轻放、爱护材料，操作中保持安静、不争抢材料，用完后分类整理材料、将其放回原处等。

总之，活动区设置，材料准备与投放、规则建立与形成等并非一劳永逸或一成不变，而是要基于观察与分析、幼儿的兴趣与发展，不断持续改进和完善，并与其他活动（环境）共同构成支持幼儿发展的有效的教育环境。比如：将活动中幼儿的亲身体验、科学探究、操作过程、创意表现，以及规则的建立与遵守、经验分享、成果展示等，特别是幼儿探究和问题解决的过程、观察与记录、游戏故事及时呈现于主题墙或活动区，让作为活动的亲历者、实践者的幼儿分享各自的所思所想和所做，并成为教育环境不可分割的一部分。

作为学前教育专业师范生，不仅要学习创设有助于幼儿成长、学习和游戏的活动区，还要学会观察、记录、分析幼儿在活动区的行为表现或问题所在，能够从幼儿视角采取恰当的方式与措施，对活动区、幼儿活动加以改进和引导。这一切都需要基于不同活动区的功能和特点，并落实在具体行动中，也是接下来要进一步学习的内容。

二、班级常设活动区创设

活动区是支持幼儿自主发展、实现阶段教育目标的重要途径。教师通常会根据幼儿年龄段特点、兴趣和能力水平，结合活动区的功能和特点创设班级活动区。

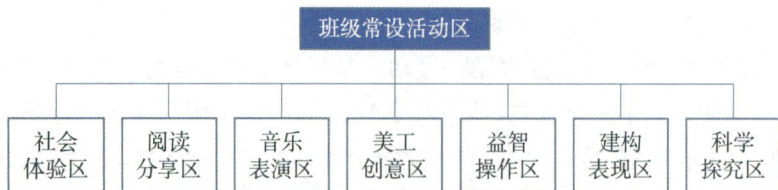

图 6-26　班级常设活动区示意图

（一）社会体验区创设

社会体验区是一种按照现实社会和生活环境（场景）而创设的，供幼儿模仿社会活动、体验现实生活的空间，以满足幼儿渴望参与社会活动的心理需求、支持幼儿社会性发展。如娃娃家、商店（超市）、医院、餐厅、理发店、银行等活动区，具有生活性、情境性和虚拟性等游戏环境特点。

"人际交往和社会适应是幼儿社会学习的主要内容，也是其社会性发展的基本途径。""幼儿的社会性主要是在日常生活和游戏中通过观察和模仿潜移默化地发展起来的。"[①]在丰富的社会生活情境和游戏体验中，幼儿按照自己的意愿选择扮演角色，与同伴交往、与环境互动，模仿着他们熟悉的生活以及生活中的角色或情境，抑或是他们假想的、在现实生活中不可能发生的情境。社会体验区的内容形式、材料丰富，与现实社会生活无缝对接，可提供真实的或仿真材料让幼儿去操作、体验。具体活动区创设可由幼儿最熟悉的家庭生活活动，逐步拓展到小吃店、超市、理发店等各种社会活动，材料投放与区域相对应。如"小厨房"的材料可由幼儿将自己用过的餐具、家庭弃用的锅碗瓢盆等带到幼儿园；"超市"可投放各种物品和食品、价签、代币、优惠券、广告、货品区域指示牌、收银台、购物框（袋）等。幼儿熟悉的、真实的、源于生活的场景和材料，能够让幼儿在游戏过程中品尝、分享自己的劳动成果，激发参与活动的主动性和探究欲，获得丰富的生活和角色体验。

材料投放不是固定不变的，具体到某一活动区，材料投放不仅要有目的性和引导性，还应具有灵活性。即使在幼儿比较熟悉的"娃娃家"也可投放购物袋、图书等，意在用材料暗示或引导幼儿在"家"阅读或外出购物；或许一把小木锤就有可能引发幼儿的修理或其他相关活动，起到拓展游戏内容、丰富幼儿体验的作用。

社会体验区的功能在于，通过各种社会生活和角色体验，让幼儿体验生命的价值，感受自己的成长，学会交往、懂得尊重、遵守规则，建立初步的责任感，使其社会性不断发展与完善。区域创设和材料投放也应以此为依据和支撑，围绕活动主题和内容、幼儿兴趣和需要，有目的、引导性地投放材料。表 6-5 列举的活动区及其材料并非全部也非唯一，实践中应根据阶段发展目标和幼儿成长诉求，创设适宜的活动区并投放适宜的游戏材料。

表 6-5　社会体验区及其材料投放

区角名称	材料投放
娃娃家	大小、种类、质地不同的玩具娃娃，家具、家电、电话，服装服饰，食物、水果、蔬菜，餐具、餐厨用具等，家庭生活用品或仿真玩具，所需其他材料
餐厅	围裙、帽子等角色服饰，杯子、吸管、盘子、碗筷等餐具和器皿，菜谱、铅笔及点菜单，各种食品和食品夹，抹布、钱币代用券及其他材料
超市	各类服装鞋帽、日用品、玩具、文具等物品，各种水果、蔬菜、点心、面包、饮料等饮品和食品，购物筐（袋）、钱币代用券、收银台及其他商品或材料
理发店	洗、剪、吹、染、烫等理发工具和材料，角色、职业类服装、围裙、手套等，镜子、美发图片及其他材料

---

① 教育部. 3—6 岁儿童学习与发展指南[Z]. 2012.

幼儿园教育环境创设（第二版）

区角名称	材料投放
医院	医生、护士服装和帽子,其他职业服饰,血压计、听诊器、针管、药包、棉签、绷带、手电筒、纸笔等诊疗用具,空药盒、药瓶及其他材料
银行	工作人员服装,不同职业的顾客服饰,计算器、验钞机、取号机、计算机等工作用具和设施,钱币代用券、银行卡、表格、纸笔及其他材料

图6-27　娃娃餐厅

图6-28　阅读分享区

（二）阅读分享区创设

阅读分享区(图书角、语言区、读书区)是为支持幼儿语言发展,培养良好阅读习惯而创设的,供幼儿(听)阅读、故事讲述和同伴交流的空间场所,具有安静、半封闭和光线充足的特点。

语言是交流和思维的工具。幼儿语言有口头语言和书面语言准备两大学习与发展目标,"幼儿的语言能力是在交流和运用的过程中发展起来的。应为幼儿创设自由、宽松的语言交往环境,鼓励和支持幼儿与成人、同伴交流,让幼儿想说、敢说、喜欢说并能得到积极回应。为幼儿提供丰富、适宜的低幼读物,经常和幼儿一起看图书、讲故事,丰富其语言表达能力,培养阅读兴趣和良好的阅读习惯,进一步拓展学习经验"[①]。阅读分享区不仅为幼儿想说、敢说、喜欢说,提供了自由、宽松的语言环境,还为幼儿阅读、喜欢阅读创造了机会和条件。

图画书既是早期阅读最为合适的资源,也是幼儿语言学习的重要资源。一本优秀的图画书,应当是文学语言、美术语言和教育语言的有效整合,多维度地帮助幼儿在阅读中获得全面发展,并为幼儿提供口头语言和书面语言统整学习和运用的机会。[②] 幼儿早期阅读是通过一系列的行为动作来实现的,包括翻阅图书、阅读方式、持续时间、专注程度、图文兴趣等外部行为,以及概念形成、认知加工、创造思维、形符系统的交互等内部行为过程。这一过程是幼儿能够成为阅读者的基础,是奠定幼儿终身学习的基石,这些正是早期阅读所蕴含的意义、阅读分享区的价值和功能所在。

阅读分享区的材料准备与投放。首先,投放数量足够、种类多样的,符合不同年龄段幼儿认知特点和水平的图画书,包括生活认知、人际交往、品德品格、科学科普、生命教育、想象科幻、人文艺术、益智游戏等不同种类的、图文并茂或无字图画书。在整体把握幼儿认知水平和能力的基础上,图画书的选择与投放契合幼儿的阅读、理解水平,富有童心童趣,装帧设计兼顾幼儿翻页能力。

其次,提供听阅读、卡片类阅读材料,以及讲述分享机会。准备能够满足2~4名幼儿同时使用的听阅读设备、与幼儿年龄特点相适宜的阅读内容;提供标识卡、幼儿生活照片、故事图片、操作卡、拼图

---

① 教育部.3—6岁儿童学习与发展指南[Z].2012.
② 李季湄,冯晓霞.《3—6岁儿童学习与发展指南》解读[M].北京:人民教育出版社,2013:85—86.

等卡片、图片材料,创设相应的故事讲述、复述与分享交流的机会与条件。

此外,灵活、因应投放修补或自制图书工具与材料也是不可或缺的,如故事盒、废旧书报、破损图书等,以及胶水(透明胶)、线绳、曲别针、夹子、剪刀等工具材料。需明确的是,修补或自制图书工具材料并非阅读区常备材料,而是根据需要或幼儿行为表现专门投放的材料。

(三)音乐表演区创设

图6-29 歌舞表演区

音乐表演区是幼儿基于音乐、服装、道具、乐器和文学作品、社会生活的再创造的活动空间,具有表现性、体验性、创造性和娱乐性等特点。

艺术是人类感受美、表现美和创造美的重要形式,是对周围世界的认识和情绪情感的表达方式。对于幼儿而言,艺术是感性地把握世界的一种方式,是表达对世界的认识的另一种"语言"。[1] 为幼儿创设丰富的乐器表演、舞蹈表演和歌表演,以及木偶(剧)、绘本(剧)表演等活动区或艺术表现环境,提供多样的物质材料,引发幼儿用心灵去感受美、发现美,并通过自己喜欢的方式丰富审美经验,体验艺术表达和创造的快乐,支持幼儿自发的、有个性的艺术表现与创造,是音乐表演区创设所要达致的基本功能。

音乐表演区视具体内容和活动开展,应备有适宜于幼儿年龄段的歌曲、乐曲、儿歌及相关存储和播放设备,各种木偶或手袋偶,相关表演道具与设施;投放铃鼓、舞板、三角铁、木鱼、沙锤、撞钟、响板等打击乐器或自制乐器,各种人物和动物服装、头饰、面具,纱巾、彩带等表演服装服饰、道具和其他辅助材料。

(四)美工创意区创设

美工创意区是供幼儿开展自主造型游戏和空间创意表现的场所。除具有表现性、体验性、创造性外,还具有综合性、操作性及形式内容多元的特点。

同音乐表演区一样,美工创意区既是引导幼儿用自己喜欢的、不同的造型方式大胆表达表现情感、理解和想象的重要园地,也是幼儿园实施美育的重要途径,让幼儿在感受与欣赏、表现与创造两个方面都获得发展。

图6-30 美工区工具与材料

图6-31 活动区的幼儿

---

① 李季湄,冯晓霞.《3—6岁儿童学习与发展指南》解读[M].北京:人民教育出版社,2013:152.

从工具上看,应投放油画棒、水彩笔、毛笔、自制画笔,海绵、棉签、泥工板、刷子、剪刀、尺子、各种胶剂(带)等;在材料上,应准备各种纸张(画纸、彩色纸、旧报纸、皱纹纸、包装纸)、颜料(水粉、水彩)等,投放自然泥、面泥、陶泥等,蔬果、树叶、花瓣、石头、农渔副产品等自然材料,纸盒、瓶子、纸杯、布头、毛线等废旧材料,以及活动所需的模型、标本等其他物品和材料。

(五) 益智操作区创设

益智操作区是幼儿基于手脑并用的材料操作,从中发现并尝试解决问题,或通过材料实现自己的想法,进而获得智力发展的活动空间。益智操作区活动包括棋类、拼图、串珠、积塑等桌面游戏和操作游戏,具有行动性、探究性和促进智力发展的特点。

游戏内容往往与动手动脑的问题解决和具体任务的完成直接相关,能够有效促进幼儿观察、记忆、思考、推理和问题解决等能力发展。一些游戏需要结对或多人合作进行,具有一定程度的挑战性和竞争性,而且不同年龄段幼儿的活动方式和难易程度有别。

益智操作区的材料准备与投放,通常包括:七巧板、鲁班锁、连连看等桌面游戏材料;点数、套盒、镶嵌、拼图、分类盒、配对、接龙、排序等认知、逻辑、对比类材料;跳棋、围棋、象棋、迷宫等棋类材料;各种积塑材料,以及测量工具、记录用纸笔或活动所需的其他材料等。

图6-32 益智区及材料　　图6-33 建构活动　　图6-34 建构区创设

(六) 建构表现区创设

建构表现区是幼儿在认知基础上,利用各种材料再现周围环境、事物或实现自己想法的创造性活动场所,具有空间性、合作性、创造性和延展性特点。

活动区对于丰富幼儿空间知觉、知识经验,以及促进手眼协调能力、平衡能力和空间想象能力具有积极作用。须注意的是,建构区创设应标示活动区域界限,并在地板上铺设地垫以减少或降低材料噪声、对其他活动区的影响,同时根据幼儿年龄段特点,在区域内提供有关建筑物或构筑物的图片,供幼儿参考。

建构区的材料准备与投放,主要有大中小型积木、积塑,各种轻便的几何形体、板材,模型玩具,可用于拼装、搭建、组合的低结构材料,以及供幼儿参考的图书、画册、建筑物图片、幼儿建构作品照片和观察记录用纸笔等。

(七) 科学探究区创设

科学探究区是通过精心而有目的的材料投放和环境创设,幼儿依自己的兴趣和能力,运用各种观察、实验、比较、分析等具体方法,开展自主探索活动的场所,具有尝试性、探究性、趣味性、操作性和突出的时代性等特点。

"幼儿的科学学习是在探究具体事物和解决实际问题中,尝试发现事物间的异同和联系的过程。""幼儿科学学习的核心是激发探究兴趣,体验探究过程,发展初步的探究能力。"[1]而科学探究区及其活

---

① 教育部.3—6岁儿童学习与发展指南[Z].2012.

动特点恰恰是基于幼儿自主"操作"和"探究"，为幼儿探索具体事物、尝试实际问题解决提供了机会和条件。其中"材料"是重要媒介，一方面，教师要通过材料达成活动目标和成效；另一方面，幼儿要通过材料构建认知结构。如果说，科学探究区是幼儿科学学习和科学教育最重要且最有效的途径，那么材料的提供与投放则决定了活动区的质量和探究活动的成败。

图6-35　幼儿的科学探究

基于科学探究和数学认知两个相互联系又相对独立的学习与发展目标，科学探究区的材料准备与投放，有以下一些：磁性、弹性、滚动、滑动、杠杆，以及昆虫、动植物或标本等体现或能够直观感受自然规律、现象的探索类材料；泥土、沙子、水，各种纸张、木板、塑料、金属片、种子、果实等通过操作能改变形态或用途的操作材料；直尺、卡尺、天平、指针式钟表、温度计、计时器，放大镜、显微镜、望远镜、扳手、小锤子、剪刀等测量、观察和改造工具；生活中用数字作标识的事物，如电话号码、时钟、日历和商品价签等，大小、多少、高矮、粗细等有关量的材料，关于形状与空间关系的积木、纸盒、拼板等材料；提供防护材料，这是科学探究区与其他活动区不同的地方，如手套、护目镜、袖套或防护服等。此外，准备观察、实验、探究等记录表和笔，以及活动所需的其他材料。

图6-36　插花区

图6-37　茶艺区

图6-38　刺绣区

总之，活动区应基于地域特点和幼儿园具体情况，根据阶段发展目标，结合班级幼儿兴趣和能力水平来创设，如插花区、创客空间、设计中心、摄影区等，使之成为支持幼儿全面发展的助推器。

三、班级相关环境创设

在阶段教育目标、内容和要求指导下，主题墙、活动区和班级相关环创，基本构成活动室教育环境创设整体。基于对主题墙、活动区的内容形式、方法途径、创设要求的讨论，这里主要通过班级相关环创实图，做一定程度的展示和引导，以期达到学习借鉴、举一反三的目的。

图6-39　预防病毒

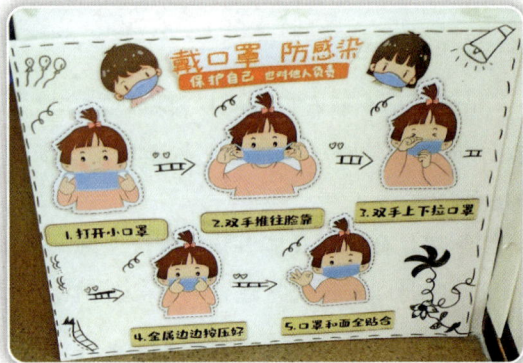

图6-40　口罩佩戴流程

图 6 - 41　新闻播报

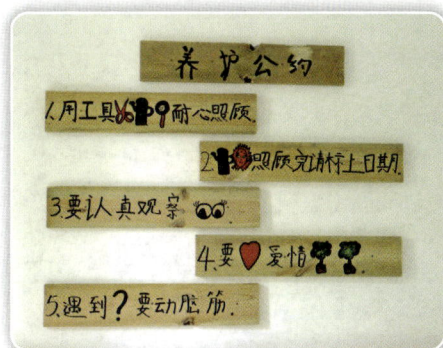

图 6 - 42　种植养殖区公约

图 6 - 43　幼儿园建构计划

图 6 - 44　建构区环创

图 6 - 45　我的郊游计划

图 6 - 46　班级公约

图 6 - 47　进门五件事

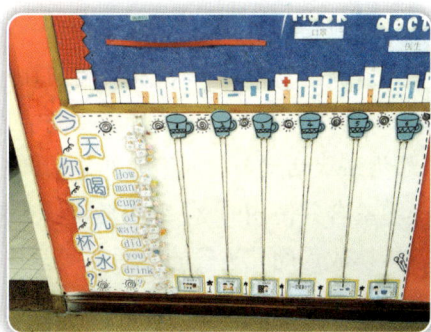

图 6 - 48　饮水记录

图 6-49　小管理员职责

图 6-50　家园共育栏

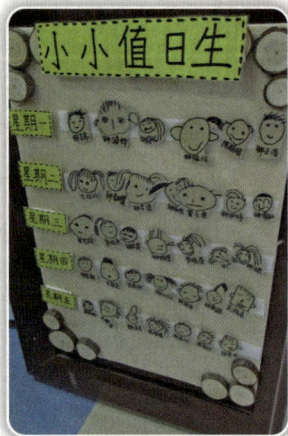

图 6-51　值日生栏

图 6-52　一日生活流程指引

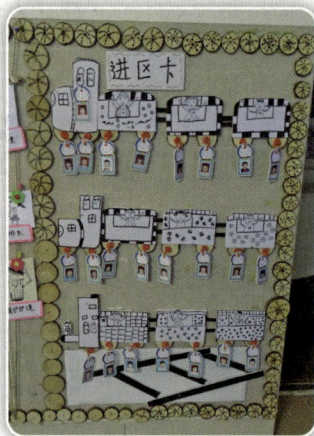

图 6-53　进区卡

第四讲　生活环境创设

《中共中央 国务院关于学前教育深化改革规范发展的若干意见》指出,幼儿园要"合理安排幼儿一日生活,为幼儿提供均衡的营养,保证充足的睡眠和适宜的锻炼,传授基本的文明礼仪,培育幼儿良好的卫生、生活、行为习惯和自我保护能力"。幼儿从百般呵护的家庭到习惯养成、独立自主、适应幼儿园集体生活的过程,是一个逐步的养成性过程,更是一个需要在"给定的""有准备的"生活环境中习得与锻炼的过程。因此,科学合理地规划生活环境、有目的地创设良好生活环境,对幼儿良好习惯养成和健康成长具有深远意义。

在班级活动单元,与幼儿进餐、睡眠、更衣、盥洗、如厕等生活活动相关的场所,可统称为幼儿生活环境。一方面,不同的生活环境其功能作用不同,如寝室的功能主要是提供睡眠和休息条件;另一方面,作为班级活动单元的组成部分,其中的某些功能是兼具的或者需要教师有目的地来创设,如活动室与寝室合并使用的,寝室就兼具了支持幼儿游戏和学习的功能,没有独立设置幼儿餐厅的,活动室也就转换成为幼儿进餐的生活空间。从这个意义上讲,整个班级活动单元就是幼儿在园的主要生活环境。

一、餐饮环境创设

民以食为天。幼儿是国家的未来、民族的希望,正处于身心发育的关键期,安全卫生的饮水、营养均衡的饮食和良好就餐习惯的养成,是幼儿园及其教师保教工作的重要任务。

（一）创设健康饮水环境

水为生命之源,适时适量饮水有益身体健康。幼儿在运动前后、午休起床后或有需求时、一日生活中都需要及时饮水。

1. 良好饮水环境创设

班级应配备水杯架和每位幼儿专用的大小适宜的水杯;备好安全卫生、足量、温度适宜的饮用水;按照要求及时对饮水设施、水杯、水杯架进行整理、清洁和消毒。

一日生活中有规律地多次组织幼儿集体饮水;提醒幼儿体育运动、户外活动特别是大运动量后,须稍事休息再饮水、勿暴饮。结合幼儿行为表现,适时适当设置提醒幼儿饮水、饮水量（次）、取放水杯、有序排队等提示、记录、流程等相关环创。

2. 组织实施饮水健康的教育活动

将生活活动转化为教育活动,定期组织实施关于水、饮水安全与健康的教育活动,创设相关教育环境;通过各种形式和教育环境创设,教会幼儿使用自己的水杯、自主饮水、允许幼儿因需随时饮水;教育幼儿注意饮水安全与卫生,愿意、主动饮用白开水,不贪喝饮料。

适时创设相关饮水环境,引导幼儿自主接水、按需饮水。教育幼儿接水时学会轮流、谦让,一次取水量不超过水杯容量的二分之一,然后安静地坐在座位上一口一口地喝水,且不说笑,用后的口杯要放在指定位置。

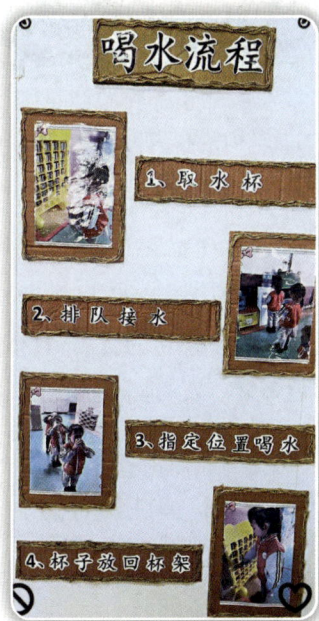

图6-54　幼儿饮水流程

（二）创设良好进餐物质环境

进餐,是幼儿在园一日生活中必不可少的关键环节。幼儿身体处于生长发育的关键期,需要从均衡的餐食中获取身体发育和成长所需的营养,因此创设有品质的进餐环境、支持幼儿愉悦地进餐,是教师保教工作的重要内容。

1. 提供有质量的物质环境

幼儿餐厅色彩以明朗轻快的暖色调为宜,其中橙色及其同色相的色彩基调比较适宜。研究表明,橙色系不仅能给人以愉悦和温馨感,还有助于提高幼儿进餐兴致、增强食欲。在此基础上,可适当悬挂仿真水果、蔬菜,张贴形象逼真、生动可爱的食物图片,或绘制张贴幼儿就餐行为礼仪等相关环创作品作为点缀。

活动室用作幼儿进餐空间时,应按照幼儿进餐卫生消毒流程（清—消—清）,对环境和桌面进行清洁消毒,根据需要科学调整桌椅摆放位置,为幼儿创设安全卫生且有质量的进餐环境。

2. 配置安全应手的餐具

餐具的选择与提供应体现幼儿身心特点,遵循安全卫生、健康环保、方便实用、易清洁的原则。主张选择大小与深浅适宜、不易脆化老化、无尖角、不易破碎的餐具;根据《指南》精神,倡导为中大班幼儿提供以竹木材料为主的儿童筷,不建议选择和使用有油漆涂层的筷子。慎选色彩过于鲜艳、内侧有彩绘、涂层的塑料或彩色餐具,这类餐具多含有可塑剂、着色剂或铅等物质成分,在盛装高温食物时会转移到食物中,有危害幼儿身体健康的隐患。幼儿使用的所有餐具应定期更换。

图 6-55　幼儿餐具与餐食(1)

图 6-56　幼儿餐具与餐食(2)

图 6-57　幼儿餐具与餐食(3)

3. 提供营养均衡、丰富健康的膳食

按照《中国孕期、哺乳期妇女和0～6岁儿童膳食指南》,为幼儿提供谷物、蔬菜、水果、肉、奶、蛋、豆制品等多样化的食物,且搭配均衡;烹调方式科学,少煎炸、烧烤和腌制;遵循营养均衡、品种齐全、形色多样、咸淡适宜的原则,制定每周带量食谱并予以公布。食谱应以图片或直观形象来呈现,方便幼儿识读并做餐前准备;接受食药监、卫生等行政部门和家长监督。

(三)关注良好进餐习惯养成

幼儿良好用餐行为与习惯的养成,有赖于温馨、适宜的教育环境营造。

1. 文明规范备餐与指导

开餐前,保教人员应做好个人卫生清洁,按照规定佩戴帽子、口罩、手套,穿好开餐衣;按照流程对环境和餐桌进行清洁消毒。教育幼儿不趴、不摸桌子,预防二次污染;餐点的领取、运送符合饮食卫生及防范要求,冬春季注意食物保温,夏秋季做好防蚊蝇措施;使用食品夹或公用筷分发食物、科学分餐;幼儿进餐过程可播放轻松舒缓的背景音乐,营造良好就餐氛围;在照顾幼儿进餐时,态度、行为举止和蔼文明,同时引导幼儿细嚼慢咽,不大声喧哗,养成良好进餐习惯;允许幼儿在不影响同伴就餐的前提下轻声说话。

2. 帮助幼儿养成良好饮食和进餐习惯

科学安排餐点时间和正餐间隔时间,帮助幼儿养成定时、定量进餐习惯。组织幼儿餐前洗手和安静活动、不做剧烈活动,营造良好进餐氛围,保持愉快情绪,以背景音乐引导幼儿安静、有序入座。根据不同年龄段,组织幼儿自主有序拿取食物或由保教人员分发食物,介绍餐点名称及营养价值,激发幼儿对膳食的兴趣、增进食欲。倡导中大班幼儿自助取餐。教育幼儿按需取食或多次少取,养成不偏食、不挑食、不暴饮暴食的良好饮食习惯;指导幼儿正确使用餐具,纠正不良进餐习惯、姿势和餐具使用方法,培养幼儿独立进餐能力;教育幼儿珍惜粮食,但不要捡拾掉在桌上的食物吃。幼儿进餐时段不批评、不处理问题,但要及时观察处理异常情况,对撒饭或呕吐的幼儿及时护理并清理,对个别进餐困难幼儿给予必要帮助,对食欲不振、精神不佳的幼儿给予必要护理;餐后指导幼儿将餐具按类别依次放到指定位置,提醒幼儿主动擦嘴,组织餐后漱口和洗手、散步或安静活动10～15分钟,利用散步引导幼儿观察、谈话或讲述见闻趣事。

图 6 - 58　水果拼盘

图 6 - 59　幼儿自助用餐

图 6 - 60　亲子烘焙活动

图 6 - 61　果汁制作区

实践中可通过"文明就餐监督员""值日生"等方式,引导幼儿做力所能及的事情,逐步提高自我服务能力、生活自理能力,养成良好饮食和进餐习惯。

适时组织并实施有关科学饮食、文明进餐的主题教育活动,让幼儿知道科学饮食、文明进餐对身体健康和品质生活的重要意义,在一日生活中逐步习得并养成基本的科学饮食、文明进餐的良好习惯;结合教育目标和内容创设"小厨房""烘焙坊""水果店""亲子共餐"等活动区,引导幼儿开展自主、互助或亲子间的饮食制作体验与分享活动,支持幼儿在实践操作、亲身体验等多种生活活动中,有效形成基本的生活自理能力和规律、健康的饮食行为与习惯。

二、寝室环境创设

良好的睡眠和睡眠习惯是幼儿健康成长的重要保障。幼儿年龄越小所需睡眠时间就相对较长,他们每天需要 11～12 小时的睡眠时间,其中午睡 2 小时左右。2019 年 4 月,WHO 发布的《5 岁以下儿童的身体活动、久坐行为和睡眠指南》明确:5 岁以下幼儿必须减少久坐观看屏幕、被限制在婴儿车或座椅上的时间,应当获得足够的、更高质量的睡眠,有更多的时间积极玩耍,才能促进其身心健康,并有助于预防肥胖症及相关疾病。

(一) 寝室物质环境创设

提供通风良好、温度适宜、整洁卫生、舒适怡人的睡眠空间和环境,满足幼儿睡眠需要,保证幼儿获得充足的、高质量的睡眠。

无论是独立设置的寝室,还是与活动室合并设置的寝室,均应具备良好的通风条件、空气流通,且有阳光入室。寝室窗台高度应达到 0.9 m 以上,窗户下部应做固定窗或加装防护栏;配置数量足够的紫外线消毒灯,开关设置在幼儿无法触及的位置。

1. 寝室空间环境创设

寝室地面适宜铺装安全性、保暖性和弹性良好的实木或复合地板;墙面色彩以宁静、让幼儿身心放松的浅绿、浅蓝等明度不高的、柔和的色彩基调为宜,有助于稳定幼儿情绪和入眠;顶部色彩以白色或浅淡的冷色为宜,除安装紫外线消毒灯和照度较低的灯具外,不做多余的装饰,尽可能减少对入眠有干扰的刺激因素;窗帘可采用与墙面色彩基调一致的或略深于墙面的颜色。也可根据季节选择或更换窗帘,春夏可选择冷色系窗帘,秋冬则以浅淡的暖色系为主。由于床单、被褥等卧具色彩面积较大,会影响寝室整体色彩效果,在寝室空间色彩配置时应给予充分考虑。

2. 床与卧具的选配

寝室中床与卧具最为重要,应保证每一位幼儿有固定的铺位和卧具。单独、固定的铺位可以从心理上保证幼儿安全、舒适的睡眠,也为良好睡眠习惯和生活自理能力的养成提供必要条件。

床的选配应根据幼儿身体和生长特点,做到选材环保、使用安全。幼儿骨骼发育处于关键期且骨质较软,在外力作用下易弯曲变形,因此床的制作材料以木板或棕绷为宜,软硬度适中并具透气性。床的尺寸适应幼儿体量和身高,宽度、长度分别不小于 0.6 cm、1.35 cm,同时备有较大尺寸的床,以满足个别幼儿需求。为保证幼儿睡眠安全,床的周围应有挡板或栏杆。与活动室合并设置或活动室兼作寝室的,为节省空间、减少教师不必要的工作量,可选配结实、轻巧、可移动的叠放式或抽拉式床。幼儿园不宜选配和使用双层床;气候条件适宜的地区可使用架空木地板(距地面 20cm)地铺,但要做好防潮、防蚊虫工作。

卧具主要包括被褥、床单、枕头、枕巾、被套、枕套等,应选配质地柔软、轻暖、色淡、透气性好的棉、麻类织物。每位幼儿准备两套卧具且专人专用,并定期换洗和晾晒。

图 6-62　寝室铺位安排与卧具(1)

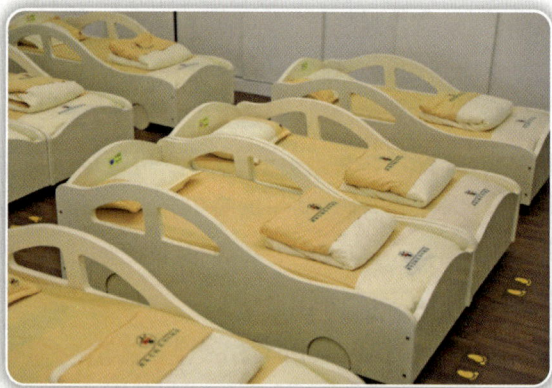

图 6-63　寝室铺位安排与卧具(2)

3. 铺位安排与寝室储物柜配置

为便于幼儿睡眠护理、节省空间,幼儿铺位宜两床并排或成组安排。并排床铺不应超过 2 个,首尾相接床铺不应超过 4 个;铺位间主通道的宽度不小于 0.90 m,次通道不小于 0.5 m,二床之间间隔不小于 0.3 m。床铺摆放既要避开对流风,还应与外墙、窗、暖气罩保持不小于 0.40 m 的距离,以免幼儿受凉、意外伤害或不适。总之,铺位应统筹安排、合理摆放,以避免幼儿间的紧密接触,有利于疾病预防,便于保教人员的观察和护理。幼儿铺位需定期调换(卧具随幼儿),并做必要的清洁消毒工作。

寝室应设置必要的储物柜(参见图 6-68),用来存放换季卧具和幼儿的衣物、鞋袜等私人物品。其中储物柜下部可存放幼儿的鞋子,中部隔断供幼儿对号存放衣物或其他物品,上部可存放换季卧具。柜门宜为窄门平开,内部保持干燥通风。

(二)良好睡眠氛围营造

1. 做好幼儿睡前准备工作

保教人员更换软底鞋,做到走路轻、动作缓、轻言低语,同时示意并引导幼儿走路轻、说话轻,为幼儿创设良好的睡眠条件和氛围;检查床铺有无异物,排除安全隐患,放下窗帘,保持室内安静、空气清新,根据季节、天气和室温,做好防寒避暑工作;指导幼儿正确脱衣,叠放在指定位置或橱柜,鞋袜放在一起,鞋面向上、鞋尖向前摆放在床边易拿取和穿着的位置。女童的发卡、发箍等要在睡前取下、收好,起床后给幼儿或帮助其佩戴好。

2. 帮助幼儿养成良好睡眠习惯

照顾幼儿睡眠是幼儿园保育工作的重要内容,教师职责之一,也是幼儿良好作息和睡眠习惯、自我服务能力养成的最佳时段,是保教结合的具体体现。

首先,加强睡眠巡视与指导,做好幼儿睡眠护理工作。其间应查看幼儿面色、表情、体征有无异常;轻抚幼儿额头、检查体温;倾听幼儿呼吸,预防睡眠意外(呕吐、窒息、异物吞入)等;对个别不睡觉或睡姿不良的幼儿进行抚慰和纠正。基于日常对幼儿的了解,及时提醒个别幼儿如厕。在靠近值班教师位置设置特护铺位,供不适幼儿之需。

其次,指导幼儿起床和整理。通过起床背景音乐音量渐大或轻呼、触摸等方式唤醒幼儿,指导幼儿穿衣、扣扣子(拉拉链)、穿鞋袜、系带子、整理被褥和仪容仪表,帮助女童整理头发或梳头。待所有幼儿离开寝室后,开窗通风,清扫整理床铺,打扫寝室卫生。做好当日睡眠值班记录。

3. 根据幼儿行为表现创设有针对性的环境

图6-64 寝室环创(1)

图6-65 寝室环创(2)

为了让幼儿保持有规律的生活,养成良好作息习惯,提高生活自理能力,教师应与幼儿一起商定、设计、创设寝室行为规则或提示标识,如不喧哗、聊天,走路轻、不影响他人,不将玩具带入寝室,睡前如厕等。利用幼儿易于识别的图示、标识等,引导幼儿逐渐适应集体生活,自觉遵守寝室行为规范,养成良好睡眠和作息习惯。

三、盥洗室、卫生间环境创设

盥洗室和卫生间不仅解决幼儿盥洗和如厕等生理、卫生需求,作为班级活动单元的组成部分,也是幼儿卫生习惯养成、提升生活品质的教育环境。在满足使用功能的基础上,创设体现安全卫生、舒适适宜、习惯养成等方面的教育环境。

（一）盥洗室、卫生间物质环境和条件

综合幼儿园建筑标准和相关使用要求，盥洗室应配备与幼儿身高、肢体动作相应的盥洗池和防溅水龙头。其中盥洗台高 0.50～0.55 m，宽 0.40～0.45 m，水龙头间距 0.35～0.4 m、数量 6～8 个，台面设置洗手液、香皂等安放位置，上方加装镜子。设置毛巾架或毛巾悬挂处（每人一巾），其形式没有具体要求，但以每条毛巾的上下和左右均不相互接触为基本原则，且方便幼儿使用。

表 6-6　盥洗室、卫生间设备最少配备数

污水池（个）	大便器或沟槽（个或位）	小便槽（位）	盥洗台水龙头（个）	淋浴（位）
1	6	4	6～8	2

卫生间配置坐、蹲便器（或沟槽式）和小便器，每个厕位平面尺寸 0.80×0.70 m，沟槽式槽宽 0.16～0.18 m，坐便器高度 0.25～0.30 m。无论采用沟槽式或是坐、蹲便器，厕位之间应有 1.2 m 高的架空隔板，小班厕位隔板还需加装高度 0.35～0.50 m 的扶手。有条件的幼儿园应对卫生间做合理分区，中大班分别设置男、女童如厕区，其中女童使用的厕位不少于 4 个，男童配置不少于 3 个小便器或能够容纳 3 个男童同时小便的厕位。炎热地区幼儿卫生间应设置不少于 2 个冲凉设施。

盥洗室、卫生间不宜装门，门洞的宽度不小于 1 m 且视线通透，便于教师观察内部情况；墙面不宜使用深色瓷砖，建议采用浅色、清爽、易清洁的瓷砖贴面；地面不应设台阶，并采用防滑地砖或作防滑处理。墙面和地面均应便于卫生清洁，光线明亮，有直接的自然通风条件。无外窗或直接的自然通风条件的卫生间，应设置防止回流的机械通风设施。

（二）创设盥洗、如厕和卫生习惯养成环境

幼儿特别是小班幼儿盥洗、如厕自理能力相对较弱，有时还不能自主或正确表达自己的诉求和需要。所以，盥洗室、卫生间的环境创设在满足生理需求和心理安全的同时，还要注重其在园生活品质和养成教育。

1. 引导幼儿养成良好的个人卫生习惯

盥洗室、卫生间地面保持干爽整洁，无污渍和水渍，空间无异味；所有清洁、消毒物品应分门别类、按标签存放，清洁剂、消毒剂等应搁置在幼儿不能触及的地方或柜中。卫生间设扫帚、簸箕等存放处或洁具柜，盥洗室、卫生间抹布、拖布等不用于活动室、寝室等清洁，更不与活动室、寝室洁具混用；每天对盥洗台（池）、大小便器等进行消毒和清洁。以干净整洁、舒适有序的环境影响幼儿，并逐步养成良好的卫生行为和习惯。

采用公用卫生间或两班共用卫生间的幼儿园，要确保卫生间的安全和卫生。幼儿如厕时应当分班、分批，并有保教人员陪同。

2. 创设与行为习惯养成相适宜的氛围和教育环境

组织实施专门的如厕、穿脱裤子、整理衣裤等集体教育活动，教会并指导男女幼儿分别按照正确的方法折叠厕纸、擦屁股。让幼儿认识并理解如厕是一件正常的事情，做到不紧张、不拒绝，能够自主脱裤子及时排解大小便，做到大小便入池，便后用正确的方法擦屁股，整理好衣裤，冲水；教育幼儿管理好自己的最后一滴尿液，指导男童小便器前的站位、女童大小便后的擦拭；倡导在中大班实施男、女幼儿分区如厕。受条件限制的幼儿园可根据班级幼儿年龄段、人数，合理分组或按照性别分别如厕。允许幼儿根据需要自主、随时如厕。引导幼儿逐步养成每天定时排解大便、便后洗手的好习惯，教育幼儿不在卫生间逗留，有困难或发现大小便异常主动告诉老师。

图 6-66　盥洗室、卫生间环境(1)　　图 6-67　盥洗室、卫生间环境(2)

组织实施专门的洗手活动,引导幼儿正确洗手、使用自己的毛巾擦手。在盥洗室创设顺序排队、洗手步骤、搓打皂液等示意图;结合幼儿的认知能力,用数字、形符等做毛巾标识,并与毛巾架、毛巾对应。毛巾应按照幼儿园要求清洗消毒和晾晒;为方便幼儿盥洗,盥洗台应放置有洗手液或香皂。小班幼儿使用的香皂可切成小块,或装入纱布袋悬挂在水龙头旁边,幼儿只需揉搓布袋便可获取皂液;教育幼儿不在卫生间逗留、玩水。

卫生间、盥洗室应做到随用、随冲刷、随清洁,保持地面干燥洁净、无水渍、无异味,按照幼儿园有关卫生要求对盥洗台、便池、隔断及把手等部位进行消毒。

四、衣帽储藏间环境创设

衣帽储藏间是供幼儿放置衣帽及个人用品的空间,也是培养幼儿生活自理能力的空间环境。幼儿每天入园和离园、出入室内外都要进入衣帽储藏间更衣或换鞋。

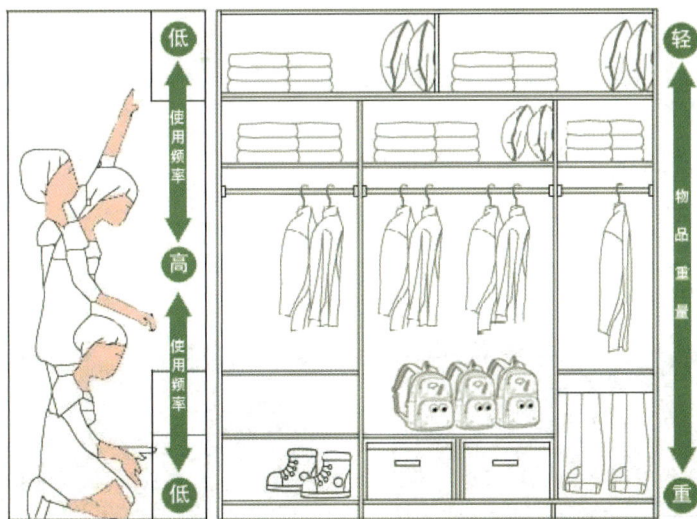

图 6-68　一体化衣帽柜和储藏柜

班级活动单元均设置了衣帽储藏间。为节省空间(按幼儿园建筑设计规范,衣帽储藏间最小使用面积 9 m²),建议衣帽柜和储物柜一体化设计,上部空间存储班级物品,中下部空间供幼儿使用。其中幼儿使用空间高度不应超过 1.2 m,方便幼儿自己取放衣帽或其他物品。衣帽柜使用应相对固定,即每人一柜,为便于(特别是小班)幼儿识别和记住自己的位置,可用动植物形象、形符等标记。此外,衣帽储藏间应配备座椅或凳子,方便幼儿换鞋、系鞋带。衣帽储藏间同时具备良好通风和通透性观察条

163

件,保持通风干燥、便于教师观察内部情况。

没有衣帽储藏间的,可在活动室门口依墙设置开放式衣帽柜,见图6-10,并根据活动室空间和结构确定摆放位置。

总之,生活空间规划与环创,应根据幼儿园建筑设计规范和班级设施配备要求,以及专业规范要求合理规划与创设,结合年龄段教育目标和幼儿发展实际,与班级活动单元其他环境一起,共同构成支持幼儿全面发展的教育环境。

思政论坛

主题:"美好的生活属于你们,美丽的中国梦属于你们"

内容:习近平六一寄语全国各族少年儿童;习近平寄语广大少年儿童;揭秘毛主席一次特殊题词:又学习,又玩耍。新时代幼儿园教师如何立足岗位践行习近平总书记和毛主席的殷切期望与要求,为幼儿创设"又学习,又玩耍"的美好生活环境,助力美丽中国梦。

形式:课堂讨论、主题发言、"课前五分钟"、优秀毕业生宣讲,主题党、团活动等。

思考与实践

思考练习

1. 简述主题墙的概念和意义,举例说明主题墙的主要功能。

2. 主题墙创设要求有哪些?

3. 结合实例,说明主题墙创设的基本思路和主要环节。

4. 简述活动区空间定位与规划。

5. 怎样理解班级活动区设置与活动氛围营造。

6. 简述良好餐饮习惯养成的氛围营造。

7. 如何创设温馨舒适的睡眠环境?

8. 综合运用相关专业知识,分析卫生间、盥洗室环境创设的意义,并通过实例说明你会怎样创设其中某一环境、试图发挥怎样的作用?

9. 材料分析。材料一:观察图6-69和图6-70主题墙图片,从呈现形式(构图)、内容、材料、整体色彩配置,以及幼儿参与互动等方面对其进行分析;如果由你来设计,你会怎样做,请选择其一陈述你的理由和实施方案。

图6-69 大班主题墙:植树节

图6-70 中班主题墙:爱护地球

材料二：观察图6-71活动室环境实景图片，试分析之（线索：墙面、吊饰、分区、主题墙、桌面、整体色彩配置），并有针对性地提出意见或建议。

实训项目

项目一：班级活动单元环境考察（个人实训项目）

在教师指导下，对班级活动单元进行实地考察，以图文并茂的方式提交考察报告。

1. 实训方式。亲身体验、观察记录（包括设施设备、摆放位置平面图绘制或摄影记录）、综合分析等。

图6-71 某活动室环境

2. 实训内容。观察、分析班级活动单元基本结构与布局、活动室空间规划与家具布置（包括规格、尺寸、质量等）、寝室床具摆放与卧具配备（包括规格、尺寸、质量等）、盥洗室和卫生间结构布局及其设施配置（包括数量、高度等）、主题墙和活动区创设情况。重点梳理、总结优点或亮点，同时针对不足（问题）提出切实可行的改进措施或建议，并以平面图或立体模型的方式加以呈现（见图6-72、73作业示例）。

图6-72 改进建议平面图示

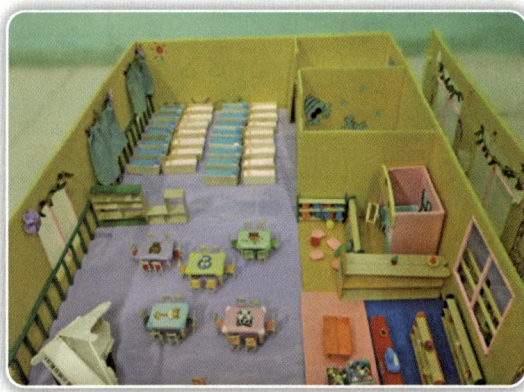

图6-73 改进建议立体图示

3. 交流分享。选择有代表性的3～5份作业，制作PPT进行实训成果分享（可参考图5-78示例，也可结合具体内容自行设计）。建议在教师指导下开展分享交流，同时邀请幼儿园教师或园长对分享活动进行评价和指导，使实训的方向性和目的性更加明确、有效，进而促进环创能力和环创质量的稳步提升；进一步修改完善考察报告。

4. 提交作业。提交个人班级活动单元环境考察报告。

项目二：主题墙、活动区创设（分工合作项目）

基于班级活动单元的实地考察或由教师命题完成实训任务。

1. 实训方式。实践经历、亲身体验，分组、分工开展；每个小组根据所考察的班级主题墙、活动区设置（或教师命题）分别制定"任务清单"，明确小组实训任务和个人分工。

建议根据班级师范生人数，分为主题墙和活动区创设两大组，在此基础上按照每组3～5人，再划分具体实训小组，或由师范生自行选择、组合。

2. 实训内容。主题墙创设方案与实施、活动区创设方案与实施（可在基地幼儿园或实训室实施）。结合师范生教育实践与体验的目标和要求，针对主题墙、活动区创设，建议师范生首先设计思维导图，并注明哪些是自己要做的，如主题脉络和逻辑关系部分，以及表现手段、材料、色彩等，活动区创设的位置、类型、材料提供与投放、功能作用等；哪些是幼儿要丰富完善的，主题墙中的互动区安排、位置，以及幼儿的互动内容与方式等,活动区相关规则、探索内容与方式、问题解决及解决途径、活动成果展示等。在此基础上实施实训,获得实践体验。

3. 交流分享。选择其中的代表性作业,制作PPT进行实训成果分享。建议在教师指导下开展分享交流,同时邀请幼儿园教师或园长对分享活动进行评价与指导,使实训的方向性和目的性更加明确、有效,进而促进环创能力和环创质量的提升。

4. 提交作业。以小组形式提交实训作业。

项目三:生活环境创设(个人自选项目)

根据生活环境创设实训建议清单(表6-7),师范生自主开展实训任务(可选),或在教师安排下开展实训体验和分享活动。

表6-7　生活环境创设实训建议清单

实训项目名称	工具材料呈现形式	创设要求	纸张规格
衣服叠放流程图		流程清晰、直观形象,幼儿易理解	4K
七步洗手法		步骤清晰、直观明了,幼儿易理解	2K
男女童厕位标识(卫生间)		直观形象、识别度高,幼儿易理解	16K
如厕流程图	不限	衣裤穿脱与整理,流程清晰、直观形象,幼儿易理解	连续16K
小心地滑(盥洗室)		直观形象、识别度高,幼儿易理解	8K
保持安静(寝室)		直观形象、识别度高,幼儿易理解	8K
有序饮水		有序接水、坐定饮水,直观形象、识别度高,幼儿易理解	连续16K

资源文献

1. 习近平总书记六一寄语全国各族少年儿童(2015年6月1日)

2. 习近平总书记向全国各族少年儿童致以节日的祝贺(2020年5月31日)

3. 揭秘毛主席一次特殊题词:又学习,又玩耍(节选)

携手共创育人环境

1. 深刻理解幼儿园、家庭、社区的合作关系及其共育价值；
2. 掌握家园合作共育的途径与策略、家园共育实施方案的制定；
3. 熟悉社区教育资源的利用与转化，能够研发利用适合幼儿学习的社区资源；
4. 能够结合实际开发利用地域教育资源。

案例导入

为什么幼儿园老是给我们家长添麻烦

"你们幼儿园怎么回事？老给我们家长增加负担。我和孩子爸爸上班都很忙，又经常出差，哪有时间做这个做那个。昨天孩子回家又缠着我做了一晚上的手工。""白天工作忙的要死，晚上还要给孩子讲故事、做记录，尽忙你们老师的事了。""孩子交给幼儿园，就是要你们老师管的！"家长如是抱怨幼儿园及其教师。

"你们老师""你们幼儿园""我们很忙""不要给我们添麻烦"等话语，既反映出幼儿园家园共育工作的不足或方式方法上的不妥之处，也说明部分家长对幼儿园教育的认识有偏颇或对家园合作的不理解。作为学前教育专业师范生、未来的幼儿园教师，怎样从专业视角看待家长的不满和家园共育工作、如何帮助家长认识并理解家园共育在幼儿成长中的重要作用和价值？家园双方怎样由"我们""你们"转变为"咱们"呢？

社会生态学理论认为，幼儿的发展受与其有直接或间接联系的生态环境制约，这种生态环境由若干个相互镶嵌在一起的系统组成。这些系统表现为一系列的同心圆，其中微观系统和中间系统（如家庭环境系统、幼儿园环境系统）对幼儿发展的影响最大。因此，我们既要重视从幼儿园与家庭、社区的相互关系中来研究影响幼儿发展的因素，以优化幼儿成长环境，又要加强幼儿园与家庭、社区彼此之间的联系，以形成正向的互动关系，保证幼儿的发展。[①] 陈鹤琴先生曾说：幼儿教育是一件很复杂的事情，不是家庭一方面可以单独胜任的，也不是幼儿园一方面能单独胜任的，必定要两方面共同合作方能得到充分的功效。幼儿教育是幼儿园与家庭共同的责任。

长期的教育研究与实践表明，父母、家庭和教师、幼儿园以及社会系统，共同构成一个教育系统的

[①] 张霞萍，周念丽，在社会生态环境中实施融合教育[DB/OL]. 中国学前教育研究会. http://www.cnsece.com/KindTemplate/MsgDetail/23155. 2022 - 1 - 4.

整体,孩子年龄越小这个系统中的关键要素的彼此关系就越紧密,其中家庭与幼儿园的双向沟通、相互合作对幼儿的终身发展尤为重要,不仅能够给幼儿提供一个安全稳定、健康和谐的成长环境,更有助于提高幼儿教育的效果和质量,任何一方的懈怠或疏忽,都有可能对幼儿的发展产生不利影响。

如果说前述单元学习的要义在于师范生对教育环境创设基本理论、实践和策略的掌握,关涉师范生教育环境创设的知识能力与专业发展,那么本单元的学习则重在对幼儿园和家庭、社区之间和谐共育关系的构建,特别是幼儿园与家庭携手实施科学保教,事关千家万户以及家-园-社协同共育良好局面的形成。

第一讲　幼儿园与家庭、社区

《纲要》指出:"幼儿园应与家庭、社区密切合作,与小学相互衔接,综合利用各种教育资源,共同为幼儿的发展创造良好的条件。"幼儿园教育环境创设实践中,要充分认识到幼儿园、家庭、社区三者关系的重要性及其价值,利用蕴含其中的教育资源,主动将家庭、社区的教育元素和资源纳入幼儿一日生活,共创幼儿发展良好环境,形成教育合力。

一、有关专业要求

《规程》《纲要》等不仅对幼儿园及其保教工作作出明确规定,同时对家园、社区关系与合作共育,以及资源利用、教育环境创设等,给出具体建议和指导意见,是教师开展合作共育和教育环境创设的重要依据。

(一)《规程》中的有关精神

幼儿园同时面向幼儿家长提供科学育儿指导。

幼儿园应当充分利用家庭和社区的有利条件,丰富和拓展幼儿园教育资源。

幼儿园和小学应当密切联系,互相配合,注意两个阶段教育的相互衔接。

(幼儿园园长应)组织和指导家长工作;(教师应)与家长保持经常联系,了解幼儿家庭的教育环境,商讨符合幼儿特点的教育措施,相互配合共同完成教育任务。

幼儿园应当主动与幼儿家庭沟通合作,为家长提供科学育儿宣传指导,帮助家长创设良好的家庭教育环境,共同担负教育幼儿的任务。

幼儿园应当建立幼儿园与家长联系的制度。幼儿园可采取多种形式,指导家长正确了解幼儿园保育和教育的内容、方法,定期召开家长会议,并接待家长的来访和咨询。

幼儿园应当认真分析、吸收家长对幼儿园教育与管理工作的意见与建议。

幼儿园应当建立家长开放日制度。

幼儿园应当成立家长委员会。家长委员会的主要任务是:对幼儿园重要决策和事关幼儿切身利益的事项提出意见和建议;发挥家长的专业和资源优势,支持幼儿园保育教育工作;帮助家长了解幼儿园工作计划和要求,协助幼儿园开展家庭教育指导和交流。

幼儿园应当加强与社区的联系与合作,面向社区宣传科学育儿知识,开展灵活多样的公益性早期教育服务,争取社区对幼儿园的多方面支持。

(二)《纲要》中的有关规范

幼儿园应与家庭、社区密切合作,与小学相互衔接,综合利用各种教育资源,共同为幼儿的发展创造良好的条件。

幼儿园应为幼儿提供健康、丰富的生活和活动环境,满足他们多方面发展的需要,使他们在快乐的童年生活中获得有益于身心发展的经验。

(幼儿园应)与家长配合,根据幼儿的需要建立科学的生活常规。培养幼儿良好的饮食、睡眠、盥洗、排泄等生活习惯和生活自理能力。

在共同的生活和活动中,(幼儿园应)以多种方式引导幼儿认识、体验并理解基本的社会行为规则,学习自律和尊重他人。

(幼儿园应)与家庭、社区合作,引导幼儿了解自己的亲人以及与自己生活有关的各行各业人们的劳动,培养其对劳动者的热爱和对劳动成果的尊重。

(幼儿园应)充分利用社会资源,引导幼儿实际感受祖国文化的丰富与优秀,感受家乡的变化和发展,激发幼儿爱家乡、爱祖国的情感。

幼儿社会态度和社会情感的培养尤应渗透在多种活动和一日生活的各个环节之中,要创设一个能使幼儿感受到接纳、关爱和支持的良好环境,避免单一呆板的言语说教。

社会学习是一个漫长的积累过程,需要幼儿园、家庭和社会密切合作,协调一致,共同促进幼儿良好社会性品质的形成。

(幼儿园应)引导幼儿对身边常见事物和现象的特点、变化规律产生兴趣和探究的欲望。

(幼儿园应)从生活或媒体中幼儿熟悉的科技成果入手,引导幼儿感受科学技术对生活的影响,培养他们对科学的兴趣和对科学家的崇敬。

在幼儿生活经验的基础上,(幼儿园应)帮助幼儿了解自然、环境与人类生活的关系。

(幼儿园的)科学教育应密切联系幼儿的实际生活进行,利用身边的事物与现象作为科学探索的对象。

(幼儿园应)引导幼儿接触周围环境和生活中美好的人、事、物,丰富他们的感性经验和审美情趣,激发他们表现美、创造美的情趣。

(幼儿园应)指导幼儿利用身边的物品或废旧材料制作玩具、手工艺品等来美化自己的生活或开展其他活动。

家庭是幼儿园重要的合作伙伴。幼儿园应本着尊重、平等、合作的原则,争取家长的理解、支持和主动参与,并积极支持、帮助家长提高教育能力。

(幼儿园应)充分利用自然环境和社区的教育资源,扩展幼儿生活和学习的空间。幼儿园同时应为社区的早期教育提供服务。

(幼儿园应)关注幼儿的特殊需要,包括各种发展潜能和不同发展障碍,与家庭密切配合,共同促进幼儿健康成长。

管理人员、教师、幼儿及其家长均是幼儿园教育评价工作的参与者。评价过程是各方共同参与、相互支持与合作的过程。

(三)《指南》中的有关建议

《指南》以幼儿后继学习和终身发展奠定良好素质基础为目标,以促进幼儿体、智、德、美各方面的协调发展为核心,通过3~6岁各年龄段幼儿学习与发展目标和相应的教育建议,来帮助教师和家长了解3~6岁幼儿学习与发展的基本规律和特点,建立对幼儿发展的合理期望,实施科学的保育和教育,让幼儿度过快乐而有意义的童年。

《指南》中的发展目标分别对3~4岁、4~5岁、5~6岁三个年龄段末期幼儿应该知道什么、能做什么,大致可以达到什么发展水平提出合理期望,指明了幼儿学习与发展的具体方向;教育建议针对教师和家长列举了一系列能够有效帮助和促进幼儿学习与发展的教育途径与方法,也是家园共育的途径与方法。事实上，《指南》就是为指导幼儿园和家庭合作实施保育与教育而制定的。

（四）《专业标准》中的有关要求

（教师应）重视丰富幼儿多方面的直接经验，将探索、交往等实践活动作为幼儿最重要的学习方式。

重视幼儿园、家庭和社区的合作，综合利用各种资源。

（教师应）了解0～3岁婴幼儿保教和幼小衔接的有关知识与基本方法。

（教师应）合理利用资源，为幼儿提供和制作适合的玩教具和学习材料，引发和支持幼儿的主动活动。

（教师应）提供更多的操作探索、交流合作、表达表现机会，支持和促进幼儿主动学习。

（教师应）有效运用观察、谈话、家园联系、作品分析等多种方法，客观地、全面地了解和评价幼儿。

（教师应）与家长进行有效沟通合作，共同促进幼儿发展。

（教师应）协助幼儿园与社区建立合作互助的良好关系。

通过上述专业规范和要求的回顾与重温，幼儿园及其教师应与家庭、社区共同努力，为幼儿创设温暖、关爱、平等的家庭和集体生活氛围，建立良好的互动关系，充分利用生活环境和社区资源，扩展幼儿生活与学习空间，引发和支持幼儿主动活动，共同促进幼儿发展。

二、幼儿园与家庭

家庭是社会的基本单元、人生的第一所学校，家庭的前途命运同国家和民族的前途命运紧密相连，只有实现中华民族复兴的中国梦，家庭梦才能梦想成真。良好的家教、家风是家庭之本，不仅影响子女的一生，有助于一代有修为、有理想的建设者的培育，也是社会文明和民族复兴的基础，有利于中华民族传统美德薪火相传、良好社会风尚的树立、国家软实力和竞争力的提高。因此，共同为孩子扣好人生的第一粒扣子，既是家庭的义务，也是幼儿园的责任。

（一）家庭教育的特点及其影响

《中华人民共和国家庭教育促进法》将家庭教育定义为：父母或者其他监护人为促进未成年人全面健康成长，对其实施的道德品质、身体素质、生活技能、文化修养、行为习惯等方面的培育、引导和影响。是父母或其他成年家庭成员，自觉地、有意识地通过家庭生活实践、言传身教和潜移默化，对子女施加一定教育影响的社会活动。包括生活卫生与行为习惯、身体发育、心理健康、社会规范、思想品德、理想抱负、生活经验等各个方面。这是一种基于婚姻、血缘或抚育关系的，全面的、启蒙的和长期的教育影响活动，并与幼儿园教育、学校教育和社会教育构成一个整体。

1. 家庭教育的特点

一是启蒙性和权威性。孩子一出生便进入家庭生活之中，父母的一言一行都将对其性格和成长产生巨大影响，尤其对7岁前的婴幼儿影响最为深刻。受生活、独立能力和心智发展水平制约，幼儿在生活、情感等各方面都极度依赖父母，家长进而成为他心目中的绝对权威。

二是全面性和长期性。一方面，孩子与父母朝夕相处；另一方面，孩子的老师会更换，但"变换"父母的几率不大，即使监护人有变其父母的责任和义务仍然存在。因此，父母的教育和影响是长期而持久的，不受时间和地点的限制，涉及的内容与范围之广是幼儿园教育和其他教育所不及的。

三是随机性和潜移默化性。"遇物而诲，择机而教"，家庭教育没有固定的内容与方法、环节和步骤，一切由父母依照情势随机而为，或通过日常生活实践、言传身教、榜样示范等润物细无声地影响、感化孩子。

四是社会性和时代性。处于不同历史发展时代的家庭是发展变化的,家庭教育也会随之发生变化。当前,我国正处于实现中华民族伟大复兴的关键时期,培育和践行社会主义核心价值观,弘扬中华民族优秀传统文化、社会主义先进文化,引导全社会注重家庭、家教、家风,增进家庭幸福与社会和谐平等,促进未成年人健康成长等思想与理念,必将反映到家庭和家庭教育之中。

五是局限性和主观性。父母及家庭成员的道德面貌、文化素养、教育观念与能力有别;所拥有的知识、经验、情感、态度和能力等,在深度和广度上也是有限的、程度不同的,[①]且多不具备教育的专业知识和经验,即使具有专业背景也存在一定程度的主观性。同时,置身不同家庭并伴随社会经济和文化教育的快速发展,孩子的发展与表现同样是复杂多样的,个体之间的发展速度或到达某一水平的时间也不完全相同。因此,父母和家庭既无法提供支持孩子整体发展的教育条件与环境,也难以胜任全面教育孩子的职责。

2. 家庭教育的影响作用

家庭是孩子的第一所学校,父母是其第一任和终身教师。

首先,良好的家庭教育使孩子身心健康成长的可能变为现实。家庭为孩子的健康成长提供了可能,而家庭教育则是让这种可能成为现实的关键。孩子带着父母的遗传基因(包括有利的和不利的)来到家庭,从可量化的家庭资源及其分配、家庭成员结构、父母职业和文化程度等指标和物质因素来看,家庭基本条件及父母的先天遗传很重要;从家庭精神氛围和心理环境因素看,家庭成员的思想品德、行为规范、兴趣爱好、相互关系及教养方式,等家庭氛围和后天教育更为重要。就现实生活中的具体表现和案例而言,不同家庭环境中的孩子会形成不同的人生观、价值观和世界观,家庭氛围和后天教育的优劣,在一定程度上对孩子的健康成长起着决定性作用。比如:是否为孩子提供适宜的玩具、图书,以及自主探究的机会,是否能够静下心来与孩子共读或陪伴,是否引导并督促孩子养成良好的生活、卫生和体育锻炼的习惯等。良好的家庭氛围和乐观向上的后天教育,不仅会使孩子朝着父母所期望的方向发展,还会起到加速发展的作用,并对孩子的一生产生重要影响。

其次,孩子对世界的认识始于家庭、源于父母的教育。孩子的认知是从他对父母的认识开始的,家庭教育是其认识世界的开端。在人生最初的婴幼儿期,父母不仅要保障其基本生存、生活和生长的需要,还要帮助其逐步学会说话、与人交流沟通,学习传统文化、生活起居、基本行为规则等。这就意味着在他还不能对事物作出选择或是非判断时,父母的选择或判断就是他的行为准则,即通过父母的言行来认识和评价周围世界。[②] 可见家庭教育的作用至关重要、影响极大。

第三,家庭教育及其氛围影响孩子的品德和性格。健全健康的家庭不仅能够满足孩子的物质需要、更关注精神需求。换言之,关怀和睦的家庭氛围与良好的后天教育,远比优越的物质条件更为重要。一方面,父母对孩子合理适度的关切、期待与鼓励,有助于其自信心、责任感、道德品质和思维品质、语言和社会交往能力的发展;另一方面,孩子的性格在很大程度上取决于他与家庭成员间的双向互动,尤其是与父母和谐关系的建立。在民主和睦、相互尊重的家庭氛围中,父母尊重孩子及其合理要求,注重良好行为习惯和自控能力养成,就会形成独立、自信、讲道理、尊重与接纳、思维敏捷等性格特征。社会学和心理学相关研究表明,孩子坚强的意志、稳定的情绪、乐群友好的态度等良好品德的形成,与父母的教养态度和方式直接相关。[③]

(二)家园携手实现合作共育

"家庭是幼儿园重要的合作伙伴。"幼儿的成长离不开家庭的呵护与养育,也需要幼儿园专业、规

---

① 黄人颂. 学前教育学[M]. 北京:人民教育出版社,1989:346—347.

② 同上,350—351.

③ 同上,350—351.

范的保育和教育。从保教对象的特殊性和国家对幼儿园的要求看,幼儿园在承担教育任务的同时,还要承续部分家庭功能,担负向幼儿家长提供科学育儿指导的责任。

1. 保育是家庭功能在幼儿园的自然延伸,是幼儿建立安全感与归宿感的基本途径

养育孩子是家庭必须承担的责任,这既是法律规定的父母的义务,也是伦理道德要求父母必尽的职责。父母要承担其包括吃、喝、拉、撒、穿衣、睡觉、玩耍、生病、外出等所有生活琐事,并给予精神上的关怀和慰藉。到3岁上幼儿园时,孩子虽然有了长足发展,但依然缺乏生活自理能力、自我保护意识与能力,身体发育不完善、机能脆弱,情绪不稳定。作为幼儿接受的第一个正式的学校教育形式,幼儿园不管有着多么美好和理想的教育目标,设计了多么丰富有趣的教育活动,都不得不首先接受和应对幼儿那弱小身量、身心系统发育不完善、发育速度快等特点与现状。意味着幼儿园必须承继家庭的部分养育功能,创设家庭般的环境和氛围,帮助幼儿尽快适应新环境和集体生活,萌生类似于家庭的归属感与安全感;意味着保育本身就是教育,并贯穿整个幼儿园阶段。同时,通过幼儿园专业而理性的保教工作,进而改变家庭教育中可能存在的错误的教养观念,消除不当养育行为的影响。

2. 保育是幼儿园教育的基础,是幼儿及其家长与幼儿园建立信任关系的最佳途径

幼儿身心特点决定了幼儿园教育与学校教育的不同,狭义的教育不能有效保障幼儿的健康成长,所以要"保教结合"。保育过程既是帮助幼儿形成独立生活和能力的教育过程、幼儿园教育目标得以实现的保障,也是园家共同关心和关注的。当幼儿迈进幼儿园大门时,意味着幼小心灵充满对家庭的依恋、对集体生活的不适。这种心境下的幼儿怎么可能主动倾听、积极投入教育活动呢。只有在无微不至地保育过程中,幼儿才能对教师产生信任和依恋之情,才会愿意听从教师的教诲、按照教师的要求参加各种活动。因此,保育工作中与幼儿建立类似于亲子关系,是教师能够实施教育工作的前提条件,即所谓亲其师信其道;家长对教师的所做所为也会看在眼里、记在心里,进而支持教师工作。换言之,只有教师与幼儿及其家长建立了互信关系,幼儿园教育才会真正开始并发挥作用。[①]

3. 家庭教育和幼儿园教育在共同目标下形成合力、一致向前

图7-1 幼儿与家长表演绘本剧

首先,家园共育是对幼儿园的要求。幼儿是幼儿园教育和家庭教育共同的对象,促进其健康成长与全面发展是家园共同的目标。家庭和幼儿园都是直接影响幼儿发展的最初的、最重要的场所,其中家庭教育是"人之初"的教育,在人的一生中起着奠基作用,特别是家庭结构与环境氛围是幼儿园无法比拟的、幼儿园教育不能替代的;作为3周岁以上学龄前幼儿保育和教育的幼儿园,其专业性以及任务、目标和要求的明晰性是家庭教育所不能及的,尤其是专业化的教师队伍和保教资源更是家庭所不具备的。在整个幼儿阶段及其发展过程中,无论是正规的幼儿园教育,还是非正规的家庭教育都起着关键的影响作用,二者相互补充、相辅相成。

其次,家园共育,"共"要同心、"育"是核心。共育不仅体现家园共同的关心和关注,还要体现携手合作、协力同心地促进幼儿健康成长。一方面,保教对象的特殊性需要家庭合作,家庭也需要幼儿园的科学育儿指导;另一方面《纲要》《指南》所倡导的真正意义上的"家庭是幼儿园重要的合作伙伴""实施科学保育和教育",既不是传统意义上的"家长工作",也不是以一方为主的另一方"配合",而是基于"综合利用各种教育资源,共同为幼儿的发展创造良好条件"的"家""园"携手,二者是不可或缺、互为

---

① 赵南. 学前教育"保教并重"基本原则的反思与重构[J]. 教育研究,2012(7).

支持的合作关系。[1] 作为专门的保教机构，幼儿园应视家庭为促进幼儿学习的积极的合作者，以开放的心态鼓励家长参与幼儿园的各种活动，引导家长与教师交流对幼儿教育的看法和想法，认真考虑家长的建议和意见，并对幼儿园提出的具体教育要求和建议做出回应。

三、幼儿园与社区

幼儿园作为社区的组成部分，既有赖于社区的合作与支持，又承担服务社区的职能。因此，与社区达成合作共育既是实现幼儿园教育工作的基本保证，也是整个社会和我国学前教育事业发展的需要。

（一）社区及其环境特点

社区是若干基层组织或社会群体，在某一区域里形成的一个生活上相互关联的集体，是社会有机体最基本的内容，是宏观社会的缩影。尽管社会学家对社区下的定义各不相同，但在构成社区的基本要素上的认识还是比较一致的，普遍认为一个社区应该包括一定数量的人口、一定范围的地域、一定规模的设施、一定特征的文化和一定类型的组织。人口、区域、设施、文化、组织等成为社区的基本要素。社区就是这样一个"聚居在一定地域范围内的人们所组成的社会生活共同体"。社区环境是社区成员赖以生存、社会活动得以产生与进行的各种条件的总和。是社区成员共同创造、共同承载、共同享有的，并对社区成员形成强大的凝聚力和感召力。[2] 社区环境对于幼儿园和发展中的幼儿具有以下特点。

一是显著的社会性。幼儿园及幼儿置身在一定社会组织和社会关系之中的社区，所接触到的人和事物是家庭和幼儿园不可及的，社区所呈现的环境较幼儿园更丰富、更复杂、更生动。

二是资源的共享性。身处社区的社会群体、组织乃至每一个人，包括幼儿园及幼儿，共同拥有同一社区资源，并为社区所有人共享。

三是潜在的影响性。包括正面和负面的影响。一方面，社区环境中的幼儿不是被动接受信息，而是能动地根据自己的经验背景，对所获信息进行自主选择、加工和处理，从而获得新经验，这一过程是一种主动发现和吸纳的过程[3]；另一方面，社区环境具有间接的教育性。社区环境虽然不像家庭、幼儿园环境那样直接对幼儿产生影响，但一个洁净优美、舒适和谐的社区环境，对幼儿良好社会情感、道德规范的萌芽与养成具有潜移默化的作用，能够激发幼儿积极、主动地认识身边的客观事物，形成初步的是非、美丑、善恶等情感体验，并对未来发展产生影响。

（二）幼儿园与社区同行

幼儿园与所在社区有着千丝万缕的联系，应充分利用社区有利条件和环境，拓展幼儿园教育资源。陈鹤琴先生认为，社会、幼儿园和学校、家庭三者要相辅而行，教育的理想才容易达到。

对于幼儿，社区既是一扇通向阳光、自由和精彩世界的门户，也是折射自己行为习惯的镜子。社区是家庭、幼儿园空间的拓展与延伸，是幼儿认识、接触社会的缩影和载体，通过与社区具体事物的互动，能够起到丰富幼儿知识和经验的作用；社区环境及

图7-2　与社区合作——垃圾分类宣传活动

① 沈建洲. 幼儿园教师专业发展［M］. 北京：北京师范大学出版社，2015：58.
② 徐艳. 依托社区开展家园共育的实践探索［M］. 北京：北京师范大学出版社，2010：1.
③ 孙丽丽. 重要的幼儿环境教育资源——社区［J］. 家庭教育（幼儿家长），2007（10）.

其品质与幼儿的身心健康密切相关，生活在文明和道德水准较高的社区，有利于幼儿养成互相谦让、互相帮助、共同分享的良好行为，有礼貌、讲卫生、讲文明的好习惯，能够激发幼儿对美好事物的追求，自觉抵制不良行为与风气。社区成员之间、尤其是邻里之间的友好相处、团结互助、人际间宽松和谐的氛围也能潜移默化地影响幼儿，亲身体验到和睦、友爱，继而学会与人合作。事实上，无论在怎样的社区，幼儿的成长与发展都不可避免地受到其影响和制约。"孟母三迁"的故事就说明了这一点。

作为社会实体的社区有一整套相应的规章制度，用以规范社区共同生活的人们及其行为，以维护社区秩序。幼儿也会在这些制度的约束下，逐渐养成良好的生活、卫生习惯以及文明的言行举止。同时，那些守纪律、守秩序、讲卫生、有礼貌的成人做出的榜样和示范，也会让幼儿逐步习得与内化。可见，幼儿的成长有赖于多方的合作与支持，而且幼儿的学习是一个漫长的习得和积累过程，需要幼儿园、家庭和社区密切合作、协调一致，共同促进其全面发展。

第二讲　家庭、社区资源利用与合作

家庭、社区资源的利用与合作，既能丰富幼儿园的教育资源，拓宽幼儿学习空间，又能有效构建幼儿园与家庭、社区三位一体的合作共育体系，最大程度地支持幼儿发展，实现幼儿园教育质量的提升。

一、家庭教育资源利用与合作

家庭教育资源包括与幼儿共同生活的家庭成员的文化程度与职业、教育理念与能力、家庭氛围、成员间相互关系、对幼儿的指导及教养方式等。幼儿园及其教师应通过各种方式，让幼儿家长认识到自己及家庭成员就是重要的教育资源，并合理利用家庭教育资源，进而有效发挥家庭资源优势，开展家园合作共育。

（一）家庭教育资源及其合理利用

1. 家庭教育资源

主要有显性教育资源和隐性教育资源两种类型。显性教育资源是家长以自己的职业、专长或爱好为资源，并通过具体教育行为或语言，为幼儿园提供的直接支持与帮助。根据提供资源的家长人数，又可分为个体教育资源和群体教育资源。某一家长针对自己孩子所实施的教育行为，或者利用自己的兴趣爱好、业务专长为班级幼儿提供的支持与帮助就属于个体教育资源。如身为牙医的家长为大班幼儿开展保护牙齿、预防龋齿的教育活动，职业为消防员的家长为幼儿讲解、演示自救与逃生等；家长共同参与、支持幼儿开展活动就属于群体教育资源。如家长集体参加的亲子运动会、亲子阅读、游戏材料收集与提供等活动，就是家长群体资源及其优势利用。

隐性教育资源是相对于显性教育资源而言的，是家长通过暗示感召、间接渗透、潜移默化、耳濡目染、榜样示范等方式，所表现出来的对子女或幼儿成长提供的支持与帮助。[①] 如家长对幼儿生活的态度、幼儿身上表现出来的行为习惯、家长对待教师的态度等都属于隐形教育资源。这些资源潜移默化地影响幼儿的行为与发展，但需要教师观察或与家长交流沟通方能获知。因此，教师要善于发现家庭所蕴含的积极的教育资源并加以利用。

2. 家庭教育资源的合理利用

首先，合理利用家长职业资源。家长所从事的工作多种多样，不同职业或专业的家长拥有相应的职业经验或专业知识。通过合理利用，可将家长的职业或专业资源转化为教育资源，并与教师的专业

---

① 郭文英. 架起家园共育的彩虹桥[M]. 北京：北京师范大学出版社，2009：58.

图7‑3　身为交警的家长开展教育活动

图7‑4　身为糕点师的家长指导幼儿活动

图7‑5　运动会的家长代表团

图7‑6　家长与幼儿同台演出

知识经验整合，形成教育资源优势互补。家长中的医生、教师、警察、消防员、理发师、设计师、工程师等职业或专业资源，都可能成为共育合作的"师资"或人力资源，其职业背景和专业知识也可转化为幼儿园课程资源。如《小小交警》主题活动，就是由交警家长和教师共同完成的。交警家长首先引导幼儿认识交通标志、讲解交通安全知识，教师组织开展了有趣的"小小交警"游戏活动。活动过程中，交警家长带来的工作图片、录像资料，不仅激发了幼儿的学习兴趣，提高了交通安全意识，也使幼儿对警察职业有了深刻的认识和理解，进而萌发尊重各种职业人群的情感。

其次，合理利用家长兴趣爱好等资源。家长的兴趣爱好、性格特征等也是潜在的教育资源，家长中有的心灵手巧、富于创意，有的热心、擅表达，有的喜欢吹拉弹唱，教师可合理地利用家长们的兴趣爱好优势和性格特点，引导并鼓励他们参与班级教育环境创设，或在教师指导下共同开展有关活动等。也可充分利用家长们的艺术特长，与幼儿同台演出或联欢，既可增进亲子之情，又能让幼儿度过愉快的在园生活。

此外，妈妈们是一个不可忽视的、有着巨大能量的群体，教师可以合理、充分地利用妈妈资源，引导支持有专长、有精力、有时间、有能力的妈妈们相互交流、分享科学育儿经验，开展妈妈沙龙、妈妈论坛、妈妈义工等活动，或参与班级活动的组织与开展，充分展现妈妈们的各种才能。

（二）家园合作共育的途径与策略

家园合作共育是社会共识、时代要求。贯通并拓宽家园合作渠道，挖掘家园共育潜力，引导家长成为真正的家园共育的参与者、合作者、建设者，协同造就一代新人，是幼儿园及其教师的工作任务之一。

1. 实现家园共育的途径

首先，尊重是基础，共育是目标。就家园各自的职能和幼儿的成长而言，幼儿良好行为习惯和生活自理能力的养成,既是幼儿园的保教目标和内容之一,也是家庭教养的主要任务和方向。例如:吃饭、穿衣、整理玩具等,本应是幼儿能够做的力所能及的事情,然而在现实生活中,幼儿在园往往是自己吃饭、穿衣、系鞋带,在家里还存在喂饭、为其穿衣、系鞋带等家长包办现象,甚至有"5+2=0"①之说。或许包办代替、"5+2=0"并非事实的全部,但至少说明一些家长科学育儿的理念和行为出现偏差,意味着幼儿园家园共育工作不到位,或者说"面向幼儿家长提供科学育儿指导"的力度不够,家园"共同担负教育幼儿的任务"的共识尚未达成。从长远看其后果不堪,当幼儿同一行为在不同价值准则产生影响或发生作用时,即幼儿园保教和家庭教养目标、方向不一致或出现偏差时,会导致幼儿同一行为习惯体系内不同行为准则产生冲突和矛盾,既不利于幼儿良好行为习惯的养成,更不利于其心理健康。因此,家园共育实践中,作为专业人员的教师应处理好尊重与指导的关系,以"尊重、平等、合作"为原则,主动争取家长的"理解、支持和主动参与",适时跟进并"提供科学育儿指导",进而实现共同"促进幼儿成长和发展"的共育目标。

尊重既不是单向强调"满足家长意愿、让家长满意",指导并非要求家长"我说你做"或"配合幼儿园的工作安排和要求",而是基于平等合作、共同携手、相互支持和信任的家园"齐步走"与一以贯之。对于包办代替、大包大揽,尚未意识到幼儿自理能力、良好行为习惯养成等重要意义的家长,教师要通过各种途径及时沟通,适时"提供科学育儿指导",做到耐心细致,晓之以理、动之以情,逐步在教育理念、目标和行为上达成共识,形成家园共育合力。

其次,态度真诚,方式多样。家长是一个多元而复杂的群体,其中有父辈也有祖辈,存在性别、年龄、性格、价值观、教育背景和职业等方面的差异。无论面对怎样的家长,教师都需要秉持真诚相待、合作共育的态度和目的,诚恳沟通、换位思考,使沟通和谐而有效,进而赢得家长的信任与支持。教师与家长的沟通方式和渠道多种多样,应结合具体情况选择适宜的方式,达到沟通的作用和实效。

一是面对面沟通。教师可利用接送幼儿来园、离园时间与家长进行短暂的意见交换,包括家长关心的幼儿在园吃饭、睡觉、学习等情况和状态,以及是否与人发生冲突、不快等;班级定期召开家长会或开展家长开放日、亲子沙龙等活动,在增进家园互动基础上,了解家长的教育理念和教养方式,为科学育儿指导奠定基础。必要时,可与个别家长就所要解决的具体问题进行沟通,或应约进行有针对性的意见交换。

沟通过程中,注意沟通的重点、态度的把握,即便是反映幼儿身上出现的不良行为或成长过程中的问题,也要避免指责、教训等居高临下的态度和口吻,更不能让家长误解为教师在"告状",而是要基于平等尊重、合作共育的原则,与家长建立良好的互信关系,实事求是地描述具体行为或事件,以专业人员的视角、客观分析对幼儿成长可能造成的影响,并让家长知道教师的态度、给予幼儿的指导和帮

图7-7　体验式班级家长会

图7-8　小班科学育儿指导

① "5"指一周工作日里幼儿在园的5天、"2"为双休在家的2天、"0"表示结果和成效.

助,在此基础上听取家长的意见和想法,并以建议的方式共同讨论下一步的共育策略。如此家长会更愿意接受,有利于合作共识的达成。

二是网络沟通。在"互联网+"时代,微信、QQ等已然成为家园沟通的重要方式之一,不仅能够实现一对一或一对多的沟通,还可以共享幼儿在园生活学习的图片或短视频,让家长直观地了解幼儿在园的状态和表现。不仅能够强化教师与家长的联系,也会使家长之间实现教育资源共享,分享育儿经验,变以往的一言堂为群策群力。网络沟通过程中教师应注意图片或短视频内容的选择与使用,对幼儿肖像、个人信息和隐私的保护,以及对沟通时间段的把握。

三是书面沟通。这是一种比较正式的沟通方式,也是教师保教资料存留、经验积累、案例分享的重要形式。书面信息往往是经过深思熟虑、反复斟酌后发布的,具有正式、专业、稳定的特点。例如:家园联系册或幼儿成长册,不仅记录幼儿的成长情况,教师对幼儿日常行为观察和教育建议,家长也可从中反馈幼儿在家的表现、对幼儿的期望等,既能达到交流沟通、合作共育的目的,同时对幼儿的成长具有记录和纪念意义;幼儿园或班级小报是由教师和家长共同编辑、印发的书面交流资料,其特点是针对性和实效性较强,不仅增进了教师与家长的互动,还会使家长对幼儿不同发展阶段和家园共育的目标更加明晰,也是科学育儿指导的途径之一;家园桥或家园信息栏通常设在班级门口,其中有班级周计划、一日活动安排,以及相关育儿知识或家园合作等信息,既便于家长了解班级活动开展情况,同时也是家园合作的重要信息源。

家与园有分工、有合作。教师要通过多种形式,充分调动家长的积极性和主动性,最大限度地发挥两者的教育优势、实现"同频共振",共同促进幼儿幸福、健康地成长。

2. 家园合作共育主要环节与方案制定

家园携手共育的本质是双向支持、共同努力,关键是抓落实、见行动,核心是促进幼儿身心全面发展。教师不仅要熟悉合作共育的环节,还要掌握活动方案的制定与实施。

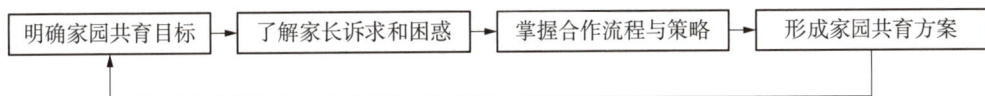

图7-9 家园合作主要环节

(1)基于幼儿阶段发展目标明确家园共育目的。首先,家园共育目的与幼儿阶段发展目标要高度契合。一方面,不同年龄段幼儿的学习与发展目标有别,家园合作共育的目的也有所不同;另一方面,幼儿园的管理层要对三个不同年龄段的共育工作进行整体设计,按照年龄段分层确定并明确目的和工作重点。教师依据不同年龄段工作目的和重点,结合班级幼儿表现与行为、家长诉求和要求等具体情况,来思考班级共育的阶段目标和活动。

其次,家园共育目标应明确具体、可实现。在制定年龄段共育目标时,可将年龄段目标分解到学期,即一个学期重点解决一或两个问题,并通过一个学期数次、不同形式的共育活动,有计划、有步骤地实施和推进。如同国家学前教育宣传月每年有一个主题那样,有针对性地宣传、指导或推进某一方面的工作。

(2)了解掌握家长的诉求和困惑。在明确家园共育目标的同时,还要深入了解并掌握家长的困惑与诉求。俗话说隔行如隔山,家长所从事的职业和专业有别,他们中的绝大部分并不清楚幼儿园教育的内涵,也不了解保教规律、基本原则,以及幼儿的学习方式和学习特点,当他们将幼儿送到幼儿园时,自然会有许多疑惑,甚至是违背幼儿身心发展规律的要求、有悖专业规范的不合理的诉求。对此,教师可从幼儿园教育的任务、以游戏为基本活动、幼儿阶段学习与发展目标、幼儿园一日生活安排、幼儿与教师的日常生活、幼小衔接、幼儿在园行为与表现,或大部分家长的关注点等方面来开展调研和访谈工作,掌握家长基本情况和诉求,在共育目标和内容上形成对应,进而通过共育活动予以

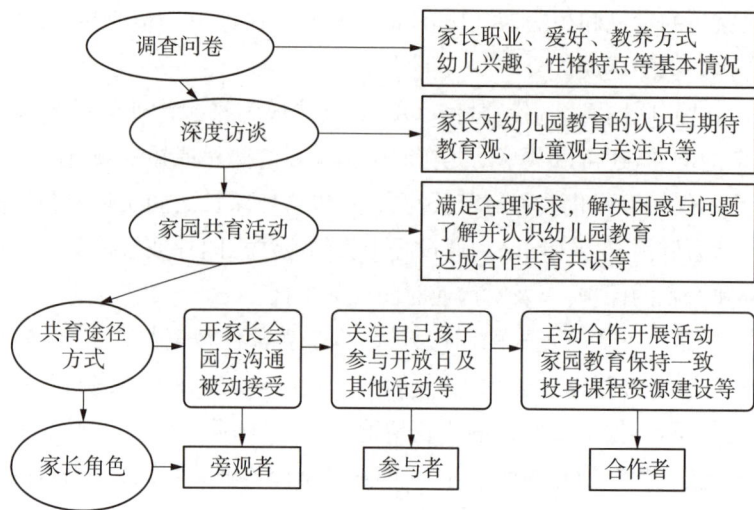

图 7-10 家园合作的基本流程与策略

回应。

（3）掌握合作共育基本流程与策略。通过调查研究、家委会等基础性工作，在全面了解家长诉求与困惑的基础上，结合幼儿阶段发展目标，确定共育主题，明晰活动目标和策略。这一环节的关键是在幼儿阶段发展目标与家长诉求（困惑）之间寻求适宜的契合点。如大班家长普遍关心幼儿即将上小学的问题，甚至一些家长还有焦虑表现。对此，基于幼儿阶段发展目标和教育部幼小衔接指导意见，可以"家长与幼小衔接"为共育主题，采用并通过讲座、互动、分享、体验等多种途径与方式，开展系列共育和科学育儿指导活动，让家长了解国家有关多方教育资源整合联动、建立幼小协同合作机制、减缓衔接坡度等意见和措施，以及幼儿园在幼儿身心、生活、社会和学习等方面所做的准备工作。概言之，幼儿园及其教师就是要以共同关注的具体的共育活动，引导、鼓励家长由"旁观者"逐步向"参与者"转变，以活动体验、感同身受促使家长成为家园共育的"合作者"。

（4）制定切实可行的家园共育活动方案。活动方案是关于某一活动开展的具体而明确的书面计划、实施步骤与行动细则，以确保活动的顺利进行。就家园共育活动方案而言，通常包括活动主题（名称）、活动时间和地点、活动目标、活动内容、活动流程（步骤、安排）和活动要求等内容。

对于师范生而言，活动方案的编制过程是一个学习过程、一个将想法落地和方案条理化的过程、一个理论联系实际的教育实践经历与体验过程。下面以示例的方式，提供主题、内容和格式有别的共育活动方案供参考借鉴。相信聪慧的师范生一定会有所收获和感悟，并通过举一反三迁移到实践中去。

方案一：幼儿园线上家庭访问活动方案

居家防疫不停爱　云端互动暖心怀
——疫情防控期间线上家访活动方案

受新冠肺炎疫情影响，2020 年的寒假格外的长、开园时间一延再延，孩子们离开幼儿园和老师的时间也很久了，家长反映孩子们不同程度地出现了一些情绪上的波动和不安。为此，根据教育局疫情防控工作要求，幼儿园将对幼儿及其家庭开展一次线上家访活动，全面了解幼儿居家生活情况，同时将幼儿园和老师的关心带给每个孩子，并与他们相约：待春来"疫"去之时、相见幼儿园！

一、家访目的

1. 通过与幼儿互动，了解宅家生活和身心状况，视情形给予疏导和教育。

2. 与家长交流,了解家庭防疫情况和育儿需求;通报班级情况,提供科学育儿支持,增进家长对幼儿园和教师的专业信任感,实现特殊时期家园共育。

3. 基于家访有关数据分析和班级幼儿整体情况,做好延期开园期间的教育指导和开园的教育准备工作。

二、家访内容

1. 幼儿居家生活情况和情绪状态。

2. 家庭防疫及家长与幼儿的相处情况、育儿需求,通报班级情况。

三、家访对象

总园和分园所有在园幼儿家长。

四、家访主要环节和流程

(一)班级家访活动方案制定与要求

1. 按照《纲要》《指南》精神和教育建议,根据所在班级,设定小、中、大三个年龄段线上家访目的、内容和侧重点。

2. 撰写"班级线上家访活动方案",包括家访提示(预告)、家访目的、主要内容、访问时间与安排、访谈提纲和注意事项等。

3. 明确分工、细化责任,确定班级主访人和观察员(记录员);共同完成家访数据与资料分析、家庭指导建议,以及每个幼儿和班级情况的汇总与汇报材料。

4. 调查问卷由幼儿园统一编制和提供,教师准备家访提示或预告文本、访谈提纲(幼儿版和家长版)和家访记录表。

5. 注明所选择的线上家访平台。

6. 活动方案提交时间:3月6—7日;幼儿园审核时间:3月8日;线上家访时间:3月10—15日。

(二)家访时间预约

1. 在班级群发布家访预告,告知家长访问目的、基本内容和填写调查问卷时间。

2. 在3月10—15日期间,与家长预约线上家访具体时间,最好是父母双方都在。注意特殊家庭和单亲家庭的邀约方式。

(三)家访工作实施

1. 按照预约时间有礼貌、有序地开展线上家访。观察员及时记录。

2. 首先与家长交流,然后再与幼儿沟通。必要时可即时开展疏导或指导工作。

3. 沟通过程中,注意观察家长和幼儿情绪。家访时间不宜过长,适时结束。建议以10—15分钟为宜。

4. 与家长、幼儿礼貌告别。

(四)资料分析并形成班级家访报告

1. 报告主要内容和要求。一是家庭基本情况,包括家庭成员基本信息、幼儿主要照料人、是否有外出或密接史、父母是否复工及形式;二是幼儿基本情况,包括身体健康状况、情绪状态、一日作息、饮食情况、使用电子设备的情况、开心或不开心的事、困惑或好奇的事情、最想做或不想做的事等;三是家庭教育需求,包括近期家庭活动安排、对幼儿园工作的满意度、家长育儿理念和现状、困惑与需求等。

家长和幼儿基本信息及其需求等用表格呈现。

2. 基于家访的信息整理与分析。疫情期间家长对家庭教育的感悟和困惑,梳理总结好的做法和不足之处,对普遍性或具共性的优缺点做重点分析和总结。

3. 是否作二次家访。视具体情况考虑是否需要二次线上家访。了解对家长援助或指导后的情况、效果,以及下一步的需求;补充必要的信息。

4. 各班于 3 月 20 日提交家访报告。

5. 分享与研讨。各班以家访报告为依据制作 PPT 并在线上分享；各年龄段线下研讨分享时间待定。

五、家访要求

1. 告知家长所使用的家访网络平台和工具，说明所获资料和内容不会公开，并会保护幼儿和家长的隐私，仅用作家庭教育指导、幼儿园课程资源建设，以及开园后教育活动设计和实施的依据。

2. 基于线上家访的特殊性，教师要考虑幼儿的性格特点、家庭结构和环境差异，访谈话题和内容应有所区别，还要熟悉幼儿的基本情况。建议与家长的交流从幼儿及其家庭生活入手、并围绕生活和对正常生活的期待来展开，避免无话可说的尴尬局面。

3. 家访应体现教师的专业性和活动开展的目的性，既要避免无效的唠嗑现象，还要帮助家长解决具体的育儿问题，同时对幼儿及家长的合理需求给予积极回应。建议教师提前准备一些育儿策略或教育资源，给他们具体的、可操作的意见或建议，帮助幼儿及家长解决问题，体现教师的专业性；由于长期居家，幼儿及家长或多或少地会出现憋屈、思念、焦躁、无精打采等情绪状态，建议老师换位思考，做好接纳、理解、疏导等心理准备，增强家长对教师专业的认可度。

4. 线上家访虽然属于居家办公，但也属正常工作，老师们应保持线上家访环境整洁、安静，光线明亮，衣着和言谈举止得体，并保持微笑、神情专注，认真倾听、及时回应。

"锦上添花不如雪中送炭"。关键时期，我们对家长育儿需求的援助、对幼儿的帮助，会让家长对幼儿园和教师的专业性有更加深刻的认识和理解，将有助于幼儿园家园工作的开展，共育合力的形成。

兰州市实验幼儿园

2020 年 3 月 3 日

方案二：大班亲子研学活动方案

"感受传统文化，体验父母童年游戏"亲子研学活动方案

中华传统文化博大精深、多姿多彩。其中民间游戏就是人们在传统文化基础上不断加工改造而形成的，具有强烈地方色彩和生活气息，能够满足不同年龄、性别儿童的需要，深受儿童喜爱的传统文化形式。为弘扬民族传统文化，让幼儿感受民间游戏的乐趣，体验亲子合作的快乐，大一班教师和家委会共同组织开展本次亲子研学活动。

一、活动目的

感受民间游戏的乐趣，体验亲子合作的快乐

二、活动时间

2020 年 11 月 14 日（星期六）9：00—12：30；气温 0—12 摄氏度，晴天。

三、活动地点

兰州新区晴望川民俗村

四、活动内容与流程

（一）活动开始（9：00—9：20）

1. 主持人（小朋友家长）宣布活动开始并致欢迎词；主班老师介绍活动方案及注意事项。

2. 合影留念。

（二）活动内容

1. 参观晴望川民俗村（9：20—10：00）

在民俗村讲解员带领下，领略晴望川民俗内容和文化风采。其中参观和讲解过程中，隐含"看谁

找的快"游戏活动要找的民俗物件(考察幼儿的记忆力和听讲的专注程度)。

2. "看谁找的快"打卡活动(10:00—10:40)

事先确定5个具有代表性的传统物件及所在地,幼儿以小组为单位结伴寻找指定物件,并在所在地打卡、拍照确认找到。以时间最短、准确率最高的小组为胜。通过活动加深幼儿对这些代表性物件的印象,同时体验游戏的快乐。

3. 幼儿休整与家长游戏观摩(10:40—11:00)

幼儿休息、喝水并调整状态,同时观看由家长分组开展的"跳皮筋""跳房子""踢毽子""弹球""打陀罗"等儿时游戏。

4. 体验爸爸妈妈童年的游戏(11:00—11:40)

游戏1:"运球走"接力赛。家长与孩子结对编为3组。家长和孩子分别在相距15米处对面站好,家长手持乒乓球拍、托球,听到发令后,跑到孩子处将乒乓球放在孩子手持的瓶盖上,然后孩子手托瓶盖将乒乓球运送到指定地点,以先到达终点者胜出。

游戏规则:不得用手扶乒乓球,球落地须从原地重新出发。

游戏2:"滚铁环"接力赛。家长与孩子结对编为3组。家长和孩子分别在相距15米处对面站好,家长右手持推柄、左手拿铁环在起点处准备,听到发令后,推铁环至孩子处,将铁环交给孩子,再由孩子将铁环推至终点处,以用时最短的队胜出。

游戏规则:铁环滚动过程中,手不能触碰铁环;若铁环倒地,须从原地重新开始。

游戏3:"跳绳"接力赛:家长与孩子结对编为3组。家长和孩子分别在相距15米处对面站好,孩子手持跳绳,听到口令后,以前进跳的方法迅速到达家长处,把跳绳交给家长,接过跳绳的家长再以前进跳的方法往回跳,再次将跳绳交给下一位孩子,以此类推,直到最后一位家长跳回起点,以最先完成的队为胜。

游戏规则:不能拿着跳绳跑,因绊脚中断须在原地重新开始。

5. 幼儿短暂休整(11:40—11:45)

6. 集体游戏——拔河比赛(11:45—12:00)

所有家长、孩子按照成人和幼儿数均等分为两队,各选出一名领队负责组织并完成游戏。

游戏要求:秉持"友谊第一,比赛第二"的精神,重在参与,注意安全,量力而行。

(三)活动总结与分享(12:00—12:30)

家长将准备的不同地方特色的小零食分享给孩子们,同时各队推荐一名孩子和家长分别谈谈今天的所见所闻与活动感受。

活动结束。

兰州市实验幼儿园新区分园大一班
2020 年 11 月 10 日

方案三：给幼儿家长的一封信

与图画书的美丽邂逅
——给兰州城市学院实验幼儿园家长的信

尊敬的家长朋友,你们好!

10年前的一天,我与图画书有了一场美丽邂逅,自此再未分开。

也就是从那天起,我和孩子们、老师们与图画书相遇、相知,形影不离。我们把各种图画书布置在走廊、大厅等随手可及的地方,并配上小书桌和小沙发;我们用图画书封面、插画创设幼儿园公共环境……只为培养爱阅读的孩子。因为优秀的图画书,会让他们的视野更加宽阔、眼界更加高远、思维更加敏捷、行为习惯更加良好、未来生活更加美好——博观而约取,厚积而薄发。

功夫不负有心人,孩子们能用形符表达阅读感受,用手工和绘画表征作品意义,用肢体和语言大胆表演表现图画书内容,用自己的智慧尝试创作图画书等等。阅读是多么美妙的一件事啊!

在幼儿园,孩子从入园到毕业的 3 年时间里,最少能够阅读 108 本图画书,其中精读达到 24 本,如果加上您和孩子的亲子阅读,其阅读量可想而知。不仅如此,我惊喜地看到大班的孩子们用独特的语言和笔触,创作了属于自己的图画书。这不是他们与图画书相伴 3 年所结的"果实"吗?我为之怦然心动,一个大胆的想法诞生了——分享孩子们的"果实"。于是,老师们没有懈怠、家长们毫无怨言,经过 3 个月的努力,30 种内容、形式和开本不同的幼儿原创自制图画书在今天,2018 年"六一"儿童节与全国家长、孩子见面。当我看到孩子们手捧图画书那欣喜若狂的样子、那自豪与自信满满的神情,我泪眼模糊,并由衷地为他们高兴。

这是幼儿园给全体小朋友的节日礼物,这份礼物情真意切,因为它渗透着老师和家长对幼儿爱阅读的期待;这份礼物独一无二,因为这是孩子们的原创,从封面、扉页、环衬、正文、封底一应俱全,与真正的图画书毫无二致;这份礼物乃用心之物、成本"不菲",因为是孩子们亲自绘就、亲情装订,仅此一套、限量出品;这份礼物意义非凡,它点亮了孩子们阅读的"心灯",放飞了孩子的心灵,寄托了父母和老师的期望!

亲爱的家长,不知道您和孩子拿到这份礼物的时候,是否和我一样,感动、感恩、感激!也许您看到的是自己孩子创作的图画书,您会激动不已;也许您看到的是别家孩子创作的图画书,您会无动于衷;或许,您受到了启发、触碰到了您心底里最柔软的地方,也想花点时间、花点精力去陪伴孩子长大,您会意愿强烈;或许,您在憧憬着明年的今天,自己孩子的原创作品也会横空出世!今天,您和孩子的图画书不期而遇;明天,您会和孩子一起阅读、品味图画书,享受亲子共读的美好时光。

祝孩子们节日快乐,愿孩子们的每一天都如同今天一样快乐幸福!各位家长,让我们携手筑就家园共育之路,让我们共同的孩子走的更远、脚步更加坚实!

兰州城市学院实验幼儿园园长:王丽娟

2018 年 6 月 1 日

二、社区教育资源利用与合作

幼儿园与社区合作并充分利用其资源,是拓展幼儿视野与经验的有效途径,是全面支持幼儿发展的基本保证。幼儿园与社区应相互合作、密切联系,将社区资源转化为幼儿园教育资源,共同推进并优化共育工作。

(一)掌握所在社区资源

国内外研究与实践表明,社区蕴含丰富的教育资源。合理利用社区教育资源就是给幼儿提供一个真实的社会环境,开阔眼界、探索学习的机会和条件,激发幼儿的探究行为、丰富知识经验、陶冶情操。

幼儿园可以自身为圆心,以服务范围为半径,调查了解社区环境和人文资源,以及驻区单位性质、资源分布和优势等基本情况,并对可能蕴含的教育资源及其价值进行评估。从深圳市莲花二村幼儿园的实践探索来看,可从环境资源、驻区资源和人力资源三个方面对社区资源进行调查分析。

表 7-1　社区资源情况与优势分析①

资源类型	基本情况分析	资源优势
环境资源	所在社区地处市中心,毗邻莲花山公园、中山公园和笔架山公园	交通四通八达,便利,周边自然环境优美、丰富而多样
驻区资源	周边少年宫、博物馆、关山月美术馆、图书馆、音乐厅、书城等文化资源丰富,市民中心、社康中心、超市等社会服务体系一应俱全	驻区单位、组织多元,社会服务体系完善,具有强大而丰富的人文和社会资源,为资源利用奠定了物质基础
人力资源	所在社区楼宇属于政府福利房,居住大批具有专业背景的居民和退休的爱心人士,且有来自各行各业的家长资源;教师具有良好的沟通能力	有高素质的人力资源优势,以及家长群体和义工团队,且沟通无碍

（二）社区教育资源的梳理与选择

作为幼儿园教育资源的开发与利用,了解掌握社区资源只是教育资源开发的第一步。要使资源能够利用或实现有效利用,还需要幼儿园及其教师根据《纲要》《指南》等专业规范和要求、采用科学的方式,对其进行评估与筛选,确保其内容、形式符合幼儿园教育目标和幼儿身心发展规律,环境场所无安全隐患。这是教育资源开发与有效利用的关键所在。而且,其中的一些内容还需要教师进行必要的加工、整理和优化,以顺应幼儿的学习特点和学习方式。

表 7-2　社区教育资源的筛选依据与方式②

筛选、确定依据	筛选、确定方式
与幼儿园教育目标、课程内容与要求相一致; 符合幼儿健康和安全要求; 能够满足幼儿兴趣和探究需求; 与幼儿年龄特点、接受能力、认知水平相符; 具有便利性和公益性; 活动开展能够得到相关或管理部门支持。	所有拟选资源须经实地考察与评估; 无安全或影响幼儿健康隐患; 资源与教育目标和课程内容相匹配; 资源能够循环或被多次利用; 具有良好合作预期。

（三）社区教育资源的利用与转化

资源是自然存在的,其本身不具备直接的教育功能和作用,要利用并实现资源的教育价值,教师

图 7-11　在自然中

图 7-12　在军营里

---

① 王微丽,霍力岩.支架儿童的主动学习——经历 经验 经典[M].北京:北京师范大学出版社,2016:191.
② 同上.

图7-13 在图书馆

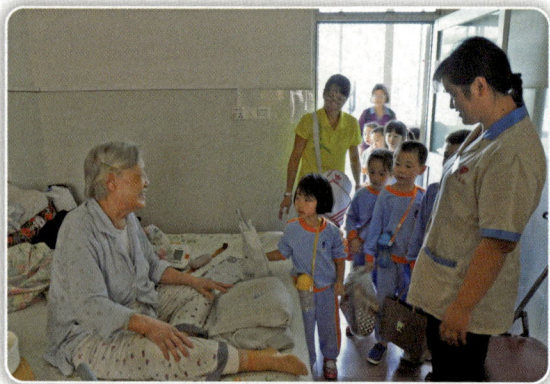

图7-14 在敬老院

首先要具有发现资源可能蕴含的教育价值的意愿和"眼睛";其次具有将教育资源转化并整合为支持幼儿学习与发展的课程资源的能力。

1. 自然环境资源的利用与转化

良好的自然环境能够引发并帮助幼儿认识自然、探索自然、融入自然,支持幼儿认知、情感和社会性发展。前苏联教育家苏霍姆林斯基视自然环境为"活的思想的发源地""取之不尽的活水源头",并主张在"蓝天下的学校"开展教育活动。[①] 春夏,带领幼儿走进大自然,漫步在乡间小路上,发现观赏花儿开放、小草发芽、树儿披上新绿;秋天,引导幼儿观察收集飘落的树叶、花瓣,欣赏秋日黄叶、采摘果实,体验劳动和丰收喜悦;冬天,在漫天大雪的日子里,让幼儿赏雪、堆雪人、打雪仗,进而观察雪花,通过科学实验了解水的三态变化等活动,都能为幼儿带来快乐的情体验和对自然最真切的感受。教师就是要在自然环境里开展形式多样的教育活动,通过走一走、看一看、闻一闻、摸一摸、画一画、试一试、做一做等亲近自然的活动,开阔幼儿眼界、丰富知识经验。

2. 驻区资源的利用与转化

幼儿园及其教师主动将邮局、银行、医院、学校、消防等驻区单位和机构,以及配套服务设施和资源转化为教育资源,同时构建并完善新型教育合作体系。比如:组织大班幼儿参观小学,做好幼小衔接;参观图书馆,在具体情境中体验图书管理员辛勤的劳动、读者安静有序地借阅图书,让幼儿由此知道图书借阅流程,初步建立遇到感兴趣的事物或问题时,能够想到查阅图书的良好习惯;组织幼儿到大学校园参观游览,从大学的校园环境、建筑和教室、实验室,到大学生的生活与学习,充分体验和感受大学校园文化;军营是一个具有特殊意义的教育资源,军人整齐划一、精神抖擞的队列,步调一致、听从指挥的行动,干净整洁、规整有序的内务等良好作风,以及军人身上勇敢、坚毅、守纪律等良好品质等,都会给幼儿留下直观而深刻的印象,对幼儿强健体魄、良好品质及行为习惯的养成,具有潜移默化的作用;组织幼儿走进博物馆、美术馆、音乐厅、体育馆等文化场馆,到宾馆、理发店、市民中心等生活服务场所,让幼儿在真实的社会情境和氛围中去感知、学习。进而创设"超市""医院""理发馆"等活动区,让幼儿在模仿中再现生活,在游戏中获得成长,不断推进课程资源丰富发展,推动幼儿深度游戏和学习。

3. 人力资源的利用与转化

社区人力资源利用与家庭教育资源利用在方式和途径上基本一致。所不同的是,一方面,社区人力资源较家庭资源更为丰富;另一方面,如果说家庭教育资源利用主要是请进来,那么社区人力资源的利用不仅可以请进来、更多的是走出去,既丰富了幼儿园的课程资源,又为幼儿提供了更为广阔的探究学习空间,丰富了幼儿的学习内容和学习方式。例如:深圳市莲花二村幼儿园就是在充分利用社

---

① 徐艳.依托社区开展家园共育的实践探索[M].北京:北京师范大学出版,2010:30.

区人力资源的基础上,对环境和驻区资源加以整合利用,开发了适合各年龄段幼儿的社区课程资源。

表7-3 适宜的社区课程资源[①]

班级/主题	课程资源(节选)				
小班:我爱我家	走进二村社区	认识回家的路	与社区的老人联欢	参观图书馆	好玩的游乐场	超市里的食物
中班:我居住的城市	小区的公共设施	参观博物馆——了解深圳的历史	地铁真方便	二村社区行	体验买菜——社区的菜市场	游莲花山公园
大班:城里来了大恐龙	来来往往的车辆	车牌的秘密	交通信号我知道	马路上的线	城市里的交通工具	城市立交桥
大班:长大的我	今天我当家——超市购物	参观银行	体验小学生活——走进社区小学	生病了怎么办——听社康医生讲	环保小卫士	设计未来的社区

图7-15 走进博物馆

图7-16 人偶剧团来到幼儿园

(四) 社区教育资源利用的保障[②]

1. 建立幼儿园、社区共育工作委员会,邀请社区组织和有关人士担任幼儿园合作共育指导员、监督员或园所发展咨询顾问,共商合作发展事宜和重点工作,定期组织开展合作共育活动。

2. 建立幼儿园社区学前教育指导中心,定期开展社区居民科学育儿指导与活动。

3. 与社区携手,加强社区德育基地建设,建立敬老、助困等活动基地,积极开展丰富多样的活动,培养幼儿良好品德和行为习惯;积极参与社区精神文明建设,主动为社区做贡献;利用社区环境资源,共同组织幼儿走进社区、了解社会、丰富经验、增长见识,在社会实践中促幼儿发展。

4. 将社区实践活动列入幼儿园保教工作计划,并邀请社区有关人士走进幼儿园,参与幼儿园保教质量、合作共育等评议工作;

5. 建立幼儿园与社区定期交流沟通机制、畅通渠道,提高合作效率与质量,形成共育合力。

此外,幼儿园要加大舆论宣传力度,利用多种形式向家长、社区广泛宣传合作共育的重要意义,做到家喻户晓、深入人心,有效形成幼儿园、家庭、社区"三位一体"共育合力,共同促进幼儿发展。

---

① 王微丽,霍力岩.支架儿童的主动学习——经历 经验 经典[M].北京:北京师范大学出版社,2016:192.
② 徐艳.依托社区开展家园共育的实践探索[M].北京:北京师范大学出版社,2010:18.

第三讲　地域资源的开发与利用

幼儿园所处地域不同,气候条件、地理地貌、自然环境、地域文化、民俗风情,以及经济社会发展水平有别,相应的资源不同。作为幼儿园教育资源,其开发与利用的内容和侧重点也不尽相同。

中华大地资源丰富,仅文化资源就形成了如中原文化、荆楚文化、齐鲁文化、三晋文化、关中文化,以及草原文化、农耕文化等各具特色的资源,构成了中华文化丰富多彩、绚烂多姿的多方位格局,又凸显着中华文化多元一体、一脉相承的特点。幼儿园应以承传中华优秀文化、丰富课程资源、支持幼儿发展为出发点和立足点,充分挖掘整合地域文化资源和物质资源,在具体文化情境和社会环境中,通过亲身体验、主动参与、积极探索和尽情表现,帮助幼儿感知文化、物质资源的多样性和差异性,激发幼儿的民族自豪感,认同中华民族文化,涵养爱家乡、爱国家的情怀。

下面从城市和乡村两个方面对地域资源的开发与利用作重点讨论。

一、城市资源的开发与利用

城市资源是与城市整体生存和发展互相关联的不可或缺的基础条件的总和。诸如工业制造、社会经济、交通运输、居家生活、工作学习、商超、医疗、文化、教育、娱乐及其配套设施等。这些资源既为城市居民提供了生活与工作的基础条件,又是建设者利用并通过环境改造而创建的高度人工化的物质和精神环境。

（一）城市资源分析

城市资源类型繁多、内容丰富多样。幼儿园可从所处城市的人力和人文资源、自然和社区环境资源等方面作具体分析。就人力和人文资源而言,包括医生、教师、警察、律师、产业工人、服务从业人员等各类职业和专业人员,以及医院、学校、图书馆、体育馆、博物馆、科技馆、文物古迹、公园、游乐园等及其从业人员;自然和社区环境资源包括山川、江河湖海等自然资源,以及街道、商超、餐厅、民生市场等社会生活保障与环境资源。

受多种因素制约或影响,城市间的资源及其类型存在一定的地域性差异,幼儿园应立足本地、从实际出发,认真梳理所在城市资源,重点挖掘和分析具有区域优势或地域特色的教育资源。例如:以北京、上海、广州、深圳等为代表的大型城市,有丰富的先进的知识创新、技术创新和现代科技引领的管理创新,以及科学技术产品与应用资源;延安市有陕甘宁边区儿童保育院旧址、宝塔、中央大礼堂,以及歌舞剧《延安保育院》等红色资源;泉州、厦门、青岛等城市有海军博物馆、海洋馆、港口、植物园,以及木偶剧团、文化名胜和古迹等资源;苏州、佛山、承德等城市有著名的又各具特色的园林资源;西安有兵马俑、华清池、钟鼓楼、大雁塔等驰名中外的文化遗产和丰富的大学资源;西部小城敦煌市有闻名世界的艺术宝库莫高窟和鸣沙山、月牙泉等大漠自然风光,以及南京大屠杀遇难同胞纪念馆,鄂尔多斯的青铜器,潍坊的风筝,开封的舞狮、盘鼓、高跷、旱船、唢呐等民间艺术……这些优势资源都能够转化为幼儿园课程资源、产生极高的教育价值,为幼儿发展提供支持。

（二）城市资源利用的途径与策略

《中华人民共和国教育法》规定:"图书馆、博物馆、科技馆、文化馆、美术馆、体育馆(场)等社会公共文化体育设施,以及历史文化古迹和革命纪念馆(地),应当对教师、学生实行优待,为受教育者接受教育提供便利。""学校及其他教育机构应当同基层群众性自治组织、企业事业组织、社会团体相互配合,加强对未成年人的校外教育工作。"幼儿园应充分利用多元的城市资源,携手相关组织、社会团体,开展丰富多样的社会实践活动和教育活动。

1. 综合评估所在城市资源

尽管城市资源类型繁多、内容丰富多样,但并不意味所有资源都能为幼儿园教育所利用,或能够转化为课程资源。这就要求幼儿园从安全性、可能性和可行性,以及教育价值、资源与教育目标和课程内容的匹配程度等方面,对城市资源进行考察和评估,从中选择优质的、典型的、教育功能强、匹配程度高、环境安全健康的资源,作为幼儿园教育资源加以利用和转化。

图 7-17　参访名胜古迹

图 7-18　探访黄埔军校旧址

图 7-19　领略海洋馆的魅力

图 7-20　初春踏青赏梅

2. 建立城市资源信息库,增强活动的目的性和实效性

城市资源信息库的建立,可根据所处城市的人力和人文资源、自然和社区环境资源进行分类整理,也可按照幼儿学习领域进行分类整理。无论采用何种分类方式,个体资源应包括姓名、职业(专业)、所在单位、联系方式、能够提供支持的内容与时间等基本信息;相关组织、社会团体和城市公共资源,应包括名称、地址、开放时间、联系人及联系方式、教育功能与价值、接待规模等信息。信息库的建立过程,是一个将城市资源与课程资源、幼儿发展有机整合、科学配置的过程。一方面要尊重幼儿教育规律、幼儿的学习方式和特点,便于有目的、有计划、有组织的开展教育活动;另一方面,要结合实际、因地制宜,充分挖掘并发挥特别是区域优势资源的积极作用,有效提高教育资源的利用价值和利用率,实现优质教育资源效用最大化。

幼儿园教育实践证明,利用真实的城市资源开展实践活动和教育活动,有利于激发幼儿的好奇心、求知欲,引发幼儿的探究行为,提高幼儿社会生活的适应能力,体现幼儿学习与发展的整体性和全面性。

二、乡村资源的开发与利用

乡村拥有取之不尽、用之不竭的乡土教育资源，这恰恰是城市幼儿园无可比拟的。乡村幼儿园身置绿水青山之间，师幼能够享受田野的芬芳、感受乡土气息、体验丰收的喜悦、探访自然的奥秘……这样的生活环境是幼儿园教育最直观、最真切、最鲜活的诠释，也是乡村幼儿园教育资源利用与转化的优势和关键所在，正所谓"一方水土养一方人"。对此，乡村幼儿园应树立"人尽其能，物尽其用"的朴素的环境价值观和资源利用观，善于发现、善于挖掘、善于利用和转化生活环境中所蕴含的教育资源及其价值。

（一）乡村有得天独厚的自然资源和环境条件

乡村生物多样，自然资源丰富，是其资源优势所在，也是乡村资源开发与利用的重点。大自然不仅为幼儿园教育提供鲜活、生动的"教材"，也是幼儿快乐成长的源泉。

图 7-21　在自然中观察学习　　　　图 7-22　访问养殖专业户

热爱自然、亲近自然、探索自然是幼儿的天性。走进广阔的田野，沐浴金色的阳光，呼吸清新的空气，聆听鸟儿的喧啾、虫儿低鸣和风儿的欢笑，幼儿自然会放飞心灵，展开创造和想象的翅膀：天空的云朵好似奔腾的骏马，它不断地变换引发幼儿的争论；小山坡、小树（竹）林成了幼儿的攀爬墙和游戏场，他们在无束无拘中探索多种游戏形式和玩法。玩累了、爬累了，平坦的草地、茂密的树林就是他们小憩的好去处。这里有着幼儿园无法提供的真切的环境资源，有着让城市幼儿园羡慕的、宽广的游戏天地。幼儿在自然中自由玩耍、乐在其中，流连忘返，既开阔了视野、增长了知识经验、陶冶了情操，又锻炼了体能。

农技站、农机站、种子站、文化站、小作坊，以及田间农作物、草坡、山林、打麦场和小溪等，就是乡村幼儿园重要的教育资源。麦秸秆、林秸秆、玉米棒、核桃壳、各种植物籽粒、新鲜蔬菜水果等农作物及其副产品，都是幼儿重要的学习资源和操作的好材料。如组织幼儿观察玉米生长、收获玉米，采集玉米秆、玉米叶、玉米皮、玉米粒等材料，制作各种玩具或开展玉米叶、玉米皮粘贴画，创设幼儿园教育环境。乡村自然环境和条件，为幼儿健康发展提供了得天独厚的课程资源与学习空间。

（二）充分发掘民间文化和人力资源

民间文化是由广大劳动人民在长期的生产劳动过程中，创造并存在于民间的群众通俗文化，由民间文学、民间艺术、民间游戏和民俗文化等构成。民间文化所具有的地方性、生活性、稚拙性、娱乐性等特点，与幼儿生活化、游戏化的学习方式和特点有相似之处，是独具价值的、鲜活而生动的教育资源。比如："老鹰捉小鸡""顶牛""斗鸡""老狼老狼几点了""走方""打陀螺""骑驴""贴膏药"等流传甚广的民间游戏，不仅具有浓郁的乡土气息，而且具有趣味性、娱乐性强和简单易学的特点，加之民间体育游戏不需要复杂的游戏材料，对场地要求不高，可以随时随地开展。若能在教育实践中赋予老游戏以新的生命力,将会使幼儿得到更好、更健康的发展。

民间藏龙卧虎,有高手和能人。通过查阅文献、实地走访,掌握当地民间文化资源和非物质文化遗产传承人的基本情况,经分类整理、遴选加工、建立资源信息库等措施,将优秀的民间文化有机融入幼儿园教育,创建具有地方文化特色的课程资源和教育环境。邀请具有皮影戏、捏面人、舞龙灯、扎染、蜡染、砖雕、泥玩、编织、纸扎等手艺和表演才能的家长、艺人、传承人,进园开展相关活动;农林牧渔及养殖专业户、科技种粮示范户、农技人员、能工巧匠等,通常是各个领域的能人或专业人员,具备某一方面的职业素养、专业知识和专业能力,能够为幼儿园教育提供相应的帮助与支持;返乡的进城务工幼儿父母也是重要的教育资源,一方面他们所从事的职业或工作具有多样性,且见多识广,另一方面他们是孩子的父母,具有支持与帮助幼儿园的意愿,应注重调动他们的积极性。

(三) 因时因地、因势利导地利用资源

一些乡村资源具有很强的季节性和时令性,建议教师结合具体课程内容和幼儿发展需要,根据不同时令、季节,有效利用教育资源。不同的农作物生长有其自身的规律,教师可依据农作物生长规律开展教育活动和实践活动,让幼儿在合适的时间、地点观察有关农作物的生长过程;农作物的播种、生长、收获等具有鲜明的时令性和季节性,需应季开展教育活动。有乡村幼儿园实践者在播种时节,组织幼儿去真实的田地开展"数数点种"活动。在收获时节,组织开展采摘、拾穗等适宜的劳动活动。结合不同季节和幼儿意愿,组织幼儿做柳笛、扎制秫秸干小玩具、编草辫、搓绳子、做稻草人,开展跳绳、跨跳、揪尾巴等户外游戏活动。将秫秸秆、小石头、果壳、果核等自然材料,用于数数、分类、排序及手工制作等活动。[①] 因时因地将自然资源转化为课程资源,因势利导将乡土材料转化为学习和操作材料,引发幼儿大胆发现和创造,支持幼儿主动发展。

图 7-23 玉米芯的利用

图 7-24 麦秸辫的利用

图 7-25 幼儿用秫秸秆自制玩具(1)

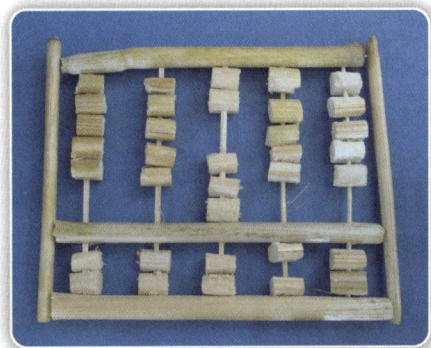

图 7-26 幼儿用秫秸秆自制玩具(2)

① 赖丽芳. 利用农村自然资源开展区域活动[DB/OL]. http://www.cnsece.com/article/5747.html. 2014-1-15.

乡村幼儿园实践表明,善于研究和利用乡村教育资源,不仅能够为幼儿提供丰富的、取之不尽的课程资源和操作材料,而且有效促进了幼儿在情感、态度、能力、知识、技能等方面的发展。

思政论坛

主题:赓续红色血脉,共育祖国未来

内容:大型原创红色历史歌舞剧《延安保育院》(视频),《啊摇篮》电影或电视连续剧;延安保育院精神,保教先辈为保护红色后代出生入死、浴血奋战的革命经历,战争和物资极度匮乏条件下的保教结合,多方支持、携手共育,红色基因和优良传统的承传与发扬光大。

形式:课堂讨论、主题发言、"课前五分钟"、优秀毕业生宣讲,主题党、团活动等。

思考与实践

思考练习

1. 如何理解"家庭是幼儿园重要的合作伙伴"?

2. 论述家园共育的有效途径。

3. 简述社区资源的利用与合作。

4. 以学校所在地或家乡为例,谈谈你对地域资源开发与利用的理解。

实训项目

项目一:以表7-4调查表为工具或自编调查工具,对2~3个小班幼儿家庭进行调查与沟通。在掌握幼儿基本情况的基础上,尝试分析其中的优点和可能存在的问题或不足,并提出相应的共育建议。

项目二:分析梳理所在社区或熟悉的家乡资源,采用文字+图示或表格的方式,说明社区(家乡)优势资源在教育环境创设中的具体运用。在教师或幼儿园一线教师指导下,运用PPT开展分享交流活动,实现举一反三或能力迁移的实训目的。

项目三:根据项目一的调查和家访情况,制定一个小班家园共育方案(有明确的家园共育主题、目标、内容、形式和注意事项等)。

表7-4 小班新生家访调查表[①]

家庭基本情况					
幼儿姓名		性别		出生年月	
家庭住址				联系电话	
幼儿主要与哪些家庭成员生活在一起:					
幼儿基本情况					
性格			爱好		
幼儿昵称			普通话程度	1. 会说 2. 会听 3. 会听会说	
爱吃的东西			不爱吃的东西		
食量大小			害怕的事情		
爱玩的玩具			易患的疾病		

---

① 王微丽,霍力岩. 支架儿童的主动学习[M].北京:北京师范大学出版社,2016:169.

家长是否愿意参加班级"家长委员会"：1. 是　2. 否
家长能为幼儿园提供的专业帮助是：
1. 体育　2. 教育　3. 计算机　4. 卫生保健　5. 膳食营养　6. 艺术　7. 其他（自荐内容）：

请根据孩子的具体情况选择并打"√"
1. 自己穿衣服　　　2. 自己脱衣服　　　3. 自己穿脱鞋子
4. 自己吃饭　　　　5. 大小便会叫人　　6. 自己小便
7. 自己大便　　　　8. 会擦屁股　　　　9. 不会擦屁股
10. 会洗手　　　　 11. 会用勺子　　　　12. 有午睡习惯
13. 喜欢看书　　　 14. 喜欢看电视　　　15. 喜欢画画
16. 喜欢跳舞　　　 17. 喜欢唱歌　　　　18. 喜欢听故事
19. 喜欢讲故事　　 20. 有吃手指现象
21. 注明孩子其他特殊情况（如过敏、高烧惊厥、癫痫等）：

为了对您的孩子有一个全面、详细地了解，我们将与您进行个别沟通，请您选择以下任何一种访问形式并打"√"，我们将按照您的意愿与您沟通。
1. 家庭访问（　　）　2. 电话或线上访问（　　）　3. 来园约访（　　）

为了便于教师更好地、有针对性的对孩子开展教育活动，并给予您科学育儿指导，请简要说明家庭教育情况和方式。

资源文献

大型原创红色历史歌舞剧
《延安保育院》简介

第七单元

携手共创育人环境

第八单元

评估改进提升质量

学习目标

1. 理解并掌握幼儿园教育环境评价的内涵及环节。

2. 领会幼儿园教育环境评价指标体系构建的依据，初步掌握指标体系构建与设计的核心要素。

3. 能够运用相关教育环境评价工具，对幼儿园教育环境进行体验性评价。

案例导入

你喜欢我们的活动室吗

图 8-1 活动室环境实景

这幅照片是我们小二班活动室的实景。活动室是师幼朝夕相处、共同生活和游戏的空间。我和王老师创设的初衷，是想把活动室布置得像家一般的舒适、有温度，并营造轻松、自在和有秩序的班级氛围，一个适宜小班幼儿的、有准备的教育环境。

各位同学，你们觉得怎样？我和王老师还需要做哪方面的改进？分享一下你的理由和依据吧！

近年来，伴随我国学前教育事业的快速发展，学前教育资源迅速扩大、普及普惠水平大幅提高、管理制度不断完善,幼儿园教育评价、保教质量评价已然成为政府、社会各界和学前教育研究者、实践者关注的焦点。"教育评价是幼儿园教育工作的重要组成部分,是了解教育的适宜性、有效性,调整和改进工作,促进每一个幼儿发展,提高教育质量的必要手段。"[①]评价"以习近平新时代中国特色社会主义思想为指导,全面贯彻党的教育方针,落实立德树人根本任务,遵循幼儿发展规律和教育规律,完善以促进幼儿身心健康发展为导向的学前教育质量评估体系,切实扭转不科学的评估导向,强化评估结果运用,推动树立科学保育教育理念,全面提高幼儿园保育教育水平,为培养德智体美劳全面发展的社会主义建设者和接班人奠定坚实基础。"[②]

教育环境评价是幼儿园保教质量评价的有机组成部分,是教育环境创设过程中的重要环节,不仅要对教育环境的适宜性和有效性作出价值判断,并且指导教育环境的持续改进与优化,是保教质量保障的必要措施和手段。教育环境评价是一个活动过程,一种特殊的、持续的、综合的行为过程,其内涵丰富、类型多样、工具手段多元,包括一系列的环节、与之相匹配的途径和方法等。根据教师应具备的环境创设与利用的专业能力和要求,基于师范生毕业要求和学习目标,通过教育环境评价内涵及环节、指标体系构建与体验性评价实践,师范生应初步学会教育环境评价并尝试解决环境中的具体问题,"创设有助于促进幼儿成长、学习、游戏的教育环境,""引发和支持幼儿的主动活动"[③],不断提高教育环境质量。

第一讲　幼儿园教育环境评价及其环节

幼儿身心发展特点及其学习方式,决定了教育环境是整个幼儿园教育系统中最为重要的因素之一,直接或间接地影响、制约保教质量和幼儿发展、教育目标的实现。有目的、有计划地开展教育环境评价,有利于加强幼儿园及其教师对环境质量的自省和良好教育环境创设的自觉性,进而促进幼儿健康快乐成长;有利于全面推进学前教育安全优质发展,增进民生福祉,满足人民群众对幼有所育的美好期盼。充分发挥评价的引导、诊断、改进和激励功能,实现以评促教育环境创建、以评促办园条件改善、以评促幼儿健康成长、以评促教师专业发展、以评促保教质量提升的目的和作用。

一、幼儿园教育环境评价的内涵和原则

（一）幼儿园教育环境评价的内涵

幼儿园教育环境评价是对幼儿园环境所呈现的或潜在的保教价值作出判断的过程。具有诊断与引导、鉴定与改进、反思与激励等功能。它以具体的教育环境为对象,依据一定的标准和工作程序,有目的、有计划、有组织地对教育环境的支持性、效能性和融洽度等进行深入调查和科学分析,并作出价值判断。比如说,户外游戏环境创设的合理性、活动区材料投放是否满足幼儿多样化的学习需求、师幼关系和谐程度、家庭和社区资源利用的有效性等,正是通过评价来作出科学判断的。

幼儿园教育环境评价是一个过程性的判断活动。首先,教育环境评价是一个不断完善和丰富的概念。其"价值判断"的本质始终如一、不会改变,但价值标准、判断依据则会伴随学前教育的发展与要求而发生相应变化;其次,教育环境评价是一个系统考察教育资源和收集、分析资料的过程,对教育

① 教育部. 幼儿园教育指导纲要(试行)[Z]. 2001.
② 教育部. 幼儿园保育教育质量评估指南[S]. 2022.
③ 教育部. 幼儿园教师专业标准[S]. 2012.

环境创设的目的、内容、方式进行全面检验的过程。其中，对教育环境及资源的实地考察、观察、问卷、访谈，等多途径所获资料的综合分析是评价的基础，对教育环境及资源的评定、解释、分析，进而提出相应解决问题的对策或建议才是评价。再次，教育环境评价是一个诊断-反馈-改进的过程，一个了解、掌握和反映环境现状及其创设过程中的不足或问题的过程，并通过一系列的分析、比较和判断，不断地为教育环境的持续改进和优化提供科学依据的过程。

（二）教育环境评价的原则和要求

1. 教育环境评价的基本原则

（1）目的性原则。明确的评价方向与目标是教育环境评价的依据和出发点，具有规定行动方向、周密评价过程、规范评价结果、指导评价实践的作用，使评价活动更具导向性、科学性和有效性。概言之，全面贯彻党的教育方针，落实立德树人根本任务，不断提升教育环境质量，支持每位幼儿全面、整体发展是教育环境评价的基本方向和初衷。

（2）可行性原则。教育环境评价具有极强的操作性和实践性，必须保证评价的整个过程和行动切实可行。一方面，评价指标体系应与国家要求、专业规范相一致，并具有引导环创实践的普遍意义，而非个别现象或问题；另一方面，评价指标体系应实用、易操作、方法简便易行，评价过程及其结果严谨、准确，但不惟精准，特别是幼儿园内部评价不过分追求量化评价结果的精准度量，以化解教育环境的复杂性与评价过程的可操作性、结果的精准性之间的矛盾，[①]使评价活动能够顺利进行。

（3）客观性原则。这是所有教育评价都应遵循的基本原则。它要求评价者以实事求是的态度，科学运用评价指标体系，而不受个人主观因素的影响。评价者应严格按照评价标准开展工作，综合考虑各种客观因素和作用，采用定量与定性相结合的方法，按照事实的本来面貌公正、准确、客观地判断与描述。

（4）全面性原则。全面性是由幼儿园的任务和保教目标所决定的。包括教育环境和资源支持幼儿发展要全面，评价内容和具体观测点要全面，信息和资料收集要全面等。

（5）尊重性原则。评价应尊重客观事实和评价对象。表面上看，教育环境评价通常对应的是事与物，但事、物的背后是教师。无论是面对物质环境评价还是精神环境评价，评价者要善于发现、肯定教师特别是青年教师在教育环境创设中的想法、优点或创新之处，多从正面引导、鼓励教师对教育环境的价值进行自我反思和持续改进。

2. 教育环境评价的基本要求

在教育环境评价及其实践过程中，幼儿园及其教师应努力实现三个同步。

（1）教育环境评价与支持幼儿发展同步。引导、支持创设优质的教育环境，促进每位幼儿全面、整体发展是教育环境评价的初衷。《规程》《纲要》《指南》和《幼儿园保育教育质量评估指南》（以下简称《评估指南》），均明确了环境对幼儿发展的重要价值和意义，并要求教育环境创设与评价以幼儿发展为本。教师应秉持终身学习和专业发展的态度，认真学习并领会其中的精神和要义，基于幼儿发展规律和保教规律，充分理解评价对教育环境质量所作的价值判断和改进意见，做到查漏补缺、扬长避短，不断改善和优化教育环境，全面促进幼儿整体发展。

（2）教育环境评价与促进保教质量提升同步。教育环境研究的先驱、美国学者托马斯·魏德认为："正如学生的智力水平是可以测量的一样，学校环境的水平也是可以测量和评价的。如果评价的结果显示一所学校的环境水平低于其他学校，那么人们就会据此考虑和寻求提高这所学校环境水平的途径与方法。"[②]通过评价在全面了解和掌握教育环境现状和水平的基础上，幼儿园及其教师应基于

① 霍力岩. 学前教育评价[M]. 北京：北京师范大学出版社，2009：65.
② 田慧生. 教学环境论[M]. 南昌：江西教育出版社，1996：286.

比较、分析和判断，找出影响教育环境质量的原因或因素，并采取有效的对策和途径、措施与方法，总结有益经验和做法，控制或消除不利因素，使教育环境始终保持良好状态，促进保教质量不断提升。倘若其中的原因、影响因素涉及家庭或社区，应以恰当的方式将评价结果和影响因素分析，反馈给家长和社区组织，说明其中的不利因素对幼儿可能造成的影响，同时以多种方式引导他们与幼儿园共同改进，不断提升环境质量。

（3）教育环境评价与教育环境的持续改进同步。教育评价是一种对优缺点或价值的评价，一种既有判断又有描述的活动。其着重点在于判断教育活动、教育过程和教育结果所产生的效益，看其是否具有价值。[①] 同理，教育环境评价就是要科学判断教育环境创设及其结果的优缺点，总结、归纳教育环境引发、支持的效益和教育价值，梳理、反馈不利因素和对策建议。客观严谨和有说服力的评价过程和结果，会激励教师对环境的优缺点或教育价值进行反思与自省，并引发教师针对教育环境及其创设中的现实需要或问题，进行探索、研究和改进。事实上教育环境评价与持续改进同步，不仅能够有效提高教育环境质量，还能够增强教师专业发展的自觉性、育人的责任感与使命感。

二、幼儿园教育环境评价的基本环节

明确为什么评价、评价什么、怎样评价是教育评价首先要解决的问题。教育环境评价也是如此，只有弄清、弄懂并抓住为什么评、评什么、怎样评的关键环节，才能体现教育环境评价的价值，才能有效寻求教育环境增值或优化的最佳途径。这也是教育环境评价的基本环节和程序。

（一）评价目的

提出并能够诠释"为什么评价"，是教育环境评价的首要环节。就幼儿园教育环境评价而言，至少可以从两个方面来解释和说明。一方面是《纲要》《指南》《专业标准》对幼儿园和教师提出的专业要求："幼儿园的空间、设施、活动材料和常规要求等应有利于引发、支持幼儿的游戏和各种探索活动，有利于引发、支持幼儿与周围环境之间积极的相互作用。""评价的过程，是教师运用专业知识审视教育实践，发现、分析、研究、解决问题的过程，也是其自我成长的重要途径。"教师应"充分利用与合理设计游戏活动空间，提供丰富、适宜的游戏材料"，具备"环境的创设与利用"能力。教师是否具备环境创设和利用的能力，教育环境能否起到引发支持幼儿的探索活动和相互作用，或者说支持的程度如何等，都需要通过评价来验证；另一方面是发现、研究、改进和发展教育环境的需要，教师实现自我发展的需要，支持幼儿游戏和各种探索活动的需要，有质量的学前教育发展的需要。从教师的责任和义务来看，教育环境评价过程是一个诊断与研究过程、一个发现与回应的过程、一个持续改进和优化的过程，即发现问题、寻找答案和尝试解决问题的过程。这一过程会使教育环境在幼儿发展过程中更具引导和支持价值，是保教质量不断提升的基本保障。

（二）评价内容

这是明确"评价什么"的环节。基于幼儿发展规律和幼儿园保教规律，结合幼儿发展需要和幼儿园工作实际，可从物质环境与精神环境、室内环境与户外环境的构成（见第二单元第一讲第二部分幼儿园环境及其构成），以及与幼儿园相关的家庭、社区入手，确定具体评价内容或项目，如对班级活动单元的教育环境评价、主题墙创设评价、班级家园合作共育评价等。或根据上级教育行政部门工作安排、幼儿园保教工作计划等，开展相关内容的评价工作，如幼儿园年度工作计划事先安排的"全园活动区创设评价"。

① 金一鸣. 教育原理（第二版）[M]. 北京：高等教育出版社，2002：415.

在此基础上，对具体的教育环境创设方案、创设过程、创设效果等内容分别进行评价（结合实际工作需要，也可开展其中某一项评价，如"活动区创设方案"评价）。其中，对教育环境创设方案的评价，主要测评创设方案的意图和目的、功能与价值，以及创设的可行性和手段等。如幼儿园户外游戏环境创设方案、科学探究室创设方案、中班活动区创设方案、大班抗击疫情从我做起主题墙创设方案等。其具体内容或评价对象不同，评价的侧重点或指标要素也有所不同。

教育环境创设过程重点考察幼儿的参与程度、积极性，环创的适宜性，以及师幼、同伴互动质量，幼儿与环境的相互作用等情形和状态。比如：所创设的教育环境与教育目标的一致性程度，是否符合方案意图和目的、幼儿的年龄特点和兴趣；教师是否及时发现和回应幼儿的探究行为；幼儿是否拥有自主探究的活动空间和时间；操作材料的种类、数量及其所蕴含的信息与价值；幼儿能否根据需要自主选择活动材料、方法和玩伴；环境能否引发、支持幼儿的游戏和各种探索活动，并尝试解决问题等。通过评价肯定优点、找出问题与不足，提出改进意见或优化建议。

创设效果的评价主要是对创设结果所做的价值判断。包括教育环境是否实现创设预期和目标；教育环境的功能与作用、支持幼儿发展的情况等；创设的教育环境解决了哪些问题、什么问题没有得到解决或有效解决；教育环境产生了哪些非预期的效果或价值，是否进行了分析总结；教育环境创设改变或优化了教师哪方面的保教行为，幼儿发生了哪些变化，还需要做怎样的改进和完善等。

（三）评价途径与方法

明确了"为什么评价""评价什么"，接下来就要解决"怎样评价"。

1. 评价类型与途径

根据幼儿园教育环境评价对象的性质、评价目的和要求，可从以下几个方面着手。

（1）静态评价与动态评价相结合。静态评价是对评价对象已经达到的水平或已经具备的条件进行判断。类似于总结性评价，是对特定时间和空间教育环境的现实状态或结果做出的价值判断，重在横向比较，以衡量教育环境创设目标和环境具备的价值所达到的程度；动态评价是对评价对象发展或进行状态的判断。类似于形成性评价，是对教育环境进展过程中的目标和价值进行的判断，重在纵向比较，以调节、修正创设过程中的不足或方向。二者各有侧重和所长，互为支撑和补充，应有机结合，既要评价教育环境的现状，又要考虑教育环境创设过程中的具体情况，从而得出客观、公正的价值判断。静态与动态评价相结合的方式，广泛适用于活动室家具安排、主题墙及其创设、活动区创设与材料投放、幼儿园文化环境等评价。

（2）定量评价与定性评价相结合。定量评价是对评价对象作"量"的分析和判断。评价者主要采用数学的方法收集、处理数据资料，进而对教育环境作量化结果的价值判断。强调共性、稳定性和统一性；定性评价是对评价对象作"质"的分析和判断。是评价者通过对教育环境现实状况的观察与分析，作出定性结论的价值判断。强调观察、分析、归纳与描述。

如果评价只停留在纯粹的数值上，得到的只是一种单纯的数量关系，不能有效描述、解释教育环境的特性及价值。当然，仅凭实践经验也难以对教育环境做出客观、有据的价值判断。因此，教育环境评价既需要定量也需要定性，二者应相互补充，只有定量和定性并用、定量与定性对应，才能客观、真实、全面地反映教育环境质量。其适用范围比较广泛，如对活动区的创设及其材料投放、户外游戏环境、家园共育效果、社区或乡土资源的利用等评价，就可采取这一方式来进行，这也是教育环境评价最基本的途径和手段。

（3）综合评价与单项评价相结合。综合评价是对评价对象进行完整而系统的评价；单项评价是相对于综合评价而言的，是对整体或综合项中的某一项或某个方面进行的评价。幼儿园的教育环境是一个复杂、多元的系统，由多个子系统构成，并涉及相对独立的组成部分。评价亦如此，比如：幼儿园环境是综合的，占地面积、建筑面积、绿化面积、游戏场地面积、保教设施设备、游戏设施与材料、幼儿园文化氛围、家园关系、同事合作与交流、师幼关系等就是其中的子系统或单项,如果对某一子系统或单项作评价就是单项评价。单项评价必须充分考虑局部与整体的关系,即相关性和统一性;综合评价则以各单项评价为基础。

对于教师来讲,由单项评价开始会便于上手,有利于评价活动的实施和经验的习得,但要处理好单项与综合项的关系。换言之,确定评价对象或者说找准评价的"点"非常重要。比如说,活动区评价对于活动室整体环境评价而言是其中的一个单项,然而对于材料投放、同伴互动、幼儿与材料的相互作用而言,又是一个相对的综合项。因此,对活动区的评价可从材料投放、幼儿与材料的互动入手,再扩展到同伴互动、新材料的投放、投放后的活动变化等,逐步形成对活动区的综合评价。对此,可以理解为综合设计,分项实施。

(4)自我评价和他人评价相结合。顾名思义,自我评价就是评价者对自身或行为结果进行的评价活动。教师对自己创设的教育环境进行的质量和价值判断就是自我评价;他人评价是除自己以外的其他人或组织,对评价对象进行的质量和价值判断。即由相关人员组成评价小组或专业人员实施的评价。如家长、教育行政部门等,对教育环境所作的质量判断就是他人评价。

《纲要》指出:"管理人员、教师、幼儿及其家长均是幼儿园教育评价工作的参与者。评价过程是各方共同参与、相互支持与合作的过程。""幼儿园教育工作评价实行以教师自评为主,园长以及有关管理人员、其他教师和家长等参与评价的制度。"从《评估指南》提出的评价方式看,幼儿园应注重自我评价和内部评价。同时要求建立常态化的自我评估机制,促进教职工主动参与,通过集体诊断,反思自身教育行为,提出改进措施。当然,外部评价的导向、激励作用也不容忽视,它能够有针对性地引导幼儿园不断完善自我评价,改进保育教育工作,促进幼儿园安全优质发展。

2. 评价方法与重点

幼儿园教育环境评价可采用调查、观察、访谈、测验、等级量表、表现性评价、作品分析等方法,或根据评价目标、内容和形式,综合运用其中不同的评价方法来进行。评价实践中应从以下几个方面予以重点关注。

一是判断教育环境与教育目标的一致性程度。根据教育目标、内容和要求,选用恰当的方法测评教育环境支持教育目标、内容和要求的程度性,及其作用和价值。比如:对主题墙的评价应以主题脉络、内容呈现、动态跟进、教师回应与教育目标、内容的一致性为要点,同时考察教育价值、作用发挥、知识经验的相互联系和衔接,及其整体布局、材料运用等,不仅要运用观察法、访谈法,还要用到作品分析法,全面评价主题墙与教育活动、幼儿发展目标和要求的适切性,而非漂亮好看、装饰性强。

二是判断幼儿与教育环境的相互作用程度。幼儿是学习的主人、活动与发展的主体。基于幼儿视角,通过表现性评价、谈话和分析等方法,从教育环境创设的目的、功能价值、环境管理与规则建立等方面,测评幼儿与教育环境的互动情况。比如:对活动区的评价就可采用上述方法以及定量评价与定性评价相结合的方式,测评活动区引发和支持幼儿参与活动的积极性、主动性,活动过程中的创造性、材料运用与互动,以及材料投放、活动规则和活动区管理等情况,进而对活动区作出价值判断。

三是判断教育环境的功能与价值发挥情况。概括地讲,幼儿园的教育环境是"用"于支持幼儿发展的,而非让人"看"的。其空间、设施、活动材料和常规要求等,是要用于引发幼儿的游戏和探究活动、支持幼儿与环境相互作用的。通过静态评价与动态评价、综合评价与单项评价相结合等有效途径,以及评价方法的综合运用,着重判断教育环境在导向、育人、沟通等方面的功能作用的发挥及其程度;教育环境与课程之间的相互关系,及其陪伴和支持幼儿成长、有效促进幼儿发展的价值及意义。

对幼儿园教育环境功能与价值的判断,还应体现实事求是、因地制宜。教育环境的创设需要一定人力、物力、财力和时间、精力的投入,评价应充分考虑投入与产出的关系及其效率。既要起到预防和纠正教育环境成为摆设、减少不必要的人财物浪费的作用,还要引导并形成"一物多用""功能多元"的教育环境价值观,使环境的教育功能最优化、价值发挥最大化。

四是判断教育环境局部与整体的统一性和协调性。首先，党的教育方针，以及教育目标、办园理念应贯穿物质环境创设与精神环境营造的始终。局部环境创设既彰显该环境的特点和功能、价值，又与整体环境相协调；既关注幼儿成长环境质量，也要关心教师发展环境的品质。实践中的一些幼儿园环境之所以会出现花哨凌乱、包装过度、主体和主题不清等现象，给人失衡、不协调、不系统的感觉，就是因为目标不明，缺乏整体意识，没有处理好局部与整体的关系所致。也有一些幼儿园重视班级（幼儿）环境创设和投入，忽视教师发展环境，岂不知二者关系密切、休戚相关。只有为教师创造并提供专业发展的条件和环境，建立同事间合作交流、经验和资源分享、共同发展的和谐关系，幼儿成长环境才能真正发挥作用。其次，教师对活动室环境的创设，既要根据阶段教育目标和幼儿年龄特点，还要体现幼儿园的办园理念。同时，对环境创设的初衷、过程和结果进行自评，或主动邀请同事进行评价，不断协调和改进教育环境质量。

解决为什么评价、评价什么、怎样评价的过程，也是教育环境评价方案的编制过程。补充了评价指标体系，教育环境评价方案就基本形成了。

第二讲　幼儿园教育环境评价指标体系

指标体系的构建是整个教育环境评价的关键所在，它是教育环境评价的前提和依据，也是制定教育环境评价方案的中心工作。

一、幼儿园教育环境评价指标体系建构的依据和基础

（一）学前教育法规和政策文件

学前教育法规和政策文件是幼儿园教育环境评价指标体系建构的方向性和政策性依据。以中共中央 国务院《关于学前教育深化改革规范发展的若干意见》《深化新时代教育评价改革总体方案》精神为指导；认真研读并领会《规程》《评估指南》《托儿所、幼儿园建筑设计规范(2019版)》《纲要》《指南》《专业标准》等精神。这些专业规范不仅对幼儿园的环境要素作出强制性或指标性规定，同时就环境创设的内容、方式和途径等提出相应要求和指导意见，应以此为指标体系建构的重要依据；地方教育行政部门有关幼儿园建设、装备、玩教具配备及环境创设的标准、规范和指导意见，也是指标体系建构的基本依据。

（二）评价目标、范围和内容

评价目标是幼儿园教育环境评价指标体系建构的直接依据，是幼儿园的任务和教育目标的直接体现，是教育价值观的集中反映。《规程》明确了幼儿园的任务，《纲要》强调："环境是重要的教育资源，应通过环境的创设和利用，有效地促进幼儿的发展"，《评估指南》要求："完善以促进幼儿身心健康发展为导向的学前教育质量评估体系"。因此，全面"促进幼儿身心健康发展"应集中体现在评价目标。

保育与教育相结合的原则，学前教育和幼儿身心发展规律是教育环境评价指标体系建构的客观依据；因地制宜，从本地、本园实际出发是教育环境评价指标体系建构的现实依据。在此基础上，从教育环境的属性、发生者及其产生的行为结果等方面明确评价范围；从物质环境的完善性、心理环境的和谐性、文化环境的积极性、社会环境的利教性等方面，确定具体的评价内容。

（三）专业知识和专业能力

扎实的专业知识和专业能力是构建教育环境评价指标体系的基础。这一点对于师范生而言尤为

重要。教育环境评价指标体系的建立不仅需要学前教育评价、学前教育原理、学前儿童心理学、家庭与社区教育等专业知识,还需要教育资源的开发与利用、游戏活动的支持与引导、激励与评价等专业能力。如此,才能客观解析、判断、反馈教育环境质量和价值,评价指标体系才能真正起到诊断、导向、改进的功能与作用。

二、幼儿园教育环境评价指标体系的构建

设计一套科学、合理、系统的评价指标体系,是取得准确、有效的评价结果的基础和前提。理想的评价指标体系既要全面反映目标及要求,科学合理、符合实际,还要为评价者和被评价者普遍接受。

评价指标体系由评价指标、指标权重、评价标准构成,它规定了教育环境评价的范围、内容和尺度,是教育环境评价的依据,也是实施评价、实现评价目的的重要手段。下面以表 8-1"幼儿园教育环境评价表"为例,对评价指标体系建构进行分析和讨论。

表 8-1　幼儿园教育环境评价表

一级指标	二级指标	三级指标	评价要点	得分
物质环境完善程度(40)	整体环境(10)	周边环境(3)	1. 幼儿园周边无安全、污染隐患,符合卫生防护标准和要求 2. 方便家长接送,交通便利且不受干扰 3. 日照充足,排水通畅,环境优美,基础设施完善	
		面积指标与园舍构成(3)	1. 占地、建筑及人均面积符合幼儿园建设要求 2. 园舍由生活用房、服务用房、供应用房构成,符合建筑设计规范,设施功能齐备	
		教育目标与办园理念(4)	1. 教育任务和目标贯穿并落实在教育环境创设的整个过程,并以物质形式、多种方式予以呈现 2. 以物质形式直观呈现办园理念	
	户外环境(10)	园区规划与环境安全(4)	1. 户外场地、绿化、道路等园区规划、功能区分合理 2. 有严格的门卫制度和覆盖园区的安全技防系统 3. 园区内配电、天然气、消防等设施,有安全防护措施,并设有警示标志。砖体围墙坚固,无安全隐患	
		体育与游戏活动场地(4)	1. 有适合幼儿活动的硬质地面和软质地面及设施 2. 有 30 m 直跑道等体育锻炼场地和攀爬、沙水等游戏区,且区划、设施安排合理 3. 户外体育和游戏活动材料丰富、多元,设施设备安全、牢固,活动场地宽敞、安全、整洁 4. 户外人均场地面积达标	
		绿地与自然生物园地(2)	1. 绿化面积达标,花木品类符合要求、搭配合理 2. 有种植、养殖等幼儿亲近自然和观察学习的区域	
	室内环境(20)	功能室(厅)与室内公共区域(4)	1. 有多功能室(厅)或雨雪天供幼儿活动的室内场所 2. 有绘本馆、科学观察室等功能室,且经常使用 3. 因地制宜创设门厅、走廊、楼梯等教育环境,且不影响其功能发挥	
		班级活动单元(6)	1. 符合幼儿园建筑设计规范和面积要求 2. 保教设施设备齐全,桌椅、材料柜、床具等家具尺寸、规格、安全和环保要求等符合国家标准 3. 活动室空间安排合理,符合幼儿年龄特点,便于个别、小组、集体等多类型活动和幼儿交往互动	

一级指标	二级指标	三级指标	评价要点	得分
幼儿园教育环境创设（第二版）			4. 照明、通风条件良好，卫生间、盥洗室、寝室等干净、整洁，无异味 5. 创设家园联系栏等与幼儿一日生活、学习和游戏相关的教育环境，且能及时更换	
		活动区创设与材料投放(5)	1. 活动区种类、数量适宜，空间位置安排合理，符合阶段教育目标和幼儿兴趣，选择性和自主性强 2. 玩具材料数量充足，种类多样，质地不同，材料投放适合幼儿年龄特点。根据活动需要和幼儿兴趣及时调整材料或创设新活动区 3. 建立与活动区相应的活动规则，有与之相匹配的追随、回应和展示等环创 4. 有数量足够的自制玩具和低结构游戏材料	
		主题墙创设与幼儿互动(5)	1. 主题墙内容与教育活动主题、内容一致，符合幼儿心理、生理和年龄段特点 2. 主题脉络和内容清晰，彰显幼儿的持续学习和主动的知识经验建构 3. 直观呈现幼儿参与互动、探究体验和成长记录过程，以及教师的跟进与回应 4. 在体现教育与学习功能基础上兼具形式美	
精神环境和谐程度(40)	园所文化(20)	文化建设与办园理念(10)	1. 文化建设体现尊重关爱、快乐和谐，陶冶情操、启迪智慧，且表现在幼儿园和班级管理之中 2. 中华优秀传统文化有机融入文化建设，并潜移默化在一日生活 3. 有展现育人思想和保教文化的办园理念，彰显以幼儿发展为本、以育人为核心、以保教结合为原则 4. 办园理念落实在保教态度和行为之中，形成积极向上、宽容友善、充满爱心、健康活泼的园风园貌 5. 建立自我管理、自我约束，促进教师专业发展，体现"以人为本"的制度文化和教师发展文化	
		保教队伍与职业文化(10)	1. 遵纪守法，热爱学前教育事业，具有良好职业道德修养，为人师表。尊重幼儿，维护其合法权益，平等对待每一位幼儿 2. 认同幼儿园教师专业性和独特性，善于自我调节情绪，保持平和心态，乐观向上、热情开朗、有亲和力 3. 注重自身保教态度与行为对幼儿发展的重要影响和作用，保教态度和管理方式有助于安全、温馨的心理环境营造与形成 4. 仪容仪表整洁得体，语言规范健康，举止文明礼貌，是幼儿学习的良好榜样 5. 认可幼儿园及其文化，有较高程度的依赖感和自豪感	
	人际关系(20)	师幼关系(5)	1. 以尊重关怀、民主平等、包容接纳的态度与幼儿交往，互动良好 2. 理解幼儿的想法与感受，以多种角色支持幼儿大胆探索与表达 3. 面向全体，关注个体，尊重幼儿在发展水平、能力、经验、学习方式等方面的个体差异 4. 信任幼儿，了解并满足有益于幼儿身心发展的不同需求与合理需要，善于疏导幼儿不良情绪 5. 营造团结合作、礼貌友善、积极阳光、宽松和谐的班级秩序与氛围，让幼儿度过快乐幸福的在园生活	
		同伴关系(5)	1. 在一日生活中学会与同伴相处，交往能力基本形成 2. 喜欢与伙伴共同游戏，或邀请伙伴和自己一起游戏，同伴间有关心、帮助的行为和表现	

一级指标	二级指标	三级指标	评价要点	得分
			3. 友好相处,礼貌交往与合作,能正确表达自己的观点和诉求、理解同伴的想法和要求 4. 主动参加集体活动,愿意与同伴分享,表现积极、快乐 5. 发生矛盾或冲突时,听从劝解或自行通过协商、交换、轮流、合作等方式解决	
		同事关系(5)	1. 同事间相互尊重、关心、理解和帮助,关系良好 2. 关心新同事,发挥传帮带作用,同心同德 3. 具有团队合作精神,开展协作与教研,分享保教经验和资源 4. 班级教师默契互助,共同制定保教工作计划并实施,指导、协助保育员做好班级常规保育和卫生工作 5. 班级保教团队形成学习与发展共同体,能够针对班级管理和幼儿发展主动进行教研与改进	
		干群关系(5)	1. 领导班子具有坚定的政治信念,正确的办园方向,团结合作,凝聚力强 2. 严于律己、清正廉洁,尊重、信任、团结保教人员,干群关系融洽 3. 理解保教工作的复杂性和独特性,尊重教师的保教经验和智慧,建立教师专业发展共同体,鼓励支持教师专业发展 4. 关爱教职工,维护和保障教职工合法权益,建立优教优酬激励制度 5. 建立教职工或代表会议制度,主动听取群众意见,实行园务公开和民主管理	
社会环境利教程度(20)		家庭资源利用(12)	1. 成立家长委员会,建立家园联系和开放日制度 2. 发挥家长的专业和资源优势,支持幼儿园保教工作 3. 利用家长学校、家长会、家长开放日等,开展家庭教育和科学育儿指导 4. 建立互信互助的合作关系,形成家园共育合力	
		社区资源利用(8)	1. 建立对外合作交流制度,在社区及园际间形成良性互动 2. 熟悉社区资源的功能与特点,主动扩展幼儿生活和学习空间,丰富幼儿园教育资源 3. 为社区提供学前和家庭教育服务,主动参与社区精神文明和文化建设 4. 注重舆论宣传,形成幼儿园、家庭、社区"三位一体"的共育协作体	

（一）评价指标

评价指标是反映目标本质属性的、具体的、可测量的、行为化的评价准则和内容。它回答了从哪些方面对评价对象进行评价,[1]规定了评价什么、不评价什么,既是衡量评价对象和实施评价的尺度,也是评价方案设计的核心。[2] 指标的构建是对评价目标所包含的内容和要素进行分析、分解、还原的结果,一个将抽象的评价目标分解并转化为可操作、可测量的过程,具有具体化、行为化、可测量的特点。

根据评价目标具体化的程度,指标可逐级分为一级指标、二级指标……末级指标。这一过程的关键是厘清并处理好指标层级关系和内容关系,其中层级关系要把握好指标的主次、层次关系。如图

---

[1] 胡惠闵,郭良菁. 幼儿园教育评价[M]. 上海:华东师范大学出版社,2009:47.
[2] 陈玉琨. 中国高等教育评价论[M]. 广州:广东高等教育出版社,1993:89.

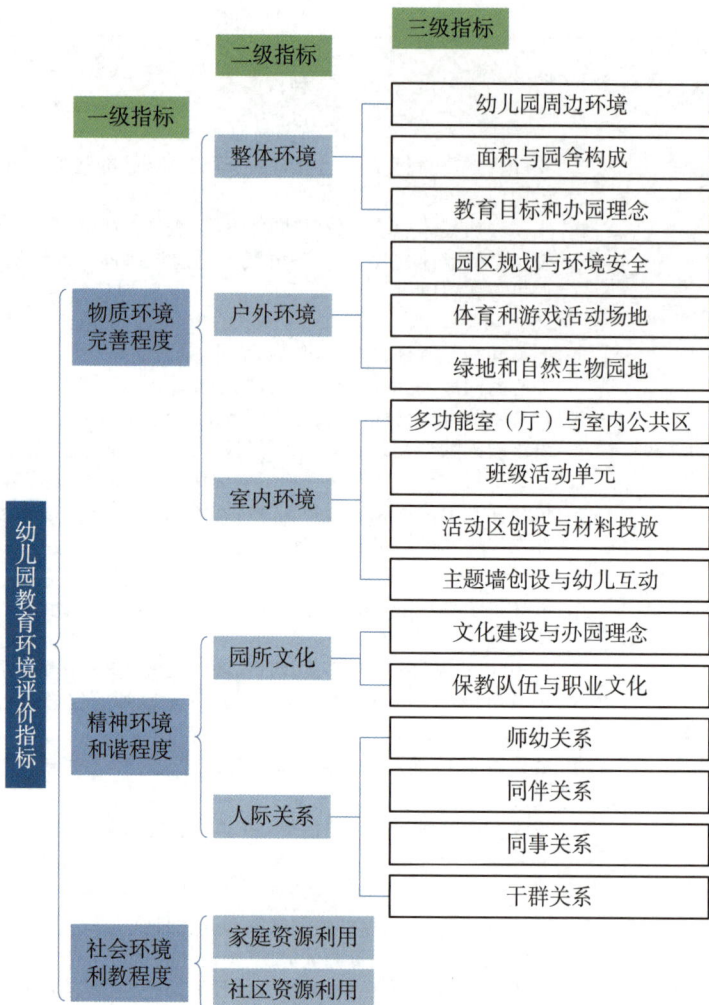

图8-2 幼儿园教育环境评价指标

8-2所示，一级指标是物质环境完善程度、精神环境和谐程度、社会环境利教程度，其二级指标分别分解为整体环境、户外环境、室内环境，园所文化、人际关系，家庭资源利用、社区资源利用，若对二级指标再进行分解即为三级指标。指标层级越高概括性越强、层级越低就越具体；内容关系是根据指标涉及的教育环境条件、过程、成果等相关内容及其关系而析出的，如条件指标、过程指标和成果指标。图8-2三级指标中的周边环境、面积与园舍构成就属于条件指标，教育目标与办园理念中既有过程指标、也有成果指标(见表8-1评价要点)。作为教育环境评价指标，环境条件、创设过程及其结果既是评价的对象、又存在相关性。正是把评价目标指标化、层级化、具体化，教育环境评价才具有可行性和可测性。同时，评价指标设计应符合以下要求。

1. 指标应全面反映目标的本质要求

目标是指标设计的依据和基础，没有目标也就无所谓指标。指标既要实现操作，还必须全面、充分地反映目标的本质属性，不能与目标相脱离、相偏离、相矛盾。[1] 其中的任何一项指标只能反映目标的一个内容或部分，只有一系列相互联系、形成系统的指标群才能反映目标整体。因此在设计指标时，首先要力求每个指标都能反映目标，形成完备的指标结构。其次不遗漏重要指标，任何一个重要指标的缺失，都可能造成目标本质不能在指标中得以体现，且不能全面观察和判断评价对象。另外，在整个指标体系中，下一层级指标必须与上一层级指标相一致，不能偏离其核心内容或指向，更不能相互冲突或矛盾。

---

[1] 胡惠闵,郭良菁.幼儿园教育评价[M].上海：华东师范大学出版社,2009：48.

从理论上讲,指标体系(层级)越多、越全面、越系统、越具体,就越能反映评价对象的本质,评价结果也就越准确。然而,在设计指标体系时,即使周全考虑也难免会有挂一漏万的现象,这是在所难免的;指标体系具体化的层级越多、越想面面俱到,干扰和制约因素也会随之越多、越大,工作量就会成倍增加,甚至影响评价工作的可行性、操作性和效度。

2. 指标应是可测的

作为教育环境评价的工具,设计评价指标的目的之一就是测评对象与目标的符合程度,因此指标应具有可测性。设计时不仅每一项指标都应具体化,还应该用操作定义或准确表述来进一步规范,让指标看得见、摸得着,能够通过直接观察或测量获得客观结论。当然,指标体系中总会有一些不可直接或不便于测评的指标,如表8-1园所文化中的指标,其中就有不具备直接的可测性或不便于测评的指标,但并不意味文化建设和办园理念、保教队伍与职业文化不可评,只是说它当中的一些指标无法直接观测,需要将其转化为能够实现间接观测或具体可行的指标。例如:通过对直观呈现的教育环境及其创设、课程和教育活动中文化的体现与渗透、幼儿在一日生活中的表现、教师的保教态度和行为、规章制度的建立与完善等观测和资料分析,进而达到测评园所文化的目的。

3. 同级指标之间应相互独立

同一层级各项指标的内涵不相互包含或重叠,外延不交叉,也不能存在因果关系,只能是并列关系。如果同一层级指标不独立,将会导致指标被重复评价,其指标权重就会无形增大,必然产生偏差、影响评价结果的合理性,还会造成指标过于繁杂和不必要的人财物浪费,降低评价工作的可行性。

指标设计要关注其相对独立性、但不能绝对化。一方面,幼儿园的教育环境及其要素之间是相互关联的;另一方面,完全独立的评价指标也是不存在的。

4. 指标应结合实际、简便易行

首先,指标设计应从客观实际出发,既要体现幼儿发展对教育环境的要求,符合幼儿发展规律和保教规律,也要结合幼儿园的实际并切实可行,能够诊断和甄别评价对象达到该项指标的程度或质量。如果一项指标,所有的评价对象都无法达到,那么这项指标就缺乏实际意义。相反,所有评价对象都已经达到,意味着这项指标不符合实际。[1] 其次,指标应简明且操作性强。从内容和表述上来说,指标最好用行为化的语言或术语表述,且简洁、明了、准确,条目要少而精,指标层级、数量不易过多和复杂,这样既有切实可行的量化方法可以利用,也可以直接进行实际观察与测评。

(二) 指标权重

权重用以描述不同指标在整个评价指标中的相对重要程度。不同的指标在整体指标体系中的价值和地位有别,权重就是要将若干指标分出轻重来,以强调不同指标的相对重要程度和贡献度。

具体设计过程中,应依据评价目标和评价对象的实际情况,结合不同指标在整体评价指标中的相对重要程度,科学区别、合理分配权重,标明指标在整体指标中的重要性或贡献大小。通常可采用经验法、主次指标排序法、两两比较法、专家会议法等来逐级设定或分配,首先确定一级指标权重,然后是二级指标以及进一步分解的三级指标,继而形成计量体系。例如:表8-1就是根据不同指标在整体指标体系中的地位和贡献来分配权重值的。经过对幼儿园教育环境评价指标体系中一级指标的讨论分析,结合3个指标在幼儿园教育环境中的价值和贡献,分别以赋值40、40和20来表示,并在一级指标中标出。其中,前两项指标同为40,意在强调二者同等重要。鉴于幼儿年龄、身心特点和幼儿园保教规律,这里表明的是,评价指标体系及其权重在教育环境评价实践中的导向作用;社会环境赋值较低并不意味家庭、社区环境不重要,一方面这里评价的是幼儿园教育环境,幼儿园及其教师是教育环境创设的主体;另一方面,作为3周岁以上学龄前幼儿实施保育和教育的机构,幼儿园有责任、有义

① 陈帼眉.学前儿童发展与教育评价手册[M].北京:北京师范大学出版社,1994:73.

务提供良好的教育环境和条件。在此基础上与家庭、社区开展广泛合作，争取家庭、社区对幼儿园多方面支持，重在"引导"和"促进"三方共同改善和优化幼儿园教育环境及其周边环境。

（三）评价标准

评价标准是衡量评价对象末级指标所达程度的尺度和准则。它规定了评价对象在特定的评价内容上达到的程度或水平，为评价活动提供了评价资料收集的依据与价值判断的尺度和界限。评价标准的制定通常有三个环节。

一是将末级指标继续分解并形成评价要点。也就是把末级指标分解为可观察或可测量的观测点（考查要点），其表述较指标要更加清楚、准确、有效，尽可能做到具体化、行为化和可操作化，不能似是而非或模棱两可。这也是评价标准设计的关键。如表8-1三级指标周边环境，也是评价指标体系的末级指标，就可分解为：幼儿园周边无安全、污染隐患，符合卫生防护标准和要求；方便家长接送，交通便利且不受干扰；日照充足，排水通畅，环境优美，基础设施完善，等3个评价要点。二是确定等级数量，根据末级指标的达标程度区分出相应等级，制定等级标准。理论上讲，等级区分越多精准度就越高，但太多既不便于对区分度的把握，也增加了评价的难度或不利于评价工作的开展，一般以3~5个为宜。三是确定标号和标度。标号是说用哪种符号来标识各个等级，即等级符号，通常会用数字（12345）、字母（ABCDE）或汉字（甲乙丙丁、优良中差）来表示；标度是达到评价标准的程度。有两种方式，一种是用描述性语言表示符合评价标准的程度："优"即A，"良"即B，"中"即C，"差"即D；另一种是用量化值（0~100分）来表示：A的标度即"85~100分"，B的标度即"70~84分"，C的标度即"60~69分"，D的标度就是"0~59分"。根据教育环境评价特点，结合评价方式和评价者的实际情况，表8-1只是分解了末级指标并形成评价要点，没有对评价要点进行等级和标度区分，可依据末级指标的评价要点进行综合分析和判断，进而得出评价结论。当然，也可在此基础上完善上述二、三环节，进一步等级化评价标准，使其更具操作性。此外，教育环境评价标准的制定应注意以下几点。

第一，评价标准的制定应符合学前教育法规政策与专业规范对幼儿园教育环境的基本要求和指标性要求，更不能与之相悖。包括《规程》《指南》《纲要》《评估指南》，以及幼儿园建筑设计规范等精神和要求。

第二，评价标准的制定要尊重事实、实事求是，符合幼儿园的客观实际，着眼于幼儿健康成长和教师专业发展。标准既不能过高、也不能无效，既不能以偏概全、也不能面面俱到。

第三，评价标准的制定既要符合幼儿身心发展规律和保教规律，体现幼儿园教育环境的特点，还要满足幼儿成长过程中对环境条件、创设过程及其结果的要求。如表8-1三级指标保教队伍与职业文化"中，第1个评价要点就是条件性的，是国家对合格幼儿园教师的基本要求；第3个评价要点是过程性的，体现教育环境的潜移默化以及幼儿与环境的相互作用；第5个评价要点则为结果性的，只有广大教师认可并对幼儿园产生依赖感和自豪感，才能说明幼儿园的文化建设是有成效的、且真实存在的。

最后，评价指标体系还要经理论与实践的检验，并不断加以修订和完善，进而使指标体系的内容结构、权重、标准更加科学合理。

三、幼儿园教育环境评价工具示例

以下教育环境评价工具示例中，有简单易操作的、也有相对复杂的，有幼儿园一线教师或团队设计的、也有地方教育行政部门组织编制的，既有评价局部（某一部分）教育环境的、也有评价整体教育环境的，有自评表也有他评表，有量化的也有等级评定的。尽管其中一些工具还不那么确切，甚至有瑕疵、这样那样的问题与不足,但为我们直观学习和理解评价工具提供了可借鉴的实践案例,对教育环境评价指标体系的构建及其实践体验与经验积累是有帮助的。

表8-2 班级教育环境自评表

班级:_____   教师:_____

指标与评价要点	等级	优	良	中	差
环境创设目标	明确性				
	整体性				
	发展性				
环境创设内容	目标性				
	综合性				
	支持性				
环境创设方式	适宜性				
	合理性				
幼儿即时表现	引导性				
	互动性				
	表现性				
家长资源利用	参与性				
	合作性				

自我评价分析:

表8-3 活动室环境创设评价表

班级:_____   评价者:_____   评价时间:_____

评价项目	评价要点	评价方法	分值	得分
主题墙	1. 与课程目标、内容的一致性程度高 2. 符合幼儿心理、生理和年龄特点,幼儿参与度高 3. 主题内容清晰,及时呈现幼儿探究和成长记录,以及教师的跟进与回应 4. 能做到及时更换,体现季节特点,高低适宜 5. 创设有特色,布局合理、色彩协调	现场观察 创设方案 访谈		
活动区	1. 结合课程内容设置活动区,种类、数量适宜,符合幼儿年龄特点 2. 提供丰富、可操作的游戏材料,并根据需要投放新材料 3. 材料投放体现层次性和结构性,能充分利用废旧物品和自然物,材料安全 4. 活动区有标志和规则,幼儿有足够的游戏时间 5. 幼儿能够根据兴趣选择活动区,与同伴和材料有良好互动,体现幼儿主体性	现场观察 查阅资料 访谈		

评价项目	评价要点	评价方法	分值	得分
自然角	1. 内容丰富、形式多样,包括动物、植物等 2. 符合幼儿年龄和认知特点,体现季节性 3. 幼儿参与互动有观察和管理记录 4. 布置合理,摆放安全	现场观察		
展示区	1. 有幼儿作品展示区或互动区(可结合主题墙),高低适宜,布置合理、美观 2. 作品展示面广、内容丰富,及时更换,有记录	现场观察		
家园栏	1. 位置安排恰当,方便家长阅读,设计美观 2. 有周计划和相关保教、家园共育和科学育儿指导等内容 3. 根据需要和计划及时更换内容	现场观察 查阅资料		
整体环境	1. 活动室空间功能区划合理、整洁、有序,实现空间利用最大化、最优化 2. 保教设施设备齐全,能够满足幼儿一日生活需要 3. 体现以幼儿为本,班级秩序与习惯良好,有安全感和舒适感 4. 师幼、同伴关系及班级氛围良好,有温馨感和愉悦感 5. 桌椅摆放、活动区设置便于幼儿交流与互动,能够满足多样性保教活动的开展	现场观察 亲身体验 座谈访谈		

表8-4　班级活动单元主要设施设备评价表

班级:_____　评价者:_____　评价时间:_____

评价内容	非常适宜	适宜	基本适宜	不适宜	无此类
桌椅(尺寸、材质、涂层等)					
材料、玩具及玩具柜(种类、数量、材质;尺寸、材质、安全性等)					
图书及书架(种类、数量;材质、尺寸等)					
多媒体系统(使用、课件;幕布高度、设备安全等)					
水杯及水杯架(数量、人物对应、材质;水杯格、防蝇网、尺寸等)					
活动室设施设备整体空间布局与安排					
寝室卧具及设备(床及摆放、材质、被褥及材质;窗帘等)					
盥洗室设施设备(盥洗台高度、水龙头数、毛巾及毛巾架等)					
卫生间设施设备(厕位数、隔断、把手、厕纸;安全性等)					
衣帽储藏间或衣帽柜(储物格数量、人物对应等)					
室内采光及紫外线消毒灯(灯具、照度;智能杀毒仪、消毒灯数量及时间;电源、开关安全性等)					
其他设施设备(钢琴、消毒柜、饮水机等保教必须设备)					

注:非常适宜=4,适宜=3,基本适宜=2,不适宜=1,无此类=0。按照设施设备配备及其适宜情况判断打"√"。

表 8-5　某市幼儿园环境评价细则

评分项目	评 价 要 点	分值
户外环境 25 分	1. 幼儿园独立设置在安全区域,周边无噪音、无污染;园舍建筑设计符合幼儿身心特点,安全坚固;幼儿园外墙安全、色调和谐稳定	3 分
	2. 园区规划、功能区分合理;配备安保人员、门卫制度健全,有覆盖整个园区的安全技防系统;园区内天然气、消防等设施设有防护措施和警示标志	4 分
	3. 幼儿园有办园宗旨(目标)、园徽、宣传栏,体现文化内涵和办园特色	4 分
	4. 结合园区实际进行绿化、美化;植有花草树木 10 种以上,立体种植,错落有致;草本与木本相结合,三季有花、四季常青	3 分
	5. 有充足的户外游戏,包括 30 米直跑道的体育活动场地,且规划合理,人均面积达标;有沙池、种植园地、饲养角等,配备有相关工具、用具,且有活动记录	5 分
	6. 大型活动器械 3 件以上;有利用废旧物品和乡土材料(无毒、无害),制作的钻、爬、攀登、平衡、投掷等各类型活动器械和材料,且数量充足、种类丰富,能满足幼儿户外活动使用;所有器械和材料安全、卫生、整洁,有专人管理和检查,并有记录	6 分
室内环境 35 分	1. 活动室、寝室通风良好,光线充足,地面、门窗整洁无灰尘;有紫外线消毒灯、消毒柜,并依规使用;各类玩具、材料等常规消毒、方法正确,且有记录;有防暑、保温设施	4 分
	2. 配置适宜的桌、椅、床和开放式材料柜、图书架等;适合班级幼儿的玩具和游戏材料数量充足,种类、材质多样;图书人均 5 册以上,品类多且不断更新	3 分
	3. 配有钢琴(风琴)、电视机等教学设备;有衣帽储藏间或衣帽柜;自制玩教具不少于 10 种,每种数量不少于班级人数的一半,既有教师作品也有幼儿作品(小班酌情)。	3 分
	4. 根据幼儿年龄特点,园舍内(门厅、走廊、楼梯)创设适宜的教育环境;班级门口设家园联系栏(育儿经验、卫生保健、月周计划或安排等)	3 分
	5. 根据课程目标、主题及活动进展,结合不同季节,创设符合幼儿年龄特点的主题墙,并在设计、布置、记录、展示、更换等环节上让幼儿参与进来;主题墙整体效果好	3 分
	6. 设置不少于 3 个活动区;根据幼儿年龄特点和活动内容,投放不少于 10 种操作材料;提倡自然物、废旧物利用;允许幼儿根据能力和意愿自主选择活动区和内容	3 分
	7. 有幼儿作品(收集袋)或活动成果展示、互动区,布置高度适合幼儿身高特点,且更换及时	2 分
	8. 盥洗室地面防滑,水龙头数、高度适宜;一人一巾一杯,人物对应且有标志,便于取放;卫生间干净整洁,随时冲刷整理、无异味,厕位数、沟槽宽度、坐便器高度等适合幼儿,且有取放手纸的设施	3 分
	9. 厨房操作间食品安全及管理、操作制度健全,加工间、更衣室、储藏室等卫生整洁;各种炊事用具、设备齐全、摆放有序,生熟食材及加工分开、且有标志,设有防鼠板、防蝇设施;炊事人员有从业证书、体检记录和健康证,卫生习惯良好,着装干净整洁 保教人员为幼儿分餐时佩带围裙和卫生帽;幼儿有充足的就餐时间和良好的就餐环境	4 分
	10. 保健室规章、制度健全,常用药品、设备齐全,有隔离室;保健医(员)尽职尽责,晨检及处置记录、幼儿膳食营养及分析、幼儿健康档案等资料完备;指导班级卫生保健、疾病预防级家长等工作,有记录	3 分
	11. 有多功能室(厅)和功能室,使用率高,且有管理制度和记录	2 分
	12. 园长室、会议室、教师办公室等各类配套用房、办公设施设备齐备,整洁卫生,相关制度上墙,各种档案、资料齐全	2 分
精神环境 40 分	1. 保教人员热爱幼儿园,职业道德规范,言行举止文明;仪容仪表端庄、整洁,着装适宜活动开展	6 分
	2. 教职工人际关系融洽,主动分享经验和资源、共同发展;工作积极性高,富有主动性和创造性;团结向上、认真务实,工作氛围和谐	5 分

评分项目	评 价 要 点	分值
	3. 保教人员以关怀尊重、民主平等、包容接纳的态度与幼儿交往；师幼关系、同伴关系良好，班级氛围温馨、有秩序；善于引导支持每个幼儿的想法、发现和创造；无体罚、恐吓幼儿现象，注重幼儿心理健康与维护	6分
	4. 坚持保教结合、教养并重；尊重、理解幼儿，面向全体、关注个体差异，因人施教，支持幼儿德、智、体、美全面和谐发展	5分
	5. 幼儿活泼开朗身心健康，积极参加体育锻炼和各项活动，与同伴合作游戏；喜欢阅读、有好奇心，对周围事物有广泛的兴趣，动作、思维灵活、敏捷	5分
	6. 幼儿能正确使用礼貌用语，尊敬师长，愿意与成人、同伴交流，能用普通话清楚地表达自己的想法和意愿；生活、卫生和行为习惯良好，有规则意识	5分
	7. 建立对外合作与交流机制，悦纳家长的合理化建议，开展形式多样的家园共育活动，指导家长科学育儿；家庭、社区及园际间有良好互动	4分
	8. 幼儿园人文环境和自然环境能够全面反映园所文化和精神追求，并潜移默化地渗透在一日生活之中	4分

幼儿园教育质量评价是联接教育观念与行动的纽带，为幼儿园教育实践提供"看得见"的质量标准。对幼儿园教育质量的评价，不是简单的按照预设指标打分，而是搭建理论与实践沟通的桥梁，为幼儿园教师专业发展提供支架，意在帮助教师将科学的教育理念转化为具体的保教行动。同时，借助幼儿园教育质量评价指标体系开展自评或他评活动，在教育质量评价活动中帮助教师客观分析和反思自己的保教行为，改善保教工作质量，逐步提高教师专业化水平。[①] 幼儿园教育环境质量评价亦是如此。上述来自幼儿园一线教师和教育行政部门的教育环境评价工具，为我们理解、设计和运用评价工具，提供了实践借鉴和举一反三的基础，也就是"举一"；作为学前教育专业师范生，还处于教育环境评价知识与经验的学习积累阶段，主要是通过对评价工具的学习与运用练真本领。要达到"反三"的能力和水准，尚需开阔眼界、继续学习和借鉴，并在实践经历与体验中求真学问。如对《评估指南》《中国幼儿园教育质量评价量表》、美国《幼儿园学习环境评量表》等的学习、借鉴与实践体验。

目前，《幼儿园学习环境评量表》(ECERS)是国际上应用比较广泛的工具之一，由美国北卡罗来纳州立大学儿童发展中心的西尔玛·哈姆斯博士(Thelma Harms)等人研发，是一份适用于外部人员的正式评量、也适用于教师等内部工作人员自行改善教学环境品质的非正式评量的工具。量表最早于1980年出版，1998年、2005年、2014年分别进行修订和增补(分别为 ECERS-R、ECERS-Rupdated、ECERS-3)。最新修订的 ECERS-3 依据当今的质量观在内容和组织架构上进行了较大革新，是一份有效的评估幼儿园班级学习环境质量的工具。

从内容和组织架构看，ECERS-3 分为空间与设施(space and furnishings)、个人护理常规(personal care routines)、语言与阅读(language and literacy)、学习活动(learning activities)、互动(interaction)、一日生活结构(program structure)六个子维度；评估采用1~7分的等级评定法，其中1、3、5、7等级有明确的质量标准，分别代表着"不适宜""合格""良好""优秀"；记分采用算术平均数。

就特点而言，ECERS-3 较此前版本具有以下明显特点：一是在关注材料数量和质量的同时，更注重材料与教师、幼儿之间的互动，即更多从"教师是如何使用这些材料来激发幼儿的学习""幼儿是如何使用这些材料来实现自身的发展"等角度进行评估；二是更强调社会互动——师幼互动、同伴互动，并将其作为学习环境中的重要组成部分；三是加大了对语言和数学的评估比重，如语言与阅读新

---

① 刘焱. 以教育质量评价改革驱动学前教育高质量发展(2021年 SEED 儿童早期发展与教育国际会议主旨报告)[R].北京：北京师范大学教育学部学前教育研究所(系)，北京师范大学出版集团，2021. 11.

幼儿园教育环境创设(第二版)

增了 5 个项目,数学新增了 3 个项目;四是更强调评估者作为非参与观察者在至少 3 个小时内的"观察",取消了对教师的事后访谈,同时将 ECERS－R 版中不易观察的环节或内容删除,如"入园和离园""午睡和休息""家长和教师"等。

总体而言,ECERS－3 评量表涉及幼儿园班级环境质量的各个主要方面,且更加强调基于观察基础上的社会性学习环境评价,符合当前我国幼儿园质量评价的基本理念。[①]

20 世纪 80 年代中期以来,我国学者不仅以专业视角对评量表进行评介和文本分析,还从多维度开展试测以及适用性研究。综合部分文献和研究结果,评量表具有可观察性和使用性,以及强化"前学业"活动质量评估的特点,[②]能够比较准确地对学习环境质量作出判断,具有在中国应用的可行性,[③]实验证明在评估班级环境质量的诸多维度具有敏感性,较为全面地反映了班级学习环境质量,展现了良好的信度和效度,是提升学习环境质量的有效手段,能够促进教师创设学习环境的能力。[④][⑤][⑥] 但是,由于该评量表是西方文化和教育评价观下的产物,一些指标与我国文化、教育及其环境特点存在一定的文化差异和不适宜现象,须作必要的修正和改进,以符合我国经济文化和幼儿园教育实际。[⑦][⑧]

以《幼儿园学习环境评量表》为代表的一系列根植于西方文化体系的幼儿园班级质量评估工具,在我国的使用比较广泛,也越来越多地引起相关学者和研究者对评估工具文化性的深入反思,其本身就是一种文化自觉的体现。近年来,有研究者和机构在文化反思基础上,基于我国文化研制出幼儿园或班级质量评估工具,如《中国幼儿园教育质量评价量表》《中国托幼机构教育质量评价量表(试用版)》《幼儿园教育质量评价手册》等,为推动与提升我国幼儿园质量与班级学习环境质量所做的努力与贡献,值得我们学习、借鉴与发展。[⑨] 其中由刘焱教授主持研发的《中国幼儿园教育质量评价量表》包括城市版、城乡版和《中国幼儿园教师班级保教工作质量评价量表》,就是以《规程》《纲要》《幼儿园教职工配备标准(暂行)》《专业标准》等为指导和依据,以办"高质量的幼儿园教育"为指引,以促进教师专业发展和提高班级保教质量为目的,以班级保教工作及其质量为评价对象,从环境创设与利用、游戏活动支持与引导、人际互动、教育活动计划与实施、一日生活的组织与保育等方面设计评价指标,涵盖硬件设施、环境创设、游戏活动、教育活动、一日生活等内容。将评价的重点放在班级和教师的保教行为上,放在幼儿的健康成长与全面发展上。这种植根于中国学前教育,紧扣班级"保教质量"、教师"保教能力",关注师幼互动、教师行为和幼儿活动过程的质量评价,能够有效地对保教环境及其质量进行客观观察和判断,从而发现其中存在的质量问题,并通过诊断分析,找出原因,解决问题,改善实践,提高质量。

量表符合我国文化与价值观,以及幼儿园教育改革和发展实际,其科学性和有效性得到广泛的实践验证,能够有效区分幼儿园保教实践的质量水平,包括静态的条件性质量和动态的过程性质量,具有较高程度的文化适宜性和实践操作性,是监测评价、改善提升幼儿园保教质量的有效工具。

2022 年 2 月 10 日教育部颁布的《评估指南》,其评估内容包括办园方向、保育与安全、教育过程、环境创设、教师队伍等 5 个方面,共 15 项关键指标和 48 个考查要点。其中,环境创设的空间设施、玩具材料 2 项关键指标,旨在促进幼儿园积极创设丰富适宜、富有童趣、有利于支持幼儿学习探索的教

① 李琳,范洁琼. 基于 ECERS－3 评量表的幼儿园班级学习环境质量评估及其文化反思[J]. 教育测量与评价,2019(6).
② 钟媚. 美国最新版《幼儿学习环境评量表》述评[J]. 早期教育(教育教学版),2018(6).
③ 胡碧颖,朱宗顺. 美国《幼儿学习环境评量表》及其在中国的初步应用[J]. 幼儿教育(教育科学版),2009(11).
④ 李琳,范洁琼. 基于 ECERS－3 评量表的幼儿园班级学习环境质量评估及其文化反思[J]. 教育测量与评价,2019(6).
⑤ 黄晓婷,张眉,关可心.《幼儿学习环境评量表》ECERS－R 量表试测情况及分析[DB/OL]. http://ciefr. pku. edu. cn/cbw/kyjb/2016/kyjb_8203. shtml/2022－2－20.
⑥ 林耿芬. 基于 ECERS－R 测评工具的幼儿园班级学习环境创设的行动研究[D]. 桂林:广西师范大学,2017.
⑦ 李琳,范洁琼. 基于 ECERS－3 评量表的幼儿园班级学习环境质量评估及其文化反思[J]. 教育测量与评价,2019(6).
⑧ 同上.
⑨ 同上.

育环境,配备数量充足、种类多样的玩教具和图画书,有效支持保育教育工作科学实施。同时在《通知》(教基〔2022〕1号)中强调"四个坚持",树立科学评价导向,尊重幼儿年龄特点和成长规律,突出评估重点,改进评估方式,充分发挥评估的引导、诊断、改进和激励功能,推动构建科学保育教育体系,整体提升幼儿园办园水平和保教质量。

综上所述,无论是幼儿园教师还是学前教育专业师范生,应深刻领会《通知》精神和评估指标体系,广泛学习、借鉴与发展教育环境质量评价工具,结合实际、因地制宜,逐步形成有效的幼儿园教育环境质量评价机制,推动评价自觉与反思改进,突显教育环境创设和保教实践成效,让自己的职业进步、专业发展和成长过程都"看得见",不断提高教育环境创设能力和保教实践能力,有效促进幼儿身心健康发展。

思政论坛

主题：为培养德智体美劳全面发展的社会主义建设者和接班人奠定坚实基础

内容：中共中央 国务院深化新时代教育评价改革总体方案;幼儿园保育教育质量评估指南、幼儿园工作规程第一章总则、幼儿园教育指导纲要(试行)。以评促建、以评促发展,强化评估结果运用。尊重幼儿年龄特点和成长规律,立足幼儿园教师岗位践行科学保育教育理念,提高保育教育水平,全面贯彻党的教育方针,落实立德树人根本任务。

形式：课堂讨论、主题发言、"课前五分钟"、优秀毕业生宣讲等。

思考与实践

思考练习

阅读、学习刘焱、潘月娟《〈幼儿园教育环境质量评价量表〉的特点、结构和信效度检验》(学前教育研究 2008,6);黄爽、霍力岩《美国〈学前教育机构质量评价系统〉的特点及其启示》(外国中小学教育2018,3);王小英、陈欢《基于儿童视角的幼儿园物质环境质量评价》(学前教育研究 2016,1),李琳,范洁琼《基于ECERS-3评量表的幼儿园班级学习环境质量评估及其文化反思》(教育测量与评价2019,6)等或其他相关论文,并形成文献综述。

实训项目

项目一：制定教育环境评价方案(小组分工合作项目)

1. 实训方式。亲身体验,小组集体讨论、合作制定;在教师指导下确定小组评价内容、范围和个人分工,或由师范生自行组合、讨论确定。

2. 实训内容。基于小组所确定的评价内容和范围,制定教育环境评价方案,包括评价目的、评价内容、评价指标体系等。

3. 交流分享。选择其中的代表性作业若干,制作PPT进行实训成果分享。建议在教师指导下开展分享交流。

4. 提交作业。以小组形式提交评价方案。

项目二：班级教育环境体验性评价(个人实训项目)

1. 实训方式。实践经历,观察判断、综合分析等。

2. 实训内容。运用本单元教育环境评价工具(任课教师推荐)或实训项目一方案,对幼儿园或班级教育环境进行体验性评价。

3. 交流分享。选择有代表性的3~5份作业,制作PPT进行实训成果分享,重点分析指标体系和评价体验。建议邀请幼儿园教师或园长参加分享活动并给予指导,使实训的方向性和目的性更加明确、有效;进一步修改完善评价报告。

4. 提交作业。提交个人教育环境评价报告。

资源文献

1. 中共中央 国务院深化新时代教育评价改革总体方案

2. 幼儿园保育教育质量评估指南

幼儿园教育环境创设掠影

一、广东省广州市某幼儿园

（一）室内环境

图1 家长接待处

图2 走廊环境

图3 楼梯环境

图4 活动室环境

图5 活动区创设

图 6　科学区创设(1)

图 7　科学区创设(2)

图 8　益智区创设

图 9　手工区创设

图 10　音乐区创设

图 11　生活区创设

图 12　盥洗室及盥洗台(1)

图 13　盥洗室及盥洗台(2)

图 14　女童如厕区

图 15　男童如厕区

图 16　多功能厅

图 17　阅读室

图 18　幼儿美食坊

图 19　教师休息室

（二）户外环境

图 20　户外一隅

图 21　小班活动区

图 22　户外戏水池

图 23　户外种植角

图 24　户外休憩区

图 25　户外游戏区

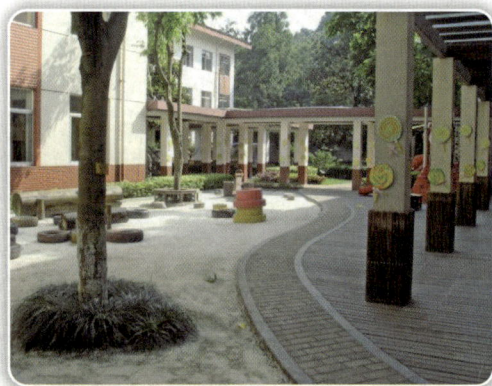

图 26　户外长廊

二、云南蒙自某幼儿园

（一）园舍建筑

图 1　鸟瞰图

图 2　正视图

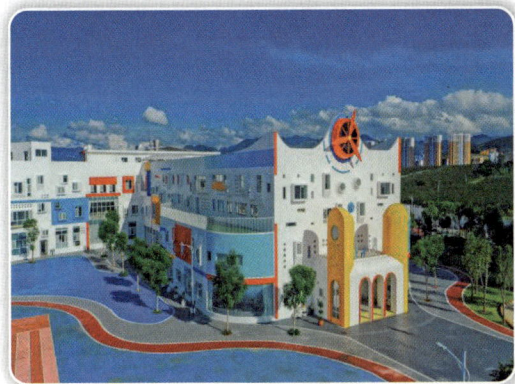

图 3　侧视图

图 4　局部图

（二）户外环境

图 5　果树园

图 6　小树林

图 7　小山丘

图 8　户外水系及水池

图 9　沙池与攀爬网

图 10　轮胎山

图 11　迷宫

图 12　迷宫鸟瞰图

（三）室内环境

图 13　活动室

图 14　寝室

图 15 活动室生活区

图 16 活动室教师工作区

图 17 女童如厕区

图 18 男童如厕区

图 19 盥洗室盥洗区

图 20 盥洗室清洁区

图 21　编织坊

图 22　科学探究室

图 23　建构游戏室

图 24　乐高室

图 25　木工坊

图 26　美工室

幼儿园教育环境创设（第二版）

图27　陶艺坊

图28　音舞室

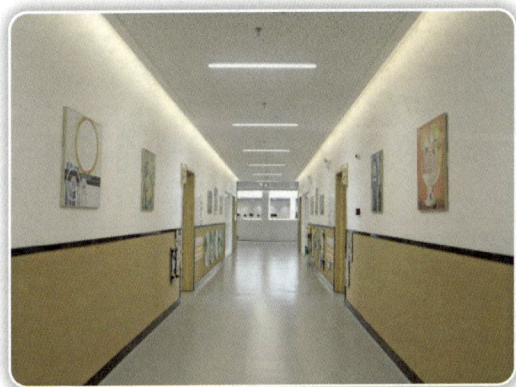

图29　走廊

图30　走廊互动区

图31　社会体验区——电视台

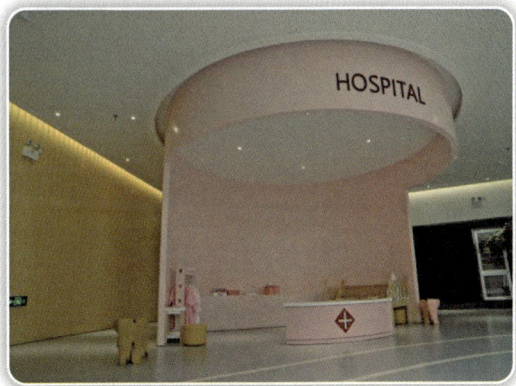

图32　社会体验区——护士站

图33 社会体验区——交警站

图34 社会体验区——超市

图35 社会体验区——智慧之光

图36 门厅

主要参考文献

1. 住房和城乡建设部. 托儿所、幼儿园建筑设计规范(2019年版)[S]. JGJ39—2016,2019.

2. 住房和城乡建设部、国家发展和改革委员会. 幼儿园建设标准[S]. 2016.

3. 教育部、联合国儿童基金会. 幼儿园安全友好环境建设指南(试行)[Z]. 2012.

4. 教育部. 幼儿园工作规程[Z]. 部令第39号. 2016.

5. 国家教育委员会. 幼儿园管理条例[Z]. 部令第4号. 1989.

6. 教育部. 幼儿园教育指导纲要(试行)[Z]. 2001.

7. 教育部. 3—6岁儿童学习与发展指南[Z]. 2012.

8. 教育部师范教育司,教育部考试中心. 中小学和幼儿园教师资格考试标准(试行)[S]. 2011.

9. 教育部. 幼儿园教师专业标准(试行)[S]. 2012.

10. 教育部. 幼儿园保育教育质量评估指南[S]. 2022.

11. 国家质量监督检验检疫总局,国家标准化管理委员会. 学校课桌椅功能尺寸及技术要求[S]. GB/T 3976—2014.

12. 黄人颂. 学前教育学[M]. 北京:人民教育出版社,1989.

13. 中国学前教育史编写组. 中国学前教育史资料选[M]. 北京:人民教育出版社,1989.

14. 李定开. 中国学前教育[M]. 重庆:西南师范大学出版社,1990.

15. 李季湄,肖湘宁. 幼儿园教育[M]. 北京:北京师范大学出版社,1997.

16. 张念宏. 教育学词典[M]. 北京:北京出版社,1987.

17. 陆雍森. 环境评价(第二版)[M]. 上海:同济大学出版社,1999.

18. 陈鹤琴. 家庭教育[M]. 上海:华东师范大学出版社,2006.

19. 沈建洲. 幼儿园教师专业发展[M]. 北京:北京师范大学出版社,2015.

20. 朱家雄. 幼儿园课程(第二版)[M]. 上海:华东师范大学出版社,2011.

21. 魏美惠. 近代幼儿教育思潮(第三版)[M]. 台北:心理出版社,2014.

22. 周淑惠. 面向21世纪的幼儿教育:探究取向主题课程[M]. 台北:心理出版社,2017.

23. 简楚瑛. 幼儿教育课程模式(第四版)[M]. 台北:心理出版社,2019.

24. [德]席勒. 席勒经典美学文论[M]. 范大灿等译,北京:生活·读书·新知三联书店,2015.

25. 叶朗. 美学原理[M]. 北京:北京大学出版社,2009.

26. 李季湄,冯晓霞.《3—6岁儿童学习与发展指南》解读[M]. 北京:人民教育出版社,2013.

27. 楼必生,屠美如. 学前儿童艺术综合教育研究[M]. 北京:北京师范大学出版社,1997.

28. 林玉珠. 华德福幼教课程模式之理论与实务[A]. 简楚瑛. 幼教课程模式:理论取向与实务经验[M]. 台北:心理出版社,2003.

29. 高桥弘子. 日本华德福幼稚园:实践健康的幼儿教育[M]. 刘禧琴,吴旻芬译. 台北:光佑文化事业股份有限公司,1997.

30. 沈建洲. 手工应用教程(第二版)[M]. 上海:复旦大学出版社,2018.

31. [美]阿瑟·S. 雷伯. 心理学词典[M]. 李伯黍等译. 上海:上海译文出版社,1996.

32. 杨鑫辉. 西方心理学名著提要[M]. 南昌:江西人民出版社,1998.

33. 庄耀嘉. 马斯洛——人本心理学之父[M]. 台北:桂冠图书出版社,2004.

34. 张怀春. 教师心理健康[M]. 北京:北京大学出版社,2016.

35. 七十三. 中小学教育心理学[M]. 北京:北京师范大学出版社,2017.

36. [苏联]B. A. 苏霍姆林斯基. 帕夫雷什中学[M]. 赵玮等译. 北京:教育科学出版社,1983.

37. [意]蒙台梭利. 蒙台梭利幼儿教育科学方法[M]. 任代文主译校. 北京:人民教育出版社,1993.

38. 王春燕,王秀萍,秦元东.幼儿园课程论[M].北京:新时代出版社,2005.

39. 徐艳.依托社区开展家园共育的实践探索[M].北京:北京师范大学出版社,2010.

40. 郭文英.架起家园共育的彩虹桥[M].北京:北京师范大学出版社,2009.

41. 王微丽,霍力岩.支架儿童的主动学习——经历 经验 经典[M].北京:北京师范大学出版社,2016.

42. 霍力岩.学前教育评价[M].北京:北京师范大学出版社,2000.

43. 田慧生.教学环境论[M].南昌:江西教育出版社,1996.

44. 金一鸣.教育原理(第二版)[M].北京:高等教育出版社,2002.

45. 胡惠闵,郭良菁.幼儿园教育评价[M].上海:华东师范大学出版社,2009.

46. 陈玉琨.中国高等教育评价论[M].广州:广东高等教育出版社,1993.

47. 陈帼眉.学前儿童发展与教育评价手册[M].北京:北京师范大学出版社,1994.

48. 虞永平,王春燕.学前教育学[M].北京:高等教育出版社,2012.

49. 陈志超.幼儿园环境创设与利用[M].武汉:华中师范大学出版社,2012.

50. 黎志涛.幼儿园建筑设计[M].北京:中国建筑工业出版社,2006.

51. 李全华.幼儿园环境创设[M].杭州:浙江大学出版社,2012.

52. 王时原.童眼看设计:幼儿园建筑[M].大连:大连理工大学出版社,2012.

53. 白芸.设计色彩[M].沈阳:辽宁美术出版社,2011.

54. 凤凰空间·北京.七彩童年:世界当代幼儿园设计[M].南京:江苏人民出版社,2012.

55. 彭海蕾,王楠,姚国辉.不同历史时期的中国学前教育政策初探[J].徐特立研究:长沙师范专科学校学报,2010(1).

56. 李金齐.共在:人与文化的本质性关联——一个文化安全研究的文化哲学视角[J].江西社会科学,2010(8).

57. 顾明远.论学校文化建设[J].西南师范大学学报(人文社会科学版),2006(5).

58. 汝茵佳.幼儿园环境的价值取向[J].儿童与健康·幼儿教师参考,2007(2).

59. 黄慧娟.鲁道夫·斯坦纳教育思想述评[J].福建师范大学学报(哲学社会科学版),2011(1).

60. 彭莉莉.鲁道夫·斯坦纳及其人智学思想[J].全球教育展望,2007(增刊).

61. 胡郁珮.开启多元智能的统整性视觉艺术教学方案之研究[J].教育研究学报,2014(2).

62. 胡郁珮.取径 SECI 模式实践美感教育之研究——以视觉艺术教学为例[J].高雄师范大学学报,2018(45).

63. 陈祥明.论科学美及其美感[J].安徽大学学报(哲学社会科学版),1998(4).

64. 陶然.现代动画造型设计的审美追求[J].艺术教育,2011(3).

65. 王丽娟,沈建洲,王晓丽.利津游戏经验的合理借鉴与反思改进[J].陕西学前师范学院学报,2018(1).

66. 焦依平,朱成科.生命哲学视域下对师生关系的反思及重建[J].现代教育科学,2017(9).

67. 张冠文.论教师的人格魅力在教育中的示范效应[J].当代教育科学,2003(14).

68. 俞国良,曾盼盼.论教师心理健康及其促进[J].北京师范大学学报(人文社会科学版),2001(1).

69. 刘华山.心理健康概念与标准的再认识[J].心理科学,2001(4).

70. 董旭花.应重视幼儿园游戏环境规划[J].山东教育,2009(12).

71. 董旭花.幼儿园户外游戏环境规划[J].山东教育,2009(15).

72. 杨文静.652 个城市的大气颗粒物污染与每日死亡率的关系[J].中华预防医学杂志,2020(3).

73. 甘丽琼."以儿童为本"理念下幼儿园户外环境创设的思考与实践[J].广西教育,2018(1).

74. 吴冬浩.幼儿园分区体育活动的环境创设[J].教育(周刊),2015(14).

75. 王晶,刘思妤,沈建洲."安吉游戏"与"利津游戏"比较及启示[J].陕西学前师范学院学报,2018(1).

76. 王剑.幼儿园室内墙面装修材料篇[J].早期教育(美术版),2015(4).

77. 徐佳丽.深度学习指向下的幼儿园主题墙设计[J].教育导刊(下半月),2019(8).

78. 华爱华.幼儿园活动区活动的功能定位[J].幼儿教育,2012(25).

79. 赵南.学前教育"保教并重"基本原则的反思与重构[J].教育研究,2012(7).

80. 李琳,范洁琼.基于 ECERS-3 评量表的幼儿园班级学习环境质量评估及其文化反思[J].教育测量与评价,2019(6).

81. 钟媚.美国最新版《幼儿学习环境评量表》述评[J].早期教育(教育教学版),2018(6).

82. 胡碧颖,朱宗顺.美国《幼儿学习环境评量表》及其在中国的初步应用[J].幼儿教育(教育科学版),2009(11).

83. 刘艳金,杨雪艳.幼儿参与班级物质环境创设的内涵及其实践解读[A].全国地方高校学前教育专业学术协作联盟.2019 年全国幼儿园教育空间建设与课程发展学术研讨会论文集[C].西安:陕西学前师范学院学报编辑部,2019.

84. 刘焱.以教育质量评价改革驱动学前教育高质量发展(2021 年 SEED 儿童早期发展与教育国际会议主旨报告)[R].北京:北京师范大学教育学部学前教育研究所(系),北京师范大学出版集团,2021.

图书在版编目(CIP)数据

幼儿园教育环境创设/沈建洲,张克顺主编. —2 版. —上海:复旦大学出版社,2022.8(2024.7 重印)
普通高等学校学前教育专业系列教材
ISBN 978-7-309-16314-8

Ⅰ.①幼⋯　Ⅱ.①沈⋯②张⋯　Ⅲ.①幼儿园-教育环境学-高等学校-教材　Ⅳ.①G617

中国版本图书馆 CIP 数据核字(2022)第 128792 号

幼儿园教育环境创设
沈建洲　张克顺　主编
责任编辑/黄　乐

复旦大学出版社有限公司出版发行
上海市国权路 579 号　邮编:200433
网址:fupnet@ fudanpress.com　http://www.fudanpress.com
门市零售:86-21-65102580　团体订购:86-21-65104505
出版部电话:86-21-65642845
上海丽佳制版印刷有限公司

开本 890 毫米×1240 毫米　1/16　印张 14.75　字数 426 千字
2024 年 7 月第 2 版第 3 次印刷
印数 15 201—23 300

ISBN 978-7-309-16314-8/G·2388
定价:48.00 元